LA GOUVERNANCE DE L'INNOVATION
MARCHÉ ET ORGANISATIONS

Collection « L'esprit économique »

fondée par Sophie Boutillier et Dimitri Uzunidis en 1996
dirigée par Sophie Boutillier, Blandine Laperche, Dimitri Uzunidis

Si l'apparence des choses se confondait avec leur réalité, toute réflexion, toute Science, toute recherche serait superflue. La collection « L'esprit économique » soulève le débat, textes et images à l'appui, sur la face cachée économique des faits sociaux : rapports de pouvoir, de production et d'échange, innovations organisationnelles, technologiques et financières, espaces globaux et microéconomiques de valorisation et de profit, pensées critiques et novatrices sur le monde en mouvement...
Ces ouvrages s'adressent aux étudiants, aux enseignants, aux chercheurs en sciences économiques, politiques, sociales, juridiques et de gestion, ainsi qu'aux experts d'entreprise et d'administration des institutions.

La collection est divisée en cinq séries : *Economie et Innovation*, *Le Monde en Questions*, *Krisis*, *Clichés* et *Cours Principaux*.

Dans la série *Economie et Innovation* sont publiés des ouvrages d'économie industrielle, financière et du travail et de sociologie économique qui mettent l'accent sur les transformations économiques et sociales suite à l'introduction de nouvelles techniques et méthodes de production. L'innovation se confond avec la nouveauté marchande et touche le cœur même des rapports sociaux et de leurs représentations institutionnelles.

Dans la série *Le Monde en Questions* sont publiés des ouvrages d'économie politique traitant des problèmes internationaux. Les économies nationales, le développement, les espaces élargis, ainsi que l'étude des ressorts fondamentaux de l'économie mondiale sont les sujets de prédilection dans le choix des publications.

La série *Krisis* a été créée pour faciliter la lecture historique des problèmes économiques et sociaux d'aujourd'hui liés aux métamorphoses de l'organisation industrielle et du travail. Elle comprend la réédition d'ouvrages anciens, de compilations de textes autour des mêmes questions et des ouvrages d'histoire de la pensée et des faits économiques.

La série *Clichés* a été créée pour fixer les impressions du monde économique. Les ouvrages contiennent photos et texte pour faire ressortir les caractéristiques d'une situation donnée. Le premier thème directeur est : mémoire et actualité du travail et de l'industrie ; le second : histoire et impacts économiques et sociaux des innovations.

La série *Cours Principaux* comprend des ouvrages simples, fondamentaux et/ou spécialisés qui s'adressent aux étudiants en licence et en master en économie, sociologie, droit, et gestion. Son principe de base est l'application du vieil adage chinois : « le plus long voyage commence par le premier pas ».

(sous la direction)

Sophie BOUTILLIER
Dimitri UZUNIDIS

LA GOUVERNANCE DE L'INNOVATION

MARCHÉ ET ORGANISATIONS

L'HARMATTAN

5-7, rue de l'École-Polytechnique ; 75005 Paris

http://www.librairieharmattan.com
diffusion.harmattan@wanadoo.fr
harmattan1@wanadoo.fr

ISBN : 978-2-296-04119-6
EAN : 9782296041196

PRESENTATION GENERALE

Relations asymétriques et modes de coordination des processus d'innovation

Sophie BOUTILLIER
Dimitri UZUNIDIS

Pour les économistes libéraux, défenseurs de la pureté des relations marchandes, l'innovation modifie de fond en comble les fonctions de production et bloque la meilleure répartition possible des richesses économiques. Pour les économistes critiques, l'innovation est indissociable d'une remise en question permanente des rapports sociaux et des structures institutionnelles qui caractérisent, à un moment donné, une économie donnée. L'innovation est le résultat des relations denses, mais asymétriques entre producteurs et consommateurs, de l'asymétrie de l'information ou encore des processus de croissance micro et macroéconomiques asymptotes. L'innovation naît de l'imperfection ou du déséquilibre et contribue, à son tour, à rendre l'ordre économique perfectible. Elle est partie prenante du modèle dynamique de croissance fondé sur l'incertitude, le risque et le profit.

L'introduction sur le marché des nouveaux biens et services, et des nouveaux procédés et méthodes par les entreprises qui innovent et la diffusion des innovations ont un double objectif : la mise en valeur du capital financier déjà constitué par des investissements plus rentables ; la réalisation de profits et de rentes de situation. La diffusion groupée des innovations est provoquée par (tout en facilitant) la destruction des activités « démodées », insuffisamment rémunératrices. L'innovation libère donc des capitaux, renouvelle l'offre et modifie les relations entre les entreprises : de petites entreprises technologiques font régulièrement leur apparition, les grandes entreprises externalisent une partie de leur production (y compris de services scientifiques et techniques) et forment des réseaux d'innovation et des pôles d'offre diversifiée[1].

L'innovation joue ainsi un rôle capital dans la mise en mouvement de l'économie dans son ensemble. Elle est le moteur de l'activité économique. Innover est devenu aujourd'hui une profession de foi tant pour les dirigeants d'entreprises que pour les responsables politiques dans un contexte fortement concurrentiel. Elle est aussi un phénomène global auquel participent tous les acteurs économiques : les entreprises (dirigeants et employés), les collectivités territoriales, l'Etat et les consommateurs tous jouent à des degrés divers un rôle fondamental en matière d'incitation, mais aussi de coordination des activités liées au lancement et à la diffusion de l'innovation. L'asymétrie des fonctions économiques accroît les risques et oblige la mise en œuvre des procédures de gouvernance appliquées à l'innovation.

Nous parlons habituellement de la gouvernance d'une organisation (d'une entreprise ou d'une administration) en nous référant à l'implication de toutes les parties concernées (personnes morales et physiques) dans le management de ladite entité dont le but est de définir l'orientation stratégique et d'évaluer l'utilisation des ressources et les résultats[2]. Prolongée au niveau des marchés, la gouvernance recouvre les normes, règles, traditions et institutions à travers lesquelles s'organisent les fonctions économiques (y compris les rapports de pouvoir) et se coordonnent les choix et les activités, dans notre cas, d'innovation[3]. La gouvernance de l'innovation prend donc en considération les capacités et les stratégies d'interaction des

---

[1] Voir D. Uzunidis (dir.), *L'innovation et l'économie contemporaine, Espaces cognitifs et territoriaux*, col. Economie, société, région, De Boeck, Bruxelles, 2004.

[2] Pour une présentation élémentaire, mais pertinente, voir P.-M. Defarges, *La gouvernance*, QSJ, Puf, Paris, 2003.

[3] Pour une analyse exhaustive, voir B. Laperche (dir.), *L'innovation orchestrée : risque et organisation*, coll. Economie et Innovation, L'Harmattan, Paris, 2003.

différents acteurs (entreprises, consommateurs, Etat) et les formes de coordination dans le but de créer ou d'organiser un marché qui doit permettre l'amortissement des investissements et atténuer les risques.

S'il ne fait pas de doute que c'est l'entreprise qui innove, que ce soit en créant de nouveaux produits, en transformant son organisation ou encore en introduisant de nouveaux équipements, d'un autre côté ce processus ne s'inscrit pas sur une page blanche. L'entreprise est insérée dans un système de ressources humaines, matérielles, financières, informationnelles, scientifiques et techniques qu'elle valorise par son activité. Elle crée de cette façon des richesses nouvelles et contribue à la création d'emplois. Si nous parlons de la gouvernance de l'innovation c'est précisément parce que l'objectif de ce livre est d'identifier les ressources et les acteurs (Etat, entreprises, collectivités territoriales, universités, centres de recherche) de l'innovation dans un processus interactif entre le marché, les instances de régulation et l'entreprise en tant que telle. Ajoutons à cela que l'entreprise n'est pas une boite noire, mais un système complexe qui se caractérise par un ensemble de ressources (humaines, matérielles, scientifiques et techniques, financières) dont l'objectif est de produire pour vendre sur un marché. Les techniques de marketing, qui constituent par elles-mêmes un type d'innovation, jouent un rôle capital pour créer la demande de consommateurs dont les désirs doivent être révélés.

Ce livre est composé de trois parties, trois moments de la gouvernance de l'innovation dans l'économie d'aujourd'hui : Quelles sont les relations fondamentales ? Quelle est la place de l'entreprise ? Comment s'organise la diffusion des innovations ? La première partie est centrée sur l'analyse des fondements actuels de la gouvernance de l'innovation. Comment l'entreprise (ou selon le niveau de l'analyse l'entrepreneur) s'organise, mobilise ses ressources matérielles, financières, informationnelles scientifiques et techniques pour innover et rester ainsi compétitive, voire devenir leader d'un marché. L'entreprise est insérée dans un territoire au sens géographique, économique et administratif du terme, en étroite relation avec d'autres acteurs qui peuvent être d'autres entreprises (relations de concurrence ou de coopération), des centres de recherche ou encore des collectivités territoriales, etc. Alors que les fonds publics destinés au financement de la recherche ont tendance à baisser, les fonds privés (en particulier par le biais des fondations) jouent un rôle de plus en plus important en la matière dans les pays industriels (et désormais en France).

Au 18e siècle, A. Smith, observant la révolution industrielle en marche, expliquait que la division du travail manufacturier augmentait la productivité globale des entreprises et donc induisait la « richesse » des nations capables intégrer la mécanisation des processus de production et son corollaire, la spécialisation des tâches. Pour Marie-Pierre Bès, au début du 21e siècle, ce sont les investissements en recherche scientifique et développement technologique (R&D) et en biens immatériels (formation, logiciels, brevets, etc.) qui sont identifiés autant par les responsables politiques et leurs *think tanks* (l'OCDE par exemple) que par les économistes de la croissance endogène, comme une des sources majeures de la croissance économique. L'auteur présente, dans le Chapitre I, une analyse concrète de la gouvernance de l'innovation par la coopération et par la gestion des externalités cognitives. Les partenariats public/privé, laboratoire communs ou plateformes technologiques, sont des bons exemples de coordination des activités d'innovation dont l'envergure ne cesse de croître. Mais ces efforts de coordination sont, au bout du compte, sanctionnés par les consommateurs, clients ou usagers.

Pour Jean-Noël Lhuillier (Chapitre II), l'innovation ne peut guère être définie que comme un objet (produit, processus, organisation, etc.) *nouveau.* Mais, tout objet n'est-il pas toujours au moins un peu nouveau ? Un objet n'est connu par un individu que par des messages (l'information étant asymétrique) qui lui en parlent et qu'il interprète à divers niveaux de sens. Si ces messages lui apportent (ou créent en lui) beaucoup d'informations nouvelles, l'objet sera nouveau pour lui. On pourra alors identifier et même dénombrer approximativement les quantités d'informations nouvelles que les messages apportent/suscitent à divers niveaux de sens chez un acteur de l'innovation, à condition de bien le connaître.

Les multiples partenariats au niveau de l'offre et de la demande, elle-même de plus en plus diversifiée et segmentée, exigent des financements pour la recherche de base abondants. Le réservoir des ressources d'innovation doit être constamment alimenté. Dans un contexte de restrictions budgétaires, pour Lisa Besnard, Jean-Jacques Bernardin et Emmanuel Dejean, les fondations peuvent d'une part contribuer efficacement au financement de la recherche en mobilisant durablement des fonds privés, d'autre part avoir un impact qualitatif sur la direction et la nature des recherches menées et soutenues dans un pays. Elles complètent et approfondissent ainsi l'action de l'Etat au service de l'intérêt général. Le potentiel des fondations n'est pourtant pas pleinement exploité dans la plupart des pays européens. Sur la base d'une identification des bonnes pratiques observées dans différents pays, l'objectif du Chapitre III est de démontrer que l'instrument « fondation » est appelé à devenir un mode de financement de la recherche et l'innovation incontournable surtout pour les systèmes territoriaux d'innovation (*clusters*) qui attirent l'attention de ces sources externes de capitaux.

La théorie des clusters telle que proposée par Michael Porter en 1990[1] a permis de conceptualiser un certain nombre de stratégies et d'outils destinés à stimuler la productivité des acteurs économiques d'un territoire. Les pôles de compétitivité créés en France en 2005 s'inscrivent en droite ligne de cette théorie et sont basés sur un accroissement de la compétitivité des acteurs industriels locaux par le développement en partenariat de programmes de recherche, d'innovation et de formation. Jean-Jacques Bernardini et Emmanuel Dejean montrent dans le Chapitre IV comment les politiques publiques telles qu'elles sont traduites par la création des pôles de compétitivité s'inspirent des bonnes pratiques issues des processus d'organisation des territoires proposées par M. Porter. L'articulation efficace entre les programmes nationaux et européens de soutien aux projets de recherche et d'innovation couplée aux pratiques audacieuses de réduction de charges sociales et fiscales pour être un levier permettant d'assurer la pérennité de dispositifs tels que les pôles de compétitivité.

La deuxième partie est centrée sur la gouvernance de l'innovation par les réseaux, avec mention particulière à l'entrepreneur innovateur. Comment celui-ci mobilise ses réseaux pour innover ? Dans la littérature économique, l'entrepreneur est le moteur de l'innovation au sens large du terme (du produit, du processus ou organisationnelle, voir Cantillon, Say, Schumpeter, Kizner, Baumol, Audretsch, Shane, etc.). Mais, cette vision un peu réductrice de la réalité économique occulte le rôle des réseaux qui sont à la fois

---

[1] M. Porter, The Comparative Advantage of Nations, *Harvard Business Review*, March-April, 1990.

institutionnels (entreprises, administrations, associations, banques, fondations, etc.) et informels (relations interpersonnelles qui se tissent soit grâce, soit indépendamment du cadre légal dans lequel elles s'inscrivent). Dans un système économique de plus en plus complexe, où la division du travail est extrêmement fine, la gouvernance de l'innovation prend des formes surprenantes. C'est le cas des normes comptables IFRS qui offrent aux entreprises fortement impliquées dans les activités de R&D une nouvelle opportunité pour valoriser les actifs incorporels.

Pour Schumpeter[1], la caractéristique basique du capitalisme est sa capacité à innover en permanence. Hypothèse fondatrice qui conduit aussi à définir l'innovation sous des formes très diverses. Depuis le début de la révolution industrielle l'analyse s'est complexifiée sur la base d'une combinatoire intégrant l'incertitude, le risque et l'innovation. Si l'Etat a enrichi depuis le début des années 1980 le cadre légal pour créer un climat propice à la nouvelle gouvernance de l'innovation et à la création d'entreprises innovantes, l'implication de l'entrepreneur est toujours déterminante. Le Chapitre V rédigé par Sophie Boutillier de commencer par un bilan analytique des théories de l'entrepreneur : comment l'entrepreneur est-il défini d'une part, comment contribue-t-il à tirer de son environnement économique, social, politique, technologique et scientifique, les ressources dont il a besoin, puis comment il façonne son environnement à des degrés divers selon la nature de l'innovation (incrémentale ou radicale) ?

L'acquisition de nouvelles compétences permet à l'entrepreneur de mieux résister à l'incertitude des marchés. La question de l'acquisition de compétences et de connaissances grâce à l'insertion des entreprises dans des réseaux est considérée comme un enjeu primordial, tout particulièrement lorsque les entreprises n'ont pas acquis de capacités propres en R&D. Le Chapitre VI porte sur l'innovation dans des petites et moyennes entreprises (PME) agroalimentaires afin de montrer l'importance des réseaux. Pour Michel Martin et Corinne Tanguy, il existe en effet une forte imbrication entre les types d'environnement externe de l'entreprise et son organisation interne. Deux types de situations se présentent : des entreprises

---

[1] J. A. SCHUMPETER, *Théorie de l'évolution économique. Recherches sur le profit, le crédit, l'intérêt et le cycle de la conjoncture*, Librairie Dalloz, Paris 1935 (traduction).

qui développent tout en interne et qui ont peu de relations avec l'extérieur. Bien qu'elles innovent, certaines d'entre elles risquent d'être limitées dans leur accès aux compétences requises pour leur développement futur. D'un autre côté, des entreprises qui sont très « connectées » à l'extérieur avec pour conséquences l'auto-renforcement rapide des réseaux et une plus grande complexité des processus de gouvernance.

La gouvernance de l'innovation par les réseaux est soutenue et renforcée. Les nouvelles normes IFRS (International Financial Reporting Standards) offrent aux entreprises fortement impliquées dans les acticités de R&D une opportunité nouvelle pour valoriser leurs actifs incorporels. La norme IFRS 38 relative aux immobilisations incorporelles prescrit l'activation des « frais de développement ». Cette norme comptable tend à réduire l'asymétrie informationnelle des modèles de comptabilité des entreprises en mettant en phase les dépenses de développement avec l'exploitation des résultats issus des développements. L'étude de 52 PME technologiques cotées à l'Eurolist C présentée dans le Chapitre VII par Jérôme Jarret, Richard Piras, Estelle Joan, Miranda Nally et Emmanuel Dejean montre une faible prise en compte des actifs incorporels dans les comptes des sociétés. L'interview des dirigeants financiers montre aussi une absence de connaissances des impacts de la valorisation des actifs incorporels sur la valorisation et la communication financière de l'entreprise.

La troisième partie est centrée sur la contribution du consommateur et des techniques de marketing à l'acceptation et à la diffusion de l'innovation. Les techniques de marketing sont de plus en plus complexes pour orienter les goûts du consommateur constamment sollicité. Quels sont les facteurs de succès à partir desquels une idée peut devenir une innovation et créer de la valeur ? S'il est manifeste que certains facteurs peuvent être clairement identifiés comme le segment de marché, les moyens financiers mobilisés, le capital humain valorisable, etc., il est beaucoup plus difficile d'évaluer avec précision la posologie de ces différents entrants de la recette du succès. Le fait est que le succès de la nouveauté dépend de la création et de la stabilisation d'une demande effective conséquente.

Pour Bérangère Szostak-Tapon, dans le Chapitre VIII, l'innovation se situant au niveau du marché, son introduction suppose sa sélection et sa rétention par les acteurs dudit marché, comme les consommateurs et les institutions. Par la suite, l'innovation est reconnue comme légitime, désirée et adaptée. La légitimité dépend, en revanche, de normes dites institutionnelles, car soutenues par les acteurs eux-mêmes légitimes dans le champ. L'auteur examine le cas du « design industriel », c'est-à-dire de l'activité créatrice dont le but est de déterminer les multiples facettes des objets, processus, services, mais aussi d'une discipline créative en charge de la production en série des signes émis par une organisation. La « culture » est donc au centre de la gouvernance de l'innovation. Comment la culture favorise le développement de l'innovation au sein des industries ? Dans ce chapitre, 25 experts français du design industriel apportent des réponses à cette question.

La « culture » est captée par les services marketing de l'entreprise pour lui offrir des nouveaux marchés. L'innovation est, en effet, une variable clé pour les managers en marketing dont le rôle est à la fois de développer la nouveauté mais aussi de transformer l'innovation en succès commercial. Dans ce contexte, une innovation marketing se définit comme toute idée, produit, service ou technologie qui est perçu par les consommateurs comme quelque chose de neuf, de nouveau sur le marché. Une innovation marketing peut être le résultat d'un changement de contexte concurrentiel ou technologique, le produit d'une politique de management de renouvellement rapide ou provenir d'une évolution du comportement des consommateurs (changement d'habitudes ou modification de la consommation). Le processus de développement d'un nouveau produit ou service est souvent complexe mais peut se résumer à l'enchaînement de neuf grandes étapes. Maud Herbert examine, dans le Chapitre IX, ces différentes phases pour montrer que le processus d'innovation ne repose pas uniquement sur l'entreprise et ses ressources internes mais aussi sur des ressources externes, à savoir ses propres clients ou des consommateurs lambda. Le comportement du consommateur devient ainsi un facteur clé dans la recherche d'une « bonne gouvernance ».

Créer des marchés est une chose, sauvegarder ses parts de marché en est une autre. Pour un certain nombre d'entreprises, les interrogations actuelles portent sur l'efficacité et sur la rentabilité des politiques, des programmes et des actions de fidélisation. Les pratiques de personnalisation/individualisation sont étroitement associées à ces questions. Pour les entreprises de services en relations d'échange assez personnalisées avec leurs clients (banque, assurance, services professionnels), une question importante est celle de l'équilibre entre les gains de productivité potentiels et les conséquences d'une baisse de l'interpersonnel et de l'individualisation de l'offre (conséquences sur l'attraction de nouveaux clients ou segments de clientèle, sur l'activité commerciale et sur la fidélité des clients). La personnalisation est aussi présente, avec de nombreuses significations, dans plusieurs grands courants du marketing relationnel et en comportement du consommateur. Parmi les notions existantes, Annabel SALERNO, se focalise dans le Chapitre X, sur la qualité des pratiques de personnalisation/individualisation de l'offre et des communications. Celles-ci constituent un facteur de satisfaction. Les programmes et comportements de l'entreprise dans ce domaine doivent favoriser la fidélité. Un modèle général est proposé qui positionne la qualité des pratiques de personnalisation comme conducteur des comportements de fidélité. Ce modèle est testé dans le contexte bancaire, contexte où les questions de personnalisation/individualisation constituent des aspects centraux de l'offre.

Plus que dans le passé glorieux des grandes découvertes, inventions et nouveautés, dans les économies contemporaines, la concurrence, devenue mondiale, explique la priorité donnée par les entreprises et par les pouvoirs publics à la connaissance, à la science et à la technologie. Les entreprises, les consommateurs, le marché et les organisations contribuent implicitement ou explicitement et de façon complémentaire à la conception de nouvelles règles de gouvernance de l'innovation. Dans les économies contemporaines, la « bonne gouvernance » dans ce domaine dépend i/ de l'efficacité des politiques économiques mises en œuvre par les gouvernements pour soutenir l'acte d'entreprendre et d'innover ; ii/ de la performance stratégique des entreprises, en premier lieu dans la production, l'acquisition et l'application des connaissances et des idées nouvelles : iii/ du développement et de la coordination des multiples relations entre l'offre et la demande de nouvelles marchandises et de nouveaux procédés, processus et organisations de la production.

PREMIERE PARTIE

FONDEMENTS ACTUELS DE LA GOUVERNANCE DE L'INNNOVATION

CHAPITRE I

De la division du travail scientifique : relations entre laboratoires et entreprises

Marie-Pierre BES

Au 18e siècle, A. Smith, observant la révolution industrielle en marche expliquait que la division du travail manufacturier augmentait la productivité globale des entreprises et donc induisait la « Richesse » des Nations capables d'intégrer la mécanisation des processus de production et son corollaire, la spécialisation des tâches. Au début du 21e siècle, ce sont les investissements en recherche-développement et en biens immatériels (formation, logiciels, brevets, etc.) qui sont identifiés autant par les responsables politiques et leurs think tanks (OCDE par exemple) que par les économistes de la croissance endogène (P. Romer, 1986) comme une des sources majeures de la croissance économique.

Ces théories plaident pour un investissement public important (Aghion et Howitt, 1998) dans les domaines de l'éducation et de la recherche eu égard à cet effet de levier de la croissance. Dans certains domaines même (santé, défense, sciences sociales et humaines, etc.) les retombées indirectes et l'impossibilité de maîtriser la diffusion des résultats scientifiques et d'assurer la propriété des résultats aux agents qui auraient consenti les efforts d'investissement justifient la mise en place d'une gouvernance publique. Elle se caractérise par trois faits majeurs, communs à l'ensemble des pays développés : des Etablissements publics dédiés à la recherche fondamentale, à la recherche médicale et militaire, des financements par appels d'offres récurrents basés sur les critères d'utilité sociale et de partenariats multiples et enfin, des règles de propriété intellectuelle de plus en plus étendues aux domaines de l'immatériel (sciences du vivant et logiciels).

Néanmoins, la problématique du partage des connaissances est traitée principalement sous l'angle du partage équilibré des résultats de la recherche entre la Science Ouverte principalement réalisée par les institutions publiques (CNRS, Université) et la Science Fermée surtout conduite par le secteur économique marchand (P. David, 2003, Cassier, 1998, D. Foray, 2000). Les alliances stratégiques entre firmes sur des accords de recherche-développement et les partenariats public/privé sont vues comme des formes efficaces intermédiaires du marché et de la hiérarchie de contrôle des externalités (Powell, 1990) et de valorisation des activités de recherche : les laboratoires publics publient et les entreprises exploitent les brevets. Mais ces analyses sous-estiment la valeur des actifs créés au cours de l'activité de recherche elle-même et les enjeux économiques liés à la division du travail scientifique entre les différents partenaires.

L'objectif de cette recherche[1] est de montrer que les connaissances « entrain de s'élaborer » dans les laboratoires sont aussi l'objet de tensions sur leur partage, leur valorisation et leur diffusion entre les équipes publiques et leurs partenaires industriels. Le chapitre se base sur une série d'études consacrées aux collaborations industrielles de laboratoires du CNRS dans les domaines des Sciences de l'Ingénieur (Grossetti et Bès, 2001 ; Bès et Grossetti, 2003 ; Bès, 2004)[2]. Les deux

---

[1] Les premières phases de cette recherche ont été lancées en collaboration avec Michel Grossetti et ont donné lieu aux articles suivants sur la question de la genèse des relations science-industrie et sur l'encastrement de ces relations dans les marchés de la formation et du travail : M. Grossetti et M.-P. Bès (2001), Encastrements et découplages dans les relations science-industrie, *Revue française de sociologie*, vol. 42, n°2, pp. 327-355 et M. Grossetti et M.-P. Bès (2003), Dynamiques des réseaux et des cercles : encastrements et découplages, *Revue d'Economie Industrielle*, n°103, 2ème et 3ème trimestres, pp. 43-58.

[2] Notre matériau empirique a été élaboré en quatre phases d'études : une première effectuée avec Michel Grossetti en 1999-2000 sur la genèse de 133 collaborations effectives pendant la période 1960-2000, entre des équipes des Sciences de l'Ingénieur du CNRS et des industriels sur la base d'entretiens

postulats méthodologiques de ce chapitre sont que les connaissances tacites qui s'acquièrent dans les laboratoires scientifiques ne sont « visibles » et repérables qu'à l'occasion d'activités relationnelles fortes (formation des doctorants, contrats avec l'industrie, détachements des chercheurs dans d'autres structures, engagement dans des laboratoires communs, par exemple) et selon une approche longitudinale des parcours individuels et des collectifs de recherche. A l'instar des routines des firmes (Nelson et Winter, 1982), c'est dans les lieux de recherche eux-mêmes (laboratoire, entreprise, société de service) et par l'analyse des trajectoires des équipes que l'on peut saisir l'importance des connaissances tacites.

Dans une première partie, nous présentons la nature des réseaux et des ressources cognitives activés dans la recherche partagée : il s'agit d'expliquer en quoi les connaissances scientifiques « appliquées » sont des savoir-faire tacites, collectifs et instrumentés. Puis nous exposons les potentialités ou obstacles de transfert, de diffusion ou d'appropriation des connaissances des chercheurs par le secteur marchand. Justement, la dernière partie de la communication est consacrée aux laboratoires communs CNRS/entreprises vus comme des dispositifs d'enfermement des connaissances tacites des chercheurs dans des lieux spécifiques, des sortes « d'enclosures » (B. Dumont et P. Holmes, 2001).

---

longs et semi-directifs réalisés auprès de chercheurs, techniciens et ingénieurs (140). Une deuxième phase, que j'ai menée de manière autonome, consacrée à la dynamique des collaborations des laboratoires et industriels dans deux milieux scientifiques particuliers (les milieux poreux et le génie électrique) a été conduite en 2001-2002: outre des entretiens, cette phase a été basée sur des Curriculum Vitae des chercheurs (30) et des rapports d'activité de laboratoires (32). J'ai lancé une troisième phase d'étude en 2003-2004 qui a concerné plus spécifiquement le travail des doctorants et des techniciens de laboratoires : le matériau empirique récolté fut des récits détaillés de 21 thèses industrielles par les doctorants et leurs encadrants mais également diverses traces matérielles de la thèse (articles, cahier d'expérience, CV, communication à des colloques, articles de presse, photos des dispositifs d'expérience, etc.) et des compte-rendus de visites de laboratoires et d'entreprises (15). En 2005-2006, nous avons visité des laboratoires communs CNRS-industrie (7) et interviewé leurs responsables ainsi que des chercheurs de ces structures.

RESEAUX ET RESSOURCES COGNITIVES DANS LA RECHERCHE PARTAGEE

M. Callon (2001) propose de considérer deux sortes de réseaux socio-techniques : les réseaux émergents qui se forment dans les projets où ni les partenaires ni les contenus ne sont stabilisés - les connaissances y sont locales, rivales, appropriables et spécifiques et non substituables – et les réseaux consolidés, dominés par des activités routinières et des ensembles d'intervenants stabilisés. Les collaborations de recherche se situent précisément dans la première catégorie composée de configurations organisationnelles ouvertes et instables dans lesquelles circulent des savoirs et savoir-faire émergents. Précisons la nature des réseaux et des savoirs dans la recherche partagée.

Les réseaux sociaux individuels

Dans l'étude de plus d'une centaine de contrats de recherche partagée passés par des laboratoires du CNRS avec des entreprises dans la période 1960-2000, nous (Grossetti et Bès, 2001) avions montré la part importante des relations sociales (44%) dans la mise en contact des partenaires par rapport à celles liées à l'intervention d'institutions (18%) ou au recours au marché de la science (48%). Dans 44% des cas, les partenaires avaient eu recours à des chaînes relationnelles personnelles (anciens collègues, anciens étudiants, amis, voisins, relations familiales, etc.) pour mettre en contact une équipe de recherche et une entreprise. Ceci s'explique par la formation de réseaux individuels au moment des parcours d'études ou des mobilités professionnelles, réactivés dans le contexte de la recherche-développement. Il est alors plausible d'expliquer les liens indirects entre le marché des contrats de recherche-développement et les marchés de formation et du travail. Une sorte d'« encastrement » partiel des 3 marchés peut être avancée. On peut donc énoncer que les activités de recherche partagée reposent, dans la phase de mise en contact, en partie sur des réseaux sociaux.

De plus, lorsqu'on étudie la durée de ces mêmes contrats (Bès et Grossetti, 2003), force est de constater la longueur des collaborations : 30% durent plus de 9 ans et 4% plus de 23 ans même s'il apparaît que la durée des contrats a tendance à baisser au cours de la période considérée. L'étude plus fine des durées des collaborations montre qu'il y a des périodes non contractuelles au cours desquelles les échanges entre les partenaires continuent : ces périodes se caractérisent par des relations strictement individuelles et non des relations situées au niveau des organisations : ce sont des relations qualifiées par l'économiste d'« informelles ». Elles confirment l'importance des phénomènes de fidélité entre les partenaires et de confiance réciproque dans la coordination des contrats (Estadès, 2000).

Les ressources cognitives

A partir de nos données sur les activités de recherche partagée de 23 équipes du CNRS, nous avons isolé quatre composantes cognitives, qui forgent l'expertise d'une équipe (Bès, 2005b) :

1. des savoirs liés à une technologie spécifique sur un produit ou un procédé. Par exemple, une équipe sait faire sur mesure et piloter une micro-caméra qui peut étudier certaines propriétés des produits ou processus industriels et donc soulager les opérations de surveillance de la qualité.
2. Des savoirs liés à la maîtrise d'un appareillage instrumental : par exemple, un laboratoire dispose d'un équipement unique capable de mesurer des phénomènes de tension électrique utiles à la résistance de matériaux conformes aux cahiers des charges de l'acheteur.
3. Des savoirs liés à une méthodologie scientifique (de modélisation par exemple) : une équipe sait modéliser les déplacements d'un robot dans un espace donné et peut donc proposer aux industriels du secteur spatial des programmes adaptés aux déplacements d'engins automatisés.
4. Des savoirs économiques sur un ou plusieurs marchés : par exemple, un laboratoire qui travaille avec plusieurs entreprises de l'agro-alimentaire, connaît les principaux problèmes d'hygiène rencontrés et peut identifier un créneau commercial pour l'un de ses dispositifs de purification des aliments.

Ces quatre types de savoir et savoir-faire élaborés par les laboratoires de recherche en lien avec les industriels sont idiosyncrasiques puisque fortement instrumentés (expériences, manips, simulation, etc.), reposant sur une complémentarité originale de chercheurs et de techniciens (temporaires mobiles et permanents expérimentés) et s'articulant aux autres projets de recherche des leaders scientifiques tels que les thèses sans financement (Bès, 2004), les projets plus longs, etc. Ce sont des savoir-faire collectifs et tacites au sens de M. Polanyi c'est-à-dire non entièrement explicitables ou articulables. Certains prennent temporairement des formes visibles explicitées comme les brevets, des nouveaux procédés, de nouvelles entreprises, d'autres peuvent être partiellement transmis par la mobilité des chercheurs vers les entreprises. Ainsi, le recrutement de doctorants peut servir de vecteur de transfert technologique (Mangematin, 2003). D'autres sont fortement tacites c'est-à-dire collectifs et articulés à des ressources matérielles spécifiques comme la conception et la réalisation d'expériences scientifiques dans l'optique d'amélioration des processus industriels ou comme la manipulation d'instruments de mesure sophistiqués (L. Bagla-Göklap, 1996).

Il y a donc des apprentissages cognitifs réalisés par les équipes au fil de leurs contrats industriels qui procèdent essentiellement par accumulation des compétences et création d'expertises uniques autour d'équipements et d'outils scientifiques spécifiques. Ces apprentissages se basent sur des externalités de connaissances. Les équipes scientifiques publiques, plus stables et pérennes que leurs homologues industriels, peuvent utiliser « stratégiquement » plusieurs séries de contrats et de partenaires pour se créer une niche sur le marché de la science (Bès et Grossetti, 2003) et notamment « gérer » opportunément leurs achats d'équipements. Sur ce registre, la stabilité des emplois publics est un avantage par rapport à la forte mobilité des chercheurs dans les entreprises privées, qui entrave la constitution de collectifs de recherche stables. Ainsi, le rapport de recherche réalisé par le Centre d'Etudes et de l'Emploi sur les carrières des chercheurs dans les entreprises privées (R. Duhautois et S. Maublanc, 2005) met en évidence la dévalorisation de la filière professionnelle de l'expertise scientifique. Ceci n'était pas le cas de la recherche industrielle française de la période 1960-1980 qui formait avec celles des laboratoires publics et des organismes d'Etat une sorte de Système National d'Innovation (Mustar et Larédo, 2002).

Dans les contrats de recherche passés avec les industriels, les différentes composantes de savoirs mobilisés par les chercheurs ne sont directement exploitables que par les entreprises qui disposent d'une activité de recherche conséquente (les grands groupes, les organismes technologiques d'Etat par exemple) mais une part des demandes des entreprises surtout des PME, ne porte que sur l'usage de ces savoirs à des fins d'études scientifiques très ciblées sur leurs problèmes industriels (Bès et Grossetti, 2003) et non sur la maîtrise des savoir eux-mêmes.

Modes d'appropriation et d'échange des actifs scientifiques

Un certain nombre de modalités juridiques et contractuelles sur la propriété des résultats, des matériaux et des équipements (*Cassier, 1995*), sur les délais de divulgation, sur la remise régulière de rapports de recherche, sur les échéanciers cadrent le partage des « attendus » des partenaires. Mais les savoirs acquis par les participants à un projet de recherche finalisée « débordent » (Callon, 1999) des seules publications d'articles ou de brevets.

Il est admis, dans la littérature relative aux activités scientifiques (*Revue d'Economie Industrielle* 1999, *Revue Internationale des Sciences Sociales,* mars 2002, *Research Policy*) que les activités et les résultats scientifiques des recherches partagées sont difficilement appropriables dans leur totalité par les organisations qui les ont financé (institutions publiques ou industriels). Mais il n'y a pas seulement un problème d'agence lié à l'asymétrie d'information entre les industriels et les laboratoires[1], il y a la présence d'externalités de connaissances que l'on trouve implicitement dans la référence communément effectuée aux savoirs ou expertises d'une équipe de recherche.

Et dans ce cas, comme le prédit justement la théorie économique des contrats, les agents économiques règlent ce problème de « 2e rang » en mettant au point un certain nombre d'arrangements institutionnels « originaux » qui coordonnent leurs échanges. Ils ne peuvent, dans des situations d'externalités, avoir recours à des modalités contractuelles classiques. Ni l'intégration de l'équipe « savante » à l'entreprise ni le renouvellement de contrats de recherche ne sont les formes marchandes qui garantissent la propriété ou le transfert global de la « marchandise » échangée. Dans le premier cas rare - le débauchage d'une équipe entière -, la valeur de l'expertise scientifique tient aussi à l'inscription de l'équipe dans un environnement géographique particulier (rattachement à une école d'ingénieurs, à une Université, etc.) et dans des communautés scientifiques larges. Dans le second cas,

[1] Nous avons montré que cette asymétrie d'information peut être à l'origine de la constitution d'actifs scientifiques spécifiques (Bès, 2005b).

l'appropriation des études scientifiques nécessite de la part de l'entreprise le maintien d'une forte capacité de R&D pour « absorber » les résultats et l'embauche de doctorants porteurs des compétences du laboratoire (Mangematin, 2001).

Aussi, voit-on se développer deux types d'arrangements temporaires, l'une au niveau des personnes, l'autre au niveau des organisations :

- des transferts temporaires de chercheurs entre les organisations : détachements de chercheurs publics dans les entreprises, ou de chercheurs industriels dans les laboratoires publics, co-financements de thèses, accueils de stagiaires de fin de cycle de formation, généralisation des post-doc financés sur contrats industriels ;
- des structures organisationnelles temporaires et flexibles comme les accords de coopération en R&D ou les consortia de haute technologie (Cassier et Foray, 1999) créés spécifiquement pour certains projets de R&D. W.W. Powell (1990) a qualifié ces organisations hybrides de « réseau » en référence aux théories sociologiques sur l'encastrement des relations économiques dans les relations des individus. Les réseaux sont des formes d'échanges qui se caractérisent par la complémentarité entre les partenaires et l'accommodation perpétuelle qui se tisse entre les participants : il ne s'agit pas seulement de s'en tenir seulement aux termes du contrat, mais de s'adapter régulièrement aux avancées et nouvelles contraintes des participants. Ces formes organisationnelles originales traversées par des relations individuelles sont comme des méta-réseaux existant entre les organisations.

LE CAS DES LABORATOIRES COMMUNS AVEC MURS : UNE ENCLOSURE DES SAVOIRS ?

Depuis un certain nombre d'années, des structures mixtes de recherche appelés aussi laboratoires communs ont été créées dont le modèle provient des USA qui associent pour des périodes courtes (4 ans renouvelables) des laboratoires publics et privés dans un même projet de recherche dans un contexte français de relative atonie des investissements en recherche industrielle et publique. Les 25 laboratoires communs du CNRS avec l'industrie sont des objets d'analyse intéressants pour l'analyse des tensions d'appropriation des savoirs des équipes de recherche industrielle et publique.

Est-ce que ces structures ne sont que des formes temporaires de type résiliaire (organisations liées entre elles par des relations « invisibles » tissées par de nombreux contrats et des relations individuelles fortes) ou bien des tentatives de réintégration dans les entreprises d'activités auparavant sous-traitées aux laboratoires publics ?

Modes de gouvernance des laboratoires communs

Au 31 décembre 2003, il existait en France 25 laboratoires mixtes entre le CNRS et les entreprises, c'est-à-dire des contrats de recherche associant pour une durée limitée (4 ans en général) des laboratoires affiliés à des universités et au CNRS à des industriels autour d'un programme scientifique, d'un budget propre et le plus souvent d'un lieu unique d'expérimentation. D'après les données transmises par le CNRS, il est possible de souligner un profil type de laboratoire commun[1] :

- ces structures sont de création récente (depuis 1990),
- les ¾ ont été renouvelées,
- 70% impliquent un grand groupe,
- les sciences de la Vie et de la Chimie représentent 18 structures sur 25,
- la grande majorité se trouve localisée dans une université ou dans les locaux du laboratoire,
- dans la quasi-totalité des cas, ce sont des Unités Mixtes de Recherche du CNRS qui sont impliquées et donc marginalement des Unités Mixtes de Service.

Un laboratoire commun affiche des objectifs scientifiques « finalisés » pour les besoins de l'industrie (acquérir telle technologie, inclure tel saut technologique dans les produits de l'entreprise, maîtriser tel nouveau processus de production, etc.) mais également plus génériques de type « comprendre tel procédé chimique, maîtriser tel phénomène physique, etc. » pour lesquels les partenaires savent qu'il faut d'importants moyens humains et financiers et des horizons plus éloignés que celui d'un contrat de 3 ans. Il s'agit alors de créer une structure capable de « lever des fonds » notamment des fonds publics locaux (ville, département, région) et européens dans les zones

[1] Pour plus de détails, voir M.-P. Bès, La diversité des partenariats Universités-entreprises : Formes organisationnelles, nature des recherches et mobilité des personnels, Communication à la Journée du RESUP « Recherche universitaire et entreprises », Sciences Politiques Paris, 9 juin 2005.

bénéficiant de politiques d'Aménagement du territoire. De même, ces structures permettent l'accueil des post-doctorants pour de jeunes chercheurs européens. Ainsi, les moyens obtenus permettent la présence d'une dizaine de chercheurs en moyenne (doctorants compris) dans un même lieu de travail et l'achat de matériels onéreux.

Les Unités mixtes CNRS-entreprise disposent d'un budget propre contrairement aux contrats industriels que les équipes gèrent dans l'ensemble du budget du laboratoire. Ceci facilite grandement le recrutement de personnes, le paiement d'heures travaillées et l'achat d'équipements.

Dans la plupart des cas, le laboratoire commun est installé dans un lieu dédié à son activité : il peut être réservé dans les locaux du laboratoire, dans ceux de l'industriel ou dans un espace nouveau, aménagé lors de la création de l'unité. Une rhétorique forte s'exprime sur les avantages de la proximité des personnes et sur les éventuelles externalités de connaissances qui en découlent : « en travaillant quotidiennement ensemble, les chercheurs publics et privés échangent des idées, des connaissances et émettent de nouvelles idées ». C'est un peu le mythe de l'effet « cafétéria » qui resurgit dans ces discours. En effet, il est maintenant démontré que les relations de proximité des acteurs économiques et plus particulièrement des laboratoires et des entreprises s'expliquent plutôt par des raisons de commodité dans les déplacements des travailleurs scientifiques (Saxenian, 1994) ou par la forme spatiale de leurs réseaux sociaux (Grossetti et Bès, 2001). Il nous semble plutôt que la présence dans un seul lieu de chercheurs différents permet un meilleur pilotage de l'activité par le responsable du laboratoire : en relation quotidienne avec le personnel, il oriente l'activité et dirige son équipe. La localisation des doctorants peut d'ailleurs être un objet de tiraillement entre leur directeur scientifique et leur supérieur hiérarchique dans l'industrie.

De plus, les nécessités d'un travail réalisé sur un même lieu géographique paraissent plus liées à l'utilisation courante d'équipements de tests et d'appareillages spécifiques par les ingénieurs de recherche et les chercheurs et surtout par les doctorants. C'est la dimension instrumentale associée à des compétences techniques qui justifie la création d'un lieu dédié à la recherche commune. Les personnels mettent moins de temps à se déplacer pour leurs expérimentations et les matériaux de recherche (produits, substances, échantillons, etc.) circulent plus rapidement et facilement entre les équipes eu égard aux questions de conditionnement, de protection.

D'ailleurs, dans le cas où le laboratoire commun n'est pas installé sur un lieu unique, mais scindé en deux espaces, l'un au laboratoire public, l'autre chez l'industriel, les chercheurs et surtout les doctorants effectuent de nombreux déplacements entre les deux lieux. Dans cette configuration, on note que les équipements scientifiques installés au laboratoire et chez l'industriel sont relativement différents : les chercheurs publics achèteront des matériels de mesure et de test communs à plusieurs autres projets de recherche tandis que les ingénieurs et chercheurs industriels s'équiperont d'instruments proches du processus de production ou de leur produit.

Cependant, de nouvelles ressources humaines en science et technologie (Bozeman, 2000) sont créées dans ces laboratoires communs, ne serait-ce que par la formation de doctorants et le recrutement d'une partie d'entre eux. M. Cassier (2002) souligne que le processus de création des ressources humaines sur des technologies qui intéressent directement l'industriel est sans doute un des résultats les plus importants d'un laboratoire commun. Il donne l'exemple d'un laboratoire mixte qui s'est traduit progressivement par la création d'une recherche interne à l'entreprise et par l'embauche progressive des doctorants formés dans cette structure. Il s'opère ainsi une acculturation des jeunes chercheurs au travail en coopération.

S'agissant de l'aspect « contrôle des activités » il y a en amont, une meilleure connaissance réciproque des travaux de chaque partenaire et donc une intercompréhension mutuelle plus forte. Par exemple, on observe un meilleur contrôle de l'utilisation par les chercheurs des « technologies, savoir-faire, produits » de l'industriel et de l'éventuelle diffusion d'informations sur les recherches conduites et surtout sur les caractéristiques des produits ou des procédés industriels. L'industriel exerce une forte pression sur les chercheurs, ingénieurs pour éviter que les connaissances au sens large du terme ne s'échappent des laboratoires. Mais avec ce type de structures, ils contrôlent d'autant mieux la diffusion des activités que le laboratoire public travaille dans ses murs : les membres du laboratoire commun contrôlent les visites, les entrées-sorties de matériel, les déplacements des chercheurs, la valorisation des découvertes. De plus, ces projets de recherche commune mobilisent les chercheurs publics à plein temps et ils disposent de moins de temps pour comparer leurs résultats avec ceux obtenus par leurs collègues sur d'autres applications ou pour lancer des recherches plus libres et plus risquées. Ils perdent temporairement la maîtrise de leurs agendas de travail mais gagnent en moyens de travail.

Pour les chercheurs publics, le fait de travailler en association étroite avec les industriels, leur permet d'être plus performants car ils sont directement en prise avec les technologies, le savoir-faire de l'entreprise, qui sont largement confidentiels et protégés. Par contre, lorsque la recherche « partagée » porte sur les produits, les chercheurs publics sont gênés autant dans leurs activités scientifiques – l'entreprise ne livre pas l'ensemble des caractéristiques du produit – que pour la rédaction des publications qui ne doivent pas informées les concurrents potentiels.

Un enjeu important du contrôle des activités porte sur la propriété et l'exploitation des résultats. Dans les laboratoires communs associés au CNRS, le régime de propriété est strict mais non spécifique : l'industriel reçoit un droit exclusif sur un domaine d'application ou un domaine technologique qui peut être relativement étendu par rapport à la surface scientifique du laboratoire. On remarque aussi que les laboratoires communs comprennent fréquemment des projets de banques de données privatives telles que des chimiothèques, extractothèques ou bibliothèques privées. Cet aspect lié au contrôle des bases de données scientifiques est primordial dans les relations entre la recherche publique et l'industrie et touche un aspect plus large de l'économie politique du brevet, celui de l'appropriation des biens publics, comme les œuvres littéraires[1] et artistiques ou le vivant (F. Lévêque et Y. Menière, 2003).

Complémentarité ou concurrence des formes d'organisation de la recherche partagée

Les laboratoires communs ne sont pas créés ex-nihilo par des partenaires scientifiques qui feraient ponctuellement une « bonne affaire » économique : ils sont consécutifs à des engagements antérieurs entre les membres, soit au niveau des équipes ou des laboratoires. Les personnes responsables se connaissaient avant de créer une structure mixte. Mais la création d'une telle organisation intégrée n'est ni inéluctable ni irréversible.

---

[1] Je renvoie au débat qui a eu cours pendant l'été 2005, sur le projet de bibliothèque numérique de Google.

Dans cette dernière partie, nous posons la question de savoir si le laboratoire commun est nécessairement la forme ultime d'une relation antérieure entre un industriel et un laboratoire ? Y a-t-il un cadrage progressif entre partenaires qui se traduirait par un enchaînement quasi-systématique de l'engagement de chercheurs (à travers de contrats de recherche, des missions d'expertise) vers un engagement collectif renforcé par la création du laboratoire commun ? Comme si l'on observait une sorte d'économie relationnelle qui passerait d'abord par des personnes « leaders » puis par une montée en puissance des échelles d'action concernées de l'individu, vers l'équipe et son laboratoire, jusqu'aux institutions de tutelle.

Dans le cas de ces formes intégrées de recherche, la réponse est négative :

- d'une part, les interventions seulement individuelles de chercheurs publics (expertises, conseils, détachements, etc..) ont souvent lieu après une première série de contrats et plus fréquemment en fin de collaboration quand l'entreprise investit moins de crédits dans les contrats. On observe l'existence d'une confiance préalable en l'équipe de recherche puis l'établissement des relations privilégiées avec un chercheur en particulier. Le laboratoire commun n'est pas le résultat d'une série d'engagements antérieurs de plus en plus forts. Sa construction relève d'une autre logique, tirée par les questions de propriété intellectuelle et de partage des moyens ;
- d'autre part, les entreprises n'enferment pas leurs collaborations au sein des laboratoires communs : elles entretiennent en parallèle des relations avec d'autres équipes de recherche nationales ou étrangères. Elles ont donc intérêt à faire varier les types d'engagement contractuel au cours d'une collaboration mais également au sein d'une période de forte activité de recherche-développement.

En schématisant la dynamique des niveaux d'action engagés dans les collaborations science-industrie, on obtient les deux modes idéal-typiques suivants :

- Mode 1 : empilement des engagements

Contrat avec une équipe → équipe + chercheurs → équipe + chercheurs + autre équipe → équipe + chercheurs + laboratoire commun, etc.

- Mode 2 : alternance des niveaux engagés

Contrat avec un chercheur → contrat avec une équipe → contrat avec un chercheur → laboratoire commun → contrat avec une équipe → contrat avec un chercheur → accord-cadre, etc.

Compte tenu de la jeunesse des laboratoires communs du CNRS, il faudra affiner ces hypothèses par des enquêtes ultérieures sur le devenir des engagements des partenaires.

CONCLUSION

S'agissant des relations science-industrie, on note actuellement une intensification des débats autour du thème de la « marchandisation des connaissances » (*Sciences de la société,* n°66, 2005) particulièrement vif en France à propos de la brevetabilité du vivant, du droit d'auteur ou des logiciels libres.

Mais, les tensions actuelles existant d'une part, sur la propriété intellectuelle des cahiers de laboratoires ou sur la localisation des doctorants co-financés par l'industrie montrent une remontée des enjeux de contrôle des résultats de la recherche vers les phases d'activité elles-mêmes. D'ailleurs le CNRS lui-même durcit ses exigences en matière de propriété intellectuelle. Les enjeux portent maintenant sur les expertises scientifiques et techniques comme l'illustre la croissance du nombre de plates-formes technologiques créées dans les laboratoires, qui prennent conscience de leur avantage spécifique en matière d'équipements scientifiques et technologiques et proposent plus fréquemment la vente de services technologiques déconnectés de la conduite de projets de recherche.

S'agissant des laboratoires communs publics-privés, il existe certes, un enjeu fort de « contrôle » des savoirs scientifiques obtenus et de leurs externalités mais également une insertion de ces projets dans des réseaux scientifiques plus larges (ceux de l'entreprise, ceux du laboratoire) qui assure la circulation des résultats au-delà des barrières érigées par les contrats d'association. L'expression « les murs ont des oreilles » paraît s'appliquer particulièrement à ces structures.

BIBLIOGRAPHIE

P. Aghion and P. Howitt (1998), *Endogenous growth theory*, Cambridge, MA, MIT Press.

L. Bach et S. Lhuillery (1999), Recherche et externalités : tradition économique et renouveau, D. Foray et J. Mairesse

(ed.), *Innovations et Performances des Firmes*, Paris, éd. EHESS, pp. 339-366.
L. Bagla-Göklap (1996), Le chercheur et son instrument. Changement des techniques de mesure et des pratiques scientifiques en mécanique des fluides, *Revue française de sociologie*, XXXVII, p. 537-566.
M.-P. Bès (2005a), La diversité des partenariats Universités-entreprises. Formes organisationnelles, nature des recherches et mobilité des personnels, communication au Réseau d'Étude sur l'Enseignement Supérieur, Journée d'étude « Recherche universitaire et entreprises », Sciences Politiques, Paris, 9 juin.
M.-P. Bès (2005b), Savoir et savoir-faire élaborés dans les relations science-industrie : un nouvel enjeu pour la marchandisation de la science ?, *Sciences de la Société*, n°66, octobre, pp. 131-147.
M.-P. Bès (2004), Connaissances et relations sociales des jeunes chercheurs, *Recherches sociologiques*, Vol. XXXV, n°3, pp.123-135.
M.-P. Bès et M. Grossetti (2003), Les apprentissages relationnels et cognitifs dans les relations entre les laboratoires du CNRS et les entreprises, rapport au programme CNRS « enjeux économiques de l'innovation », Janvier.
B. Bozeman (2000), Technology transfer and public policy: a review of research and theory, *Research Policy* 29, pp. 627-655.
M. Callon (2003), Laboratoires, réseaux et collectifs de recherche, dans P. Mustar et H. Penan, *Encyclopédie de l'innovation*, Economica, pp. 693-722.
M. Callon (1999), La sociologie peut-elle enrichir l'analyse économique des externalités ? Essai sur la notion de cadrage-débordement, dans D. Foray et J. Mairesse (ed.), *Innovations et performances*, éd. EHESS.
M. Cassier (2002), Bien privé, bien collectif et bien public à l'âge de la génomique, *Revue Internationale des Sciences Sociales* 171, Mars, p. 95-110.
M. Cassier (1998), Le partage des connaissances dans les réseaux scientifiques : l'invention de règles de « bonne conduite » par les chercheurs, *Revue française de sociologie*, Vol. 39, n°4, pp. 701-720.
P. David (2003), The Economic Logic of 'Open Science' and the Balance between Private Property Rights and the Public Domain in Scientific Data and Information: A Primer, in National Research Council, *The Role of the Public Domain in*

Scientific Data and Information, Washington, D.C.: National Academy Press.
R. Duhautois et S. Maublanc (2005), « Les carrières des chercheurs dans les entreprises privées », Centre d'Etudes et de l'Emploi, Rapport de recherche n°25, septembre, 61p.
B. Dumont et P. Holmes (2001), Quelles alternatives au mouvement d'enclosures de la propriété intellectuelle?, *Réseaux* n°110.
J. Estadès (2000), Confiance et contrôle dans le partenariat recherche-industrie, sous la direction de R. Laufer et M. Orillard, *La confiance en question* (405 p), L'Harmattan, pp. 327-352.
D. Foray (2000), *L'économie de la connaissance*, La découverte.
M. Grossetti et M.-P. Bès (2001), Encastrements et découplages dans les relations science-industrie, *Revue française de sociologie*, Vol. 42, n°2, pp. 327-355.
V. Mangematin (2003), Les docteurs, producteurs et diffuseurs de connaissances, in Mustar P., Penan H., *Encyclopédie de l'innovation*, Paris, Economica, pp. 539-554.
P. Mustar and P. Laredo (2002), Innovation and research policy in France (1980-2000) or the disappearence of the Colbertist state, *Research Policy* 31, pp. 55-72.
R.R. Nelson and S.G. Winter (1982), *An Evolutionary Theory of Economic Change*, Harvard University Press.
M. Polanyi (1958), *Personal Knowledge: towards a post-critical philosophy*, University of Chicago.
W.W. Powell (1990), Neither markets non hierarchy: networks of organization, *Research in Organizational Behavior*, Vol. 12, pp. 295-336.
Réseau d'Étude sur l'Enseignement Supérieur (2005), Journée d'étude « Recherche universitaire et entreprises », Sciences Politiques, Paris, 9 juin.
Revue d'Economie Industrielle (2002), n°99, « Les droits de la propriété intellectuelle : nouveaux domaines, nouveaux enjeux », numéro spécial, 2ème trimestre.
P. Romer (1986), Endogenous Technical Change, *Journal of Political Economy*, Vol. 94, pp. 1002-1037.

CHAPITRE II

Innover, c'est faire du nouveau. Une voie de définition et d'évaluation de la nouveauté

Jean-Noël LHUILLIER

L'INNOVATION : RARETÉ OU PERMANENCE ?

L'innovation est désormais reconnue comme le moteur principal et/ou l'activité essentielle de l'économie, de l'entreprise, de la vie. Mais les nombreuses définitions qu'on en donne restent obscures, car elles renvoient à une notion proche qui n'est pas définie : la *nouveauté*, éventuellement sous d'autres appellations proches, comme le *changement*, *l'invention, la découverte, le progrès*…

Pour Schumpeter[1] l'innovation est ainsi « l'exécution de *nouvelles* combinaisons » et elle regroupe cinq situations :
- la fabrication d'un bien *nouveau*
- l'introduction d'une méthode de production *nouvelle*
- l'ouverture d'un débouché *nouveau*
- la conquête d'une source *nouvelle* de matières premières ou de produits semi ouvrés

[1] Comme résumé par A. Karklins-Marchay (2004).

- la réalisation d'une *nouvelle* organisation, comme par exemple la création d'une situation de monopole.

L'innovation fait appel à la notion de nouveauté. Par exemple (extraits de 3 ouvrages[1] récents) :

- processus de transformation d'une idée en objet *nouveau*
- innover, c'est générer au sein du système concerné des interrelations *nouvelles* (Alter)
- processus de création de valeur *nouvelle*
- *nouveau* mode de pensée
- recherche déterminée et organisée de *changement* (Peter Drucker)
- introduction effective, dans le circuit économique, de ce que l'on a *inventé* et *découvert* et qui constitue un *progrès*

Les définitions de la créativité considèrent aussi très généralement la nouveauté comme une notion connue. Par exemple[2] :« un système de créativité peut se définir comme un ensemble organisé de personnes, de ressources, de pratiques managériales et de données réunies de façon à produire, traiter, exploiter, stocker et diffuser des idées *nouvelles* adaptées à l'organisation ».

Les encyclopédies, les dictionnaires spécialisés ou non que l'auteur a pu consulter, ne font guère autrement. Dans l'*Encyclopédia Universalis* : « Dans son sens le plus large, innovation peut désigner tout *changement* introduit sciemment dans l'économie ». Et le mot de nouveauté, comme ceux de changement et autres cités ci-dessus, ne font l'objet au mieux que de définitions bien pauvres.

On a pu penser, comme l'Ecclésiaste, qu'il n'y a jamais rien de nouveau sous le soleil, mais à notre époque notre vision est plutôt inverse. Toute activité humaine est toujours nouvelle quand elle se pense ou s'exécute, puisque « l'histoire ne repasse jamais deux fois exactement le même plat », dans les grandes choses comme dans les petites. Tout usage de son aspirateur par Mr Dupont est nouveau car il n'aspire jamais exactement suivant le même parcours, il n'est lui-même jamais exactement dans la même condition physique ou mentale, et son aspirateur n'a pas deux fois le même degré d'usure, il est alimenté par un réseau électrique qui n'a pas toujours exactement la même

[1] V. Boly (2004).
J.Y. Prax, B. Buisson, P. Silbezahn (2005).
F. Jakobiak. (2006).
[2] D. Bardin (2006).

fréquence, stabilité, etc.. Et même quand Mr Dupont ne fait que penser à sa future tâche de nettoyeur, il n'est jamais 2 fois exactement dans les mêmes conditions, il a par exemple accumulé les leçons de ses nettoyages précédents et ce cumul change chaque fois, il ne pense jamais exactement la même chose. Nos processus, nos produits, nos corps et nos pensées, ne sont jamais exactement les mêmes. Nous sommes donc tous dans l'innovation perpétuelle. Surtout quand il s'agit d'organismes vivants, de systèmes complexes, d'entreprises par exemple. Autrement dit, l'étude de l'innovation, ce serait l'étude de tout.

Pour échapper à cet holisme qui risquerait de retirer toute spécificité aux théories et pratiques de l'innovation, il n'y a guère qu'une issue : il faut pouvoir discerner ce qui est nouveauté importante d'un « objet innovant » (produit, procédé, processus, organisation, usage, marché, etc.) et ce qui est nouveauté faible. *Sans un minimum de quantification, les notions de nouveauté, de changement, d'innovation, d'invention, de découverte, de créativité, de progrès, sont très floues et donc assez inopérantes*. On ne peut alors guère préciser ou optimiser de méthode pour promouvoir ou manager ces objets mal cernés.

Il est clair pourtant qu'il y a des grandes et des petites innovations. Toute une partie des travaux sur les innovations étudient déjà si on doit les qualifier d'incrémentales, ou bien de ruptures, de changements de paradigme, distinguant ainsi les petites et les grandes nouveautés. Mais ces travaux repèrent l'importance de l'innovation par des indicateurs assez globaux de son ampleur, de son succès : par les courbes souvent en S de son coût, de son chiffre d'affaires, de sa diffusion, etc. Cette importance est le résultat de nombreuses circonstances, ce n'est pas un indicateur de la seule nouveauté.

Nous allons présenter un moyen d'évaluer plus directement le degré de nouveauté d'un objet innovant en étudiant comment on s'en occupe, on le définit, on le fait, on l'utilise... Mais il faut que nous fassions un détour pour rappeler ce que sont pour nous l'information et sa communication, tels que l'auteur les a exposés déjà[1].

[1]J. N. Lhuillier (2005).

SENS ET NOUVEAUTÉ DE L'INFORMATION COMMUNIQUÉE PAR UN MESSAGE

Les diverses disciplines qui s'intéressent à l'information (philosophie, épistémologie, sociologie, linguistique, informatique, télécommunications, cognition, bibliothéconomie, communication, enseignement, management, ...) font apparaître à peu près la même *différence entre information et connaissance.*

L'*information* est le plus souvent réputée objective. Elle est fréquemment qualifiée "de bas niveau" et parfois appelée « donnée ». On la reçoit avec très peu de déformation dans une communication bien faite. Mais ensuite l'utilisateur se l'approprie, l'interprète compte tenu de ce qu'il sait, de ses "cadres mentaux" disent certains philosophes et cognitivistes, de ses "formes" déjà en mémoire. L'information de bas niveau se transforme alors en *connaissance*, plus personnelle, subjective, et utilisable pour l'action, pas totalement ni fidèlement transmissible dans une communication.

Mais d'après nous cette distinction en 2 niveaux ne suffit pas, par exemple pour analyser les informations portées par un texte informatisé, qui vont des bits aux connaissances les plus profondes, en passant par les caractères, les mots, les significations élémentaires. Une revue de divers cas informationnels nous a montré que *5 niveaux de sens, plus un « niveau zéro »*, rendaient bien compte de la plupart des situations de communication (voir des exemples de « l'échelle du sens » sur la figure ci-jointe) :

1. *niveau des signes simples*
2. *niveau des données*
3. *niveau des informations élémentaires*
4. *niveau des connaissances*
5. *niveau des Savoirs et compétences*

Nous utiliserons désormais le mot *information* comme mot générique, qui recouvre tous les niveaux de sens.

Au *niveau zéro*, le récepteur ne comprend rien au message, aucun sens ne passe. Dans un message numérisé, aucune position binaire n'est déchiffrée et aucun bit n'est reçu. De façon générale aucun *signe* n'est tant soit peu interprété. L'archéologue qui trouve une tablette indéchiffrable (encore couverte de boue qui cache les caractères par exemple, ou dont les signes gravés lui sont totalement inconnus), mais qui la reconnaît comme tablette, le document imprimé en chinois qu'aperçoit un Français qui en ignore jusqu'aux rudiments, le journal qu'on prend dans le noir, la communication téléphonique inaudible, sont de ce niveau. Et pourtant, *quelque chose passe tout de même: le fait que c'est un message*, et c'est déjà une information.

Le *niveau 1* est celui que le récepteur reçoit en décodant des *signes simples*, c'est-à-dire en les identifiant comme valeur autorisée dans une liste ou ensemble qu'il connaît au moins partiellement. Le plus souvent ce sont les bits informatiques, dont le récepteur (machine) reconnaît qu'ils valent 0 ou 1. Pour les messages non informatisés, nous les choisirons pour bien modéliser ce qui nous intéresse dans le cas informationnel, sans trop le compliquer. Pour l'archéologue, les signes sur la tablette. Pour un texte lu sur un imprimé ou vu à l'écran, ce seront le plus souvent les caractères. Pour un message vocal, des phonèmes entendus. Pour une image imprimée, ou vue à l'écran, ou une vue du monde réel, des formes élémentaires reconnues par notre système visuel.

Le *niveau 2* est celui des *données*. Pour un texte lu sur un imprimé ou vu à l'écran, ou entendu, ce seront souvent les mots reconnus et compris au moins approximativement (le récepteur, comme l'émetteur, peut se tromper sur l'orthographe, le mot prononcé, la signification). Les chiffres des bases de données de gestion sont de telles données. Pour une image vue ce seront souvent des objets identifiés.

Le *niveau 3* est celui des *informations élémentaires* (ici au sens de collections de données qui font sens), en abrégé *ie*. Pour un texte : des propositions courtes, de signification encore simple et assez bien partagée par les récepteurs qui possèdent au moins partiellement le vocabulaire et la grammaire de la langue employée. Pour une image, ce sera souvent un objet en contexte, en action identifiée. On voit qu'à ce niveau les classes de récepteurs qui reçoivent et comprennent de la même façon ces propositions ou images sont déjà relativement réduites.

Le *niveau 4* est celui des *connaissances*, que le récepteur tire du message par une interprétation avec des codes complexes : techniques, sociaux, culturels... Et par rapprochement avec les informations qu'il a tirées d'autres messages et mémorisées. Elles constituent une sorte de quintessence, de résumé, des messages, a priori très personnel.

Au *niveau 5* le plus élevé on trouve les *Savoirs*, qui sont des ensembles d'informations sur un domaine, et dans lesquels on peut distinguer savoirs, savoir-faire, et savoir-être pour leur partie cognitive.

Les *codes d'interprétation* des messages sont ainsi des Savoirs qui se forment par agglomération d'informations au cours de tout le parcours cognitif de la personne, qui reçoit des messages très nombreux. Les informations ne sont proches, et ne constituent un domaine, que si elles servent pour une action ou classe d'actions proches, pas intrinsèquement. Pour le vacancier moyen qui cherche à le voir dans l'eau, le dauphin (ou plutôt les informations qu'il a à son sujet) est proche des autres poissons (ou plutôt, des informations qu'il a sur eux), pas des mammifères.

Les *compétences* sont des Savoirs opérationnels validés : opérationnels car réassemblés pour une utilisation facile pour une classe d'actions. Et validés au cours d'actions analogues précédentes. On peut définir des grandes compétences, pour des grandes actions d'un groupe humain, d'une entreprise. Leur identification est plus facile que celles des connaissances, car la granulométrie d'analyse nécessaire est moins fine.

L'information est donc *un flux*[1] *et non pas un stock.* Sans récepteur, homme ou machine, qui interprète, pas d'information, seulement des signes indéchiffrés sur des supports (écrans compris), sur des documents, ou dans des signaux. Le message, le document, ne contiennent que des signes, pas d'informations. Celles-ci sont inférées par le récepteur qui le reçoit/consulte et interprète avec ses codes de tous niveaux. Dans ce chapitre, nous nous intéresserons surtout aux cas informationnels où les récepteurs sont des personnes humaines, qui par exemple voient des écrans et les interprètent avec des codes très variés – mais pas des codes informatiques sauf exception : ils n'y voient pas des bits ni même des pixels que leur système visuel ne sépare pas, mais des caractères, mots, formes, couleurs, textures…

L'information *dépend de ce que le récepteur avait déjà en mémoire.* Il n'y a information que si le message n'était pas connu à l'avance, Shannon[2] nous l'avait dit pour le niveau des bits perçus par des machines, mais c'est applicable à tous niveaux. Les 0 ou 1 reconnus ne sont information identique et objective que pour des machines de même ignorance de leur valeur avant qu'ils n'arrivent. Le redoublement d'un mot

---

[1] C'est même un flux non conservatif : quand on la communique, on l'a encore.

[2] C. E. Shannon (1949).

n'apporte pas, sauf exception, de donnée nouvelle. La répétition d'une phrase, pas d'ie nouvelle. Une performance montrée, ou une image d'un produit, ne font émerger de connaissance nouvelle chez un client potentiel que s'il ne l'avait pas déjà.

Munis de notre échelle du sens, nous pouvons alors identifier et même *quantifier* (approximativement) *l'information* qu'un *récepteur donné retire* à chaque niveau de sens *d'un message* déterminé (combien de signes, de données, d'ie, de connaissances). Il nous faut pour cela convenir de quelques règles, et surtout bien connaître ce récepteur, c'est-à-dire connaître les savoirs/codes qu'il va utiliser pour interpréter le message, avec éventuellement leurs manques, imperfections. Ce n'est pas impossible de le faire de façon approximative. Cette estimation vaudra pour des *classes de récepteurs* disposant à peu près des mêmes codes : on peut définir des classes d'internautes, de clients, de lecteurs, etc., et estimer combien d'informations de chaque niveau ils retirent de tel message ou même ensemble de messages. Ce qui ouvre des perspectives assez vertigineuses, que nous explorerons ci-dessous en nous limitant à la problématique de l'innovation.

Très naturellement, nous considérerons *qu'un message est très nouveau pour son récepteur s'il lui apporte beaucoup d'informations nouvelles*, et peu nouveau s'il lui en apporte peu. Nous avons ainsi rendu quantitative la nouveauté. Nous définissons les *4 degrés de nouveauté d'un message pour un récepteur* comme *les nombres d'informations* (nouvelles pour lui par définition) *qu'il en retire, aux 4 premiers niveaux de sens*. Au 5° niveau, il est rare qu'un Savoir, permettant à lui seul une action significative et innovante, soit tout entier acquis par un seul message ou même ensemble de messages identifiés, et nous renoncerons le plus souvent à dénombrer les Savoirs inférés de messages.

Il ne faut pas y voir le comble du scientisme, comme l'auteur se l'est vu reprocher, car il ne s'agit pas de mesurer « la connaissance » dans l'absolu, elle est trop mal définie, subjective et non mesurable, mais seulement d'estimer des quantités en partie conventionnelles d'informations, en particulier de connaissances, qu'une classe connue de récepteurs tire d'un (ensemble de) message(s).

Nous supposerons les récepteurs rationnels et pas trop gouvernés par leurs affects, ce qui n'est qu'une approximation discutable. Si un récepteur est fatigué au point de n'interpréter que très imparfaitement le message, ou si celui-ci l'émeut trop considérablement, et dans bien d'autres contextes, nos estimations quantitatives rationnelles ne lui sont plus applicables, ou au moins, il faut les retoucher, et on ne saura en général pas très bien comment.

Les informations de divers niveaux émergent donc dans le système sensoriel et le cerveau du récepteur humain (supposé rationnel) qui interprète un message, et nous pouvons donc en estimer les quantités. Après, ou même pendant cette émergence, et parfois peu séparables de ces informations, germent aussi dans ce cerveau des « idées nouvelles », par *rapprochements* avec des informations déjà acquises et constituant ses Savoirs et codes, ou récemment acquises par d'autres messages et encore en traitement. On sait très mal comment ces rapprochements et émergences se font dans le cerveau. Aux moments les plus créatifs, le concepteur, par exemple, est plutôt un inventeur, il procède souvent par intuitions, il fait des analogies, il "bricole" (S. Papert), et nous n'allons pas essayer d'identifier et compter les idées nouvelles dans son cerveau. Mais vient ensuite le moment de la rationalisation, et notre évaluation de la nouveauté porte sur ce moment. Le récepteur devient émetteur et envoie des messages où il formule – plus ou moins bien – certaines de ses idées. Il peut par exemple les expliquer en signalant les rapprochements nouveaux qu'il a fait – c'est une re-création qu'il fait, rien ne garantit que cela s'est passé ainsi dans le secret de son cerveau conscient ou inconscient, mais c'en est la meilleur approche qu'on peut avoir dans l'état actuel des neurosciences. Ces « idées formulées » et ces « *rapprochements formulés* » sont donc des informations communiquées par des nouveaux messages, nous pouvons donc envisager de les identifier, dénombrer, et d'estimer leur nouveauté. La nouveauté d'une idée formulée n'est pas intrinsèque au penseur-émetteur ou au message, mais dépend donc beaucoup du récepteur qui l'estime. Ce récepteur peut aussi essayer de se mettre en pensée à la place du penseur (ou de tout autre récepteur possible) et en juger la nouveauté pour lui, mais il faut très bien le connaître.

Deux exemples de l'échelle du sens

Interprétation complexe

Interprétation simple

Zéro 0	**Signes simples** 1	**Données** 2	**Informations élémentaires** 3	**Connaissances** 4	**Savoirs et compétences** 5
Cas informationnel : un gestionnaire lit son CA dans une base à l'écran					
					Prendre une licence des Japonais
				C'est à cause de concurrence des Japonais	
			Le chiffre d'affaire a baissé à 12 M€		
		CA= 12 M€			
	12				
?..illisible					

Cas informationnel : un technicien étudie une bride sur des plans CAO					
					Faisons un calcul de résistance pour réduire le volume de matière
				Mais cette bride pèse trop lourd !	
			Le corps est très épais		
		Plans de parties de la bride et données associées			
	Eléments graphiques et autres signes				
?.. illisible					

On le voit dans les exemples ci-dessus, aux niveaux 4 des connaissances et 5 des Savoirs, la dose de rapprochement est souvent très forte. Les 2 messages particuliers reçus ne disaient pas du tout que la chute du Chiffre d'Affaire venait de la concurrence japonaise, ou que la bride était trop lourde. Ni qu'il fallait prendre une licence des japonais, ou faire un calcul de résistance des matériaux. Et pourtant c'est ce que le récepteur en a inféré.

INNOVER, C'EST UTILISER/RAPPROCHER BEAUCOUP D'INFORMATIONS NOUVELLES

Notre analyse qualitative et quantitative de l'information et de la *nouveauté de messages* va maintenant nous permettre de clarifier la notion de *nouveauté d'un objet innovant* (produit, procédé, processus, organisation, usage, marché, etc.) et donc celle d'innovation.

La nouveauté d'un objet innovant ne s'apprécie classiquement que par rapport à une *référence.* Le baladeur est nouveau par rapport au magnétophone, le dessalement par osmose inverse par rapport au procédé par distillation, le Business Process Management par rapport au Worflow, le marché de vente par internet par rapport à celui de la vente en magasin, etc.

Mais cette référence ne nous suffira pas pour définir la nouveauté d'un objet. Un objet n'existe pour quelqu'un que par les perceptions qu'il en a. Il perçoit des messages qui le lui évoquent d'une façon ou d'une autre : il le voit, il en entend parler, il lit quelque chose à son sujet, il l'utilise et donc là encore le perçoit et en reçoit des messages... Il ne pourra juger que l'objet est « nouveau » que s'il en perçoit quelque chose, et c'est ce quelque chose qui peut pour lui être nouveau.

D'où une première approche de l'estimation de la *nouveauté d'un objet pour quelqu'un* : c'est *le nombre d'informations* (nouvelles par définition) *que cette personne retirera à son propos des messages qu'elle reçoit et qui lui en parlent* (au sens figuré : ce « parler » peut être auditif, visuel, tactile, olfactif, gustatif).

Ce faisant, nous n'avons pas évacué l'objet de référence, mais pris conscience qu'il n'est pas universel : chaque personne a ses Savoirs préalables, et parmi eux il y a ce qu'elle sait sur son ou ses objet(s) de référence personnel(s), auquel consciemment ou inconsciemment elle va comparer ce nouvel objet. Le concepteur, le fabricant, le vendeur, ne trouvent pas nouveau le cent millième véhicule d'une série, car ils connaissent plus ou moins les 99 999 précédents, alors que pour Mr Dupont qui le découvre, l'achète ou le conduit pour la première fois, il est révolutionnaire car Mr Dupont le compare à ce qu'il savait de son autre très vieux modèle qui est en train de rendre l'âme. L'objet de référence unique retrouve de l'intérêt quand on peut résumer l'ensemble des Savoirs des personnes considérées à la connaissance de cette référence, mais c'est en général bien simplificateur.

Le récepteur est donc en fait un acteur. Un objet sera *nouveau pour quelqu'un qui en fait quelque chose d'identifié*, ne serait-ce que en pensée, et cette nouveauté dépendra de l'action considérée.

Dès lors, le repérage de la nouveauté d'un objet va de soi : nous repérerons les degrés de nouveauté d'un objet innovant, appelons-les *degrés d'innovation pour quelqu'un qui agit à propos de cet objet* (l'imagine, le conçoit, le réalise, l'utilise, décide quelque chose à son sujet,...) par la quantité d'informations nouvelles[1] qu'il reçoit de l'ensemble des messages qui lui arrivent, et qu'il utilise pour cette action.

Il y aura donc 4 tels degrés pour un objet et pour un acteur : celui du niveau 1 (des signes), celui du niveau 2 (des données), celui du niveau 3 (des informations élémentaires), celui du niveau 4 (des connaissances). En première approximation, le niveau 1 repère l'ampleur des messages reçus utiles ; le 2, une quantité de données nouvelles plus élaborées ; le 3, un contenu nouveau encore relativement évident pour les personnes au courant du domaine ; le 4, la vraie nouveauté, celle des concepts et idées créatives.

Les degrés d'innovation sont donc chacun une sorte de *cumul des degrés de nouveauté* (nombre d'informations nouvelles) *des divers messages* reçus par un acteur de l'innovation.

Cependant *ces degrés, comme les informations des messages, ne s'ajoutent pas simplement*. Les messages successifs sont souvent très redondants. Les degrés de nouveauté des messages successifs doivent en tenir compte: le deuxième message n'apporte pas d'information (par définition nouvelle) si le premier l'apportait déjà, et si le récepteur s'en souvient. Nous admettrons en général que notre récepteur-acteur rationnel se souvient. En entreprise bien organisée il a pour cela toutes sortes de bases de données et aides-mémoire qui lui envoient, sur sa demande souvent, les messages nécessaires pour qu'il ne perde pas d'information utile. Mais si besoin nous pouvons aussi faire des hypothèses sur son oubli. La nouveauté perçue

---

[1] Nous avons défini l'information comme toujours nouvelle, sinon il n'y a pas information pour le récepteur. En toute rigueur le qualificatif « nouvelles » est ici une redondance, mais il permet la compréhension de ce que nous voulons signifier aux lecteurs plus habitués au langage courant qu'au nôtre.

d'une mode repose souvent sur l'oubli du passé par l'usager de l'objet nouveau, qui a oublié les objets anciens…

Reste le problème de la prise en compte des *rapprochements* nouveaux d'informations, sources véritables de la créativité et de l'innovation. Comme nous l'avons vu ci-dessus, nous ne savons pas ce qui se passe dans le cerveau créatif. Un bon moyen est de lui demander de repérer et de nous annoncer des « rapprochements formulés ». Un autre est d'examiner ce qu'il y a dans les messages que lui-même envoie pour d'autres raisons vers l'aval, où apparaissent ces rapprochements. Quand il dépose un brevet par exemple, il indique en quoi il pense avoir créé des informations nouvelles (c'est éventuellement l'évaluateur du brevet qui va le dire plus sûrement que lui).

Nous suggérons donc, pour mieux estimer la nouveauté d'un objet pour un certain acteur dans une certaine action, de considérer en plus de nos 4 degrés d'innovation de l'objet pour lui, déterminés par examen des messages qu'il a reçu de l'amont, *4 indicateurs de rapprochements*, déterminés par identification et décompte de ceux-ci par examen des *messages envoyés* par l'acteur *vers l'aval*. Ceci revient à faire un partage entre informations qu'il infère avec peu d'extrapolation d'un message reçu, et informations-rapprochements qui utilisent beaucoup d'autres connaissances de ses Savoirs (ou issues d'autres messages). Cette séparation sera en grande partie conventionnelle. Ce n'est qu'en pratiquant la méthode qu'on pourra voir comment la faire dans divers types d'innovation, et s'il convient de la faire, ou de cumuler les indicateurs de même niveau.

Prenons le cas d'un produit, mais les cas de procédés, processus, usages, marchés, etc. innovants seraient analogues. On pourra toujours distinguer des phases d'invention/ découverte/ conception, de réalisation/ concrétisation, d'utilisation/ entretien, du nouvel objet (et peut-être de destruction/ abandon, où l'innovation peut avoir aussi sa place). Elles se superposent plus ou moins, elles peuvent être subdivisées, mais les acteurs sont habituellement assez clairement dédiés à l'une d'entre elles.

Ainsi, pour un *utilisateur*, le produit qui vient de sortir est un émetteur de messages: son aspect qu'il voit, sa notice qu'il parcourt, ce qu'il en a entendu dire, les ennuis ou avantages qu'il a en le mettant en service et utilisant, sont des messages qu'il rapproche de ses connaissances antérieures. Ce nouvel aspirateur ressemble au vieux que j'avais. Tiens, il a plusieurs vitesses, l'ancien n'en avait qu'une, etc. Si les messages utiles à son action d'utilisateur (mise en route, utilisation) lui apportent beaucoup d'informations nouvelles qu'il utilise, le produit est *nouveau pour lui et pour cette action*. Si ce sont uniquement des données qui sont nouvelles, la nouveauté est souvent superficielle (il est bleu au lieu d'être rouge). Si ce sont des connaissances, elle est plus profonde (il n'a pas de sac, or je croyais qu'il fallait un sac pour que cela marche). Remarquons qu'un changement de données important va souvent avec un changement de connaissances, mais la publicité essaye parfois de brouiller les cartes et de faire passer un simple changement de quelques données (telle la couleur) pour une innovation plus profonde...

Il n'est pas forcément facile ni intéressant de repérer et analyser tous les messages qu'un utilisateur particulier perçoit au sujet d'un produit. Mais il est envisageable de définir une *classe d'utilisateurs* qui ont déjà à peu près les mêmes *niveaux cognitifs d'utilisation*, c'est-à-dire qui ont assimilé dans le passé à peu près les mêmes informations sur des produits analogues plus anciens. Puis d'identifier et d'estimer la quantité d'informations nouvelles de chaque niveau de sens qu'ils utiliseront pour mettre en route ou se servir du nouveau produit, en considérant des messages typiques qu'ils reçoivent. Et d'utiliser ces estimations comme degrés d'innovation du produit pour eux dans leur action. La clientèle est formée bien sûr de plusieurs classes, l'analyse peut prendre une tournure statistique (15% n'ont jamais eu auparavant d'aspirateur, 2% n'en n'ont jamais vu...).

Le *concepteur* utilise des informations nouvelles pour concevoir, sinon il n'innove pas. Elles peuvent porter sur le marché, les attentes des clients, les technologies disponibles... et plus encore sur des rapprochements nouveaux entre des informations connues de ces domaines mais rarement rapprochées. Le concepteur est un professionnel, et pour des raisons d'organisation et de qualité, une bonne partie des messages qu'il utilise ou émet sont repérés, enregistrés. Notre voie pour évaluer la nouveauté de la conception de ce produit sera l'analyse des messages qu'il a reçus, et de ceux qu'il a envoyés pour les rapprochements. Ce qui est nouveau pour le concepteur est évidemment bien différent de ce qui est nouveau pour l'utilisateur, car leurs référentiels d'informations / connaissances déjà acquises, et les informations /connaissances utiles pour agir (pour l'un concevoir, pour l'autre utiliser) sont bien différents. Pour les conducteurs dans l'action de conduire, pendant 80 ans les automobiles, toujours munies de 4 roues, de 3 pédales et d'un volant, ont été bien moins nouvelles que pour leurs concepteurs, mais cela change avec les aides à la conduite.

Le *fabricant* trouvera nouveau ou non le produit selon que les messages lui fourniront des données (réglages de sa chaîne), mais surtout des connaissances (processus de fabrication) nouvelles qu'il va devoir utiliser pour fabriquer et auparavant pour préparer sa fabrication. Son avis sur la nouveauté du produit va souvent être encore différent – à moins évidemment qu'il ne se mette en pensée à la place du concepteur ou de l'utilisateur.

Encore un exemple, le *magasinier* va souvent utiliser bien peu d'informations nouvelles pour l'action de stocker, le produit lui paraîtra alors très peu nouveau, même s'il bouleverse les utilisateurs, concepteurs, fabricants...

QUELQUES AUTRES PROBLEMES DES DEGRES D'INNOVATION

Nous avons déjà vu diverses difficultés qui rendent l'évaluation de la nouveauté approximative et en partie conventionnelle (le décompte des rapprochements par exemple). Il y en a d'autres. Des informations concernent et renouvellent des domaines entiers, alors que d'autres sont des détails. Va-t-on donner à toutes le même poids dans nos évaluations, qui se contentent d'en estimer le nombre ?

Remarquons d'abord que, heureusement, nos degrés d'innovation distinguent 4 niveaux d'information, et la quantité de connaissances nouvelles induites par des messages va repérer des nouveautés plus générales que la quantité de données. Tel texte le dit peut-être en 1000 caractères, en 300 mots, en 50 propositions grammaticales, mais pour la plupart des lecteurs il ne porte qu'une connaissance : Intel sort un microprocesseur deux fois plus rapide. Et seule elle importe. Quoique, si le récepteur du nouveau message sait déjà que Intel sort un nouveau microprocesseur, ce n'est en fait pour lui qu'une donnée : vitesse = doublée. Il n'est pas possible de pondérer ou ajouter ces 4 degrés, chacun nous dit quelque chose sur la nouveauté, suivant les acteurs et leurs actions il faudra considérer les uns plutôt que les autres, mais le plus souvent ce sont le nombre d'ie et surtout de connaissances nouvelles utilisées qui nous intéresseront.

Ensuite, les informations importantes se démultiplient en donnant lieu à de très nombreux messages qui en détaillent les conséquences, et nous compterons alors beaucoup d'informations nouvelles. Pas forcément cependant au cours du lancement de l'innovation, peut-être beaucoup plus tard. Cette nouveauté tardive à l'usage n'est pas la nouveauté en conception.

Autre problème éventuellement lié au précédent: n'y a-t-il pas des informations très « utiles », et d'autres seulement un peu ? Il est très difficile de discerner dans un message ce qui « sert » pour définir, réaliser, utiliser, etc. l'objet nouveau. L'acteur qui le reçoit ne le sait pas toujours lui-même. Et les messages sont contingents, liés au contexte momentané, pas forcément dédiés à cet objet. Ils parlent d'un tas d'autres choses. Des éléments de contexte servent indiscutablement à l'action, mais où s'arrêter ? Et il y a des acteurs peu compétents, pour eux beaucoup d'informations nouvelles sont nécessaires et utiles, alors que pour des vieux routiers du domaine, bien peu le sont. L'action elle-même que ces informations doivent aider n'est pas définie parfaitement, n'a pas de frontière fixe. Pas plus qu'on ne peut cerner parfaitement l'objet dont il s'agit.

A tout cela nous répondrons qu'en effet la nouveauté n'est définie que pour des acteurs spécifiés faisant quelque chose d'identifié dans un contexte précis, s'ils étaient l'un ou l'autre différents en effet elle serait autre. Tout de même, les messages évidemment hors sujet ne devront pas être analysés ni leurs informations décomptées. Pour les autres, le tri entre ce qui sert ou pas sera souvent difficile. Un exemple très fréquent est celui des images à but illustratif. Elles transmettent beaucoup de signes (formes par exemple), de données (objets identifiés..), d'ie (objets en action..), mais souvent cela ne sert pas à grand chose pour l'action que celui qui les regarde distraitement doit faire. Il faudra que nos estimateurs de quantité d'informations soient entraînés sur des exemples-types, de façon à compter de façon suffisamment reproductible les informations utiles.

Dans la conception, réalisation, ou usage d'un objet innovant tant soit peu important, les acteurs sont très nombreux, et les messages plus encore. Ils sont enchaînés, en série ou parallèle, et forment un réseau complexe : un veilleur a lu un article sur Intel, il rédige un résumé qui fait émerger 2 ie (Intel sort un nouveau microprocesseur, il est 2 fois plus rapide) et 1 connaissance (Intel sort un microprocesseur deux fois plus rapide qui va révolutionner le marché) chez un responsable du développement. Lequel la rapproche de 5 autres (sur le marché, les capacités de son entreprise, le besoin d'améliorer un de leur produit qui utilise des microprocesseurs, etc.). Il rédige un mémo de 200 mots, qui apporte à son Directeur 20 ie, et 3 connaissances (c'est le moment de renouveler tel de nos produits, le marché est bon, c'est faisable rapidement), où celle issue du veilleur est fondue. Le directeur demande des précisions par un message qui en génère toute une cascade. Comment se retrouver dans ce maquis ? Faut-il compter une ie ou connaissance bien identifiée autant de fois qu'elle a été transmise, ou une seule fois ? Et comment juger si c'est la même ou pas la même qui réapparaît dans divers messages, alors que les formulations ne sont pas strictement les mêmes ? De plus de nombreux messages, les plus importants d'après certains, sont quasi tacites, ils passent entre personnes par un regard, par quelques mots elliptiques, sans être écrits. Ou bien ils viennent d'un objet qu'on regarde, d'une expérience qu'on fait... Faut-il débrouiller cet écheveau ?

Cette analyse de l'innovation en train de se faire serait passionnante, et notre vision de l'information qui y concourre à toutes les étapes, inférée de tous les messages, en ouvre en effet une voie d'étude. Mais ici nous cherchons seulement à repérer la nouveauté d'un objet. Les nouveautés de l'objet pour divers acteurs n'ont pas à être cumulées en une sorte de somme des nouveautés pour eux tous qui en fait ne signifie rien. Nous choisirons donc seulement quelques acteurs représentatifs des actions auxquelles nous nous intéressons, et étudierons les messages qu'ils reçoivent et les informations nouvelles qu'ils en infèrent pour leurs actions concernant l'objet innovant.

Certes leurs messages sont très contingents, liés aux contextes très personnels de ces acteurs représentatifs. Si leur mail est en panne, si leur collègue le plus proche part dans un bureau à l'étage au dessous, s'ils viennent d'arriver dans l'entreprise, etc., la conséquence sur les messages est considérable mais de peu d'intérêt pour notre estimation de la nouveauté. Une partie de ces effets sera atténuée quand on totalisera les informations nouvelles des divers messages (s'il ne lit pas de mail, il lit davantage d'imprimés). Mais il en restera. L'innovation elle-même « dépend du sentier », de l'histoire telle qu'elle s'est déroulée, des acteurs effectivement à l'œuvre. La sensibilité de nos degrés d'innovation au contexte réel, parfois microscopique, ne fait que le traduire.

En pratique cependant, ce problème de *granulométrie* des messages et des informations à considérer demeure. On ne peut estimer pratiquement, pour les innovations importantes, que des quantités d'informations synthétiques, issues de mega messages répertoriés (regroupements, parfois réinventés, des messages réels), en estimant combien de mega informations nouvelles sont utilisées. Ceci pose la question de la définition de ces regroupements hiérarchiques d'informations.

Nous répondrons ainsi. Quand on planifie la conception, ou la réalisation, ou l'usage, ou tous ensemble, d'un objet dans un Projet innovant complexe, on détaille raisonnablement les activités pour pouvoir manager ce Projet. Les regroupements d'informations à considérer sont ceux qui permettent cette hiérarchie d'actions ainsi considérée par le Projet, les hiérarchies à établir sont homologues. Et de même qu'il ne faut pas, si on veut être efficace dans le management de Projet, décomposer à l'infini les actions en actions plus petites (je sors mon téléphone portable de ma poche, je le porte devant mes yeux, je cherche le bouton « on », j'appuie dessus, etc., etc.), il ne faut pas décomposer à l'infini les informations. La granulométrie de notre analyse des informations nouvelles se déduira de celle des actions de ce Projet. Ceci nous permettra un regroupement des messages et des informations à un niveau qui permettra d'en décompter des quantités raisonnables.

Et nous regrouperons des acteurs aussi ; ce sont des groupes (services, départements..) qui font les grandes actions en entreprise. Pour des raisons d'Assurance Qualité, les échanges entre ces groupes sont souvent formalisés dans des documents qui sont des mega messages bien répertoriés. On pourra donc en première approximation répertorier les informations nouvelles utiles pour leur action que ces documents apportent à des individus ou groupes spécifiés, et négliger les messages peu répertoriés qui ont exprimé principalement les mêmes informations, ou des détails qu'on néglige. Mais ceci n'est possible que dans les phases managées du Projet innovant. Les phases d'invention, de créativité, de conception très amont, échappent à la planification et aux documents de la Qualité. Il y a tout de même des documents de veille, ou autres, où on peut voir émerger les informations nouvelles, mais les messages informels peuvent en avoir communiquées bien d'autres.

Enfin, nous n'avons pas à trier suivant le thème de l'information. Qu'il s'agisse de marché, de l'environnement social, de technique, d'organisation, ou autre, si c'est nouveau et a servi, ou va servir si nous essayons d'évaluer la nouveauté d'un objet pour une action future (en imaginant ses messages), nous le décomptons. Nous retrouvons ainsi la plupart des théories actuelles de l'innovation, qui constatent que ses composantes couvrent tout un cadre sociotechnique[1] dont les domaines ne peuvent être bien séparés.

CONCLUSION : UNE VOIE OUVERTE POUR ESTIMER LA NOUVEAUTÉ D'UNE INNOVATION

En conclusion, reconnaissons que la voie que nous ouvrons ainsi pour évaluer la nouveauté, les degrés d'innovation d'un objet innovant, n'est pas toujours facile. Il faut assurément bien connaître l'objet, les acteurs concernés et leurs actions pour lesquels on cherche à évaluer ces degrés. Le repérage des (mega) messages et des (mega) informations que les acteurs utilisent n'est pas toujours simple. Il restera une part conventionnelle importante dans ces estimations, elles ne seront pas absolues, parfaitement assurées, universelles. Ce sont donc des *estimations comparatives* qui seront les plus sûres et accessibles.

Mais leur intérêt est très grand. On peut estimer les degrés d'innovation d'un véhicule pour un acquéreur comparés à ceux d'un autre véhicule qu'il découvre aussi. On peut comparer les degrés de nouveauté, pour les lecteurs-acteurs d'une certaine classe, de 2 publications scientifiques dans le même domaine. On peut utiliser, entre autres, des degrés d'innovation pour sélectionner des innovations envisagées (trop peu nouvelles, elles ne sont pas intéressantes, trop nouvelles, il y a trop de risques). On peut chercher à comparer les taux d'innovations de divers lieux, de diverses périodes historiques, de diverses entreprises... Et même les degrés de nouveauté de 2 idées formulées. Beaucoup de travail est encore nécessaire pour transformer cette voie en méthodes opérationnelles, mais les enjeux ne le méritent-ils pas ?

---

[1] P. Flichy (1995).

RÉFÉRENCES

Bardin D., *Management de la créativité en entreprise,* Economica, 2006.
Boly W., *Ingénierie de l'innovation,* Hermès Lavoisier, 2004.
Flichy P., *L'innovation technique,* La Découverte, 1995.
Jakobiak F., *L'intelligence économique*, Ed. d'Organisation, Eyrolles, 2006
Karklins-Machay A., *Joseph Schumpeter. Vie-œuvres-concepts*, coll. les grands théoriciens, Sciences Economiques et Sociales, Ellipses, 2004.
Lhuillier J. N., *Le management de l'information. Des données aux connaissances et aux compétences*, coll. Management et Informatique, Hermès Lavoisier, 2005.
Prax J.Y., Buisson B., Silbezahn P., *Objectif innovation,* Dunod, 2005.
Shannon C. E., *The mathematical Theory of Communication.* Univ of Illinoy Press, 1949. Traduction française Retz-CEPL, 1975.

CHAPITRE III

Le financement de la recherche d'intérêt général : le rôle des fondations

Lisa BESNARD
Jean-Jacques BERNARDINI
Emmanuel DEJEAN

Les investissements européens en R&D sont beaucoup plus faibles (à peine 2% du PIB) que ceux de ses deux principaux concurrents : les Etats-Unis (2,8%) et le Japon (3,2%). Ce contraste est encore plus marqué en ce qui concerne la *contribution des acteurs privés à cet effort de Recherche* : un peu plus de la moitié pour l'Union européenne contre deux-tiers aux Etats-Unis et trois quarts au Japon (1).

En Mars 2002, les chefs d'Etat et de gouvernement de l'Union Européenne réunis au Conseil Européen de Barcelone se sont fixés pour *objectif d'augmenter les investissements en R&D à hauteur de 3% du PIB à l'horizon 2010, dont deux tiers provenant des acteurs privés*. Cet objectif est un des axes clés de la stratégie européenne en faveur de la croissance et l'emploi (Stratégie de Lisbonne réformée). A quatre ans de cette échéance, l'Europe est pourtant encore loin de pouvoir prétendre devenir l'économie de la connaissance la plus compétitive au monde (2, 3). C'est la raison pour laquelle, le 20 janvier 2006, un groupe d'experts indépendants créé par la

Commission Européenne, a présenté un rapport invitant les responsables européens à prendre des mesures radicales en matière de Recherche et d'Innovation « avant qu'il ne soit trop tard ». *Parmi les mesures recommandées figure le développement des fondations en Europe* (4).

En effet, les fondations peuvent mobiliser durablement des fonds privés et diversifier les Recherches dans des domaines spécifiques ou risqués porteurs de valeur ajoutée pour la société. Les fondations sont des entités privées, fondées sur des actifs. Il s'agit de *structures non gouvernementales, autonomes et à but non lucratif. Elles peuvent compléter et approfondir efficacement l'action publique* qui est de plus en plus limitée par des contraintes budgétaires et qui, par conséquent, doit se concentrer sur un nombre restreint de priorités de Recherche. Alors qu'Outre-Atlantique les fondations assurent pleinement ce rôle, *le potentiel des fondations n'est pas pleinement exploité dans la plupart des pays européens* (1, 5).

Cette différence s'explique par des conceptions opposées de l'intérêt général : dans les pays anglo-saxons, il peut résulter de volontés privées alors que dans des pays historiquement marqués par l'étatisme comme la France, par exemple, seul l'Etat peut être conçu comme garant du bien public et l'initiative privée dans ce domaine a tendance à susciter soupçons et hostilités. De telles *différences historiques et culturelles expliquent que les fondations ne se soient pas développées de la même manière dans tous les pays* (6).

Dans le paysage hétérogène des fondations en Europe, le cas d'un pays comme la France a été choisi pour faire un état des lieux d'une situation en pleine mutation. L'objectif sera de présenter le dispositif français des fondations, sa réforme récente et les mesures visant à développer leur rôle dans le domaine de la Recherche.

Ensuite, le potentiel réellement offert par ce dispositif sera analysé à la lumière d'exemples concrets de fondations françaises et étrangères afin de démontrer la multitude des possibilités à explorer. L'objectif de cette analyse sera d'évaluer les avantages du développement des fondations pour la Recherche tout en identifiant certaines limites.

ETAT DE L'ART

Paysage des fondations en Europe

Le peu de données disponibles au sujet des fondations rend l'exercice d'une analyse comparée très difficile. Néanmoins, les travaux menés par le Centre pour la Société Civile de la London Schools of Economics, par le Centre Européen des fondations et, par un groupe d'experts mis en place par la Commission européenne dans le cadre de son Plan d'Action pour « Davantage de Recherche et d'Innovation » permettent d'avoir une vue d'ensemble sur les fondations dans les pays de l'Union européenne des quinze (1, 5, 7).

La *typologie des fondations en Europe* est très variée tant au niveau de leur nature juridique (droit public ou privé), de leurs fondateurs (individus, entreprises, familles, communautés, associations, secteur public, etc.), des moyens financiers dont elles disposent, de leur degré d'autonomie, et des missions qu'elles remplissent. En effet, elles peuvent, soit simplement distribuer des prix, soit être opérationnelles, c'est-à-dire gérer leurs propres projets et programmes, soit être redistributrices de fonds (projets subventionnés, bourses, etc.), ou être à la fois opérationnelles et redistributrices. De même, *l'environnement légal et fiscal* dans lequel les fondations évoluent, est très différent d'un pays à un autre, et la « culture philanthropique » des acteurs privés plus ou moins développée (1, 7).

La *contribution annuelle des fondations européennes à la Recherche* est plus faible qu'aux Etats-Unis et au Japon. On peut estimer cette contribution des fondations à la Recherche européenne à environ 2 milliards d'Euros (8) soit respectivement trois fois et quatre fois moins qu'au Japon et aux Etats-Unis (9).

Partant de ce constat, *certains pays comme la France ont décidé de prendre des mesures pour développer le rôle des fondations dans la Recherche.*

Le dispositif des fondations en France et son évolution

Les fondations ont en France, longtemps été régies par la jurisprudence du Conseil d'Etat. La première mesure à prendre a donc été de mettre en place le dispositif légal et fiscal nécessaire à leur développement. La Loi de 1987, relative au mécénat et aux fondations, constitue désormais le cadre juridique et fiscal dans lequel évoluent les fondations (10).

Définition de la fondation selon la Loi française
« L'acte par lequel une ou plusieurs personnes physiques ou morales décident l'affectation irrévocable de biens, droits ou ressources à la réalisation d'une oeuvre d'intérêt général et à but non lucratif »

Ensuite, le dispositif a été complété par la création du statut de fondation d'entreprise répondant mieux, par leur souplesse, aux besoins des entreprises souhaitant structurer par ce biais leur activité de mécénat.

Typologie des fondations françaises

Type	Fondation Reconnue d'Utilité Publique	Fondation Abritée	Fondation d'Entreprise (« label »)
Personnalité juridique	Personne morale de droit privé à but non lucratif	N'est PAS une personne morale mais un acte juridique (affectation à une fondation reconnue d'utilité publique qui l'a prévu dans ses statuts)	Personne morale de droit privé à but non lucratif
Création	Reconnaissance d'utilité publique par décret après avis du Conseil d'État	Convention de droit privé entre la fondation reconnue d'utilité publique et la fondation abritée	Arrêté préfectoral
Fondateurs	Personne(s) physique(s) ou morale(s)	Personne(s) physique(s) ou morale(s)	Entreprise(s) et EPIC, coopératives, institutions de prévoyance ou mutuelles
Durée de vie	Illimitée dès l'obtention de la reconnaissance d'utilité publique (sauf si dotation consomptible)	Illimitée ou fixée par la convention avec la fondation affectataire	Limitée à 5 ans reconductibles
Financement	Dotation initiale (évaluation au cas par cas en fonction de l'objet) : en pratique 1 M€ en moyenne Possibilité de recevoir des dons, legs, subventions,	Affectation des fonds de la fondation abritée à la fondation reconnue d'utilité publique selon les conditions fixées par celle-ci	Financement dans le cadre d'un Plan d'Action Pluriannuel (>=150 K€ garantis par caution bancaire et pouvant être fractionnés sur 5 ans max.)

Une fois mis en place, l'efficacité de ce dispositif restait néanmoins à améliorer : les incitations fiscales demeuraient insuffisantes et les conditions de création strictes et lourdes freinaient toujours le développement des fondations. Un *plan de relance général des fondations et du mécénat* a donc été lancé en 2003 avec un doublement des incitations fiscales, un allègement de la tutelle de l'Etat, une simplification de la procédure de reconnaissance d'utilité publique et un assouplissement des conditions de création.

Cette réforme commune à l'ensemble des domaines couverts par la Loi relative au mécénat et aux fondations (culture, solidarité, environnement, éducation, Recherche, etc.) a été complétée par des mesures spécifiques prises à l'initiative des différents ministères concernés, tel que le Ministère délégué à l'Enseignement Supérieur et à la Recherche avec un *plan spécifique aux fondations d'utilité publique du secteur de la Recherche* lancé en 2004. En effet, la proportion de fondations actives dans le domaine de la Recherche est seulement de 6% (11).

Les *objectifs* de ce plan d'action spécifique étaient de diversifier les champs de Recherche couverts par les fondations, de promouvoir une gestion par projet, d'inciter la participation des entreprises, de favoriser le partenariat public-privé, et de rapprocher Sciences et Société.

Pour atteindre ces objectifs, *le plan d'action spécifique a notamment consisté à mettre en place* un fonds de 150 M€ (12). Il a permis d'abonder le capital initial d'une vingtaine de nouvelles fondations reconnues d'utilité publique à caractère scientifique à raison d'un Euro public pour un Euro privé en 2004 puis d'un Euro public pour deux Euros privés en 2005 (« fonds d'amorçage »).

Le Ministère a d'autre part, mené une *réflexion sur les principes à établir pour garantir l'objectif l'intérêt général* en tenant compte du fait que de nombreuses entreprises fondatrices seraient concernées par les financements de la fondation pour leurs laboratoires ou par l'exploitation des Recherches financées.

Enfin, *le dispositif français a récemment été complété par les «fondations de coopération scientifique»* créées par la Loi de Programme pour la Recherche du 18 avril 2006 pour favoriser la structuration de nouvelles formes de coopération entre les acteurs de l'Enseignement Supérieur et de la Recherche (13).

Le statut de fondation de coopération scientifique découle de celui des fondations reconnues d'utilité publique mais en diffère très fortement dans le sens où la dotation en capital sera majoritairement ou totalement apportée par des personnes publiques qui mutualisent leurs moyens. En effet, l'esprit du partenariat public-privé de ces fondations est en décalage avec celui des fondations reconnues d'utilité publique à caractère scientifique puisque l'initiative réside dans la coopération entre acteurs de l'Enseignement Supérieur et de la Recherche et non entre entreprises. Ces dernières participeront aux fondations de coopération scientifique principalement en tant que partenaires et éventuellement en tant que cofondatrices mais de manière minoritaire.

Ce statut pourra être utilisé par les Pôles de Recherche et d'Enseignement Supérieur (PRES) et par les Centres Thématiques de Recherche et de Soins (CTRS) ; il devra par contre être *obligatoirement* utilisé par les Réseaux Thématiques de Recherche Avancée (RTRA).

Des mesures spécifiques pour développer le rôle des fondations dans la Recherche ont également été menées dans d'autres pays européens. Ainsi, en République Tchèque, l'action du gouvernement en faveur du financement privé de la Recherche s'est concentrée sur la fiscalité des dons aux fondations. Un régime de faveur a été accordé aux dons versés aux fondations du secteur de la Recherche plutôt qu'à celles actives dans d'autres secteurs.

METHODOLOGIE

Pour exploiter au mieux les possibilités offertes par les fondations et améliorer encore leur fonctionnement, il convient de voir comment cet instrument est utilisé sur le terrain par les entreprises, les universités, les collectivités locales, etc.

Même si les dispositifs sont difficiles à comparer, il est intéressant de voir comment ils sont utilisés dans d'autres pays car les besoins des acteurs qui ont intérêt à créer des fondations se ressemblent. Une approche « bottom up » est donc préconisée : les cadres juridiques et fiscaux devront s'adapter à l'utilisation que les acteurs souhaitent en faire. C'est seulement par un échange de bonnes pratiques au niveau européen et international que l'on pourra apporter des réformes efficaces.

L'étude de plusieurs exemples concrets de fondations permettront de dresser un tableau de ce que peuvent faire les fondations en faveur de la Recherche. Sur cette base, les avantages et limites de ce potentiel identifié seront analysés pour voir si les pratiques constituent des pistes intéressantes qui pourraient être généralisées.

ANALYSE ET RESULTATS

Contribuer à l'émergence d'innovations de rupture et au développement de la responsabilité sociétale des entreprises

En créant des fondations de Recherche proches de leur secteur d'activité, les entreprises agissent en faveur de l'intérêt général. Cette démarche leur confère une image d'entreprise responsable à l'écoute des citoyens. Les Recherches menées dans le cadre de ces fondations leur permettent d'anticiper les besoins futurs et les évolutions de leur environnement très en amont dans le processus d'Innovation ; cette anticipation constitue une des clés du développement des Innovations de rupture de demain, gages de croissance et de compétitivité.

A travers l'instrument « Fondation », l'implication de toutes les parties prenantes garantit un investissement pour une Recherche durable c'est-à-dire à la fois au service de l'intérêt général et de l'intérêt stratégique d'un secteur à long terme. Il s'agit donc d'une forme originale et innovante de mécénat.

- *Plusieurs exemples français*

– Les nouvelles fondations d'utilité publique issues du Plan d'action spécifique de 2004 :

La *fondation de Recherche pour l'Aéronautique et l'Espace* a pour vocation de financer des programmes de Recherche se concentrant sur des problématiques telles que la **sécurité** et l'efficacité globale du système de transport aérien pour faire face aux problèmes d'engorgement du ciel, l'impact sur *l'environnement* ou l'utilisation des techniques spatiales à des fins de *développement durable.* Le premier programme lancé porte sur « l'avion faible bruit ». La sélection des meilleurs projets a été faite récemment par Conseil d'Administration sur recommandation du Conseil scientifique et les premiers contrats ont démarré cet été.

Elle a été cofondée par les principaux industriels du secteur, Latécoère, Safran, le groupe Snecma-Sagem, Thales, et EADS avec plusieurs partenaires de la Recherche publique, l'ONERA, le CNRS, le CEA, et le CNES. Avec une dotation de 18 M€ sur six ans, 6 programmes de Recherche de 3 M€ environ seront financés. Chaque programme est soumis à un appel d'offres auprès d'instituts de Recherche français et européens. On peut noter que les règles de fonctionnement s'inspirent de celles du 6ème Programme Cadre de Recherche et Développement européen (mode de financement, évaluation des projets, structure des projets) (14).

La fondation Santé et Radiofréquences a été créée pour réaliser des Recherches sur l'impact des radiofréquences sur la **santé** et pour en diffuser les résultats, la demande d'information du public à ce sujet étant croissante. Contrairement à l'exemple précédent, l'idée de cette fondation a plutôt été poussée par l'Etat. Mais, au lieu d'attendre que ce type de Recherche soit financé entièrement par des fonds publics, les industriels qui ont contribué à la création de la fondation, ont adopté une attitude proactive et responsable en s'engageant dans cette démarche et en apportant la moitié des 4,8 M€ dont est dotée la fondation pour cinq ans. Un premier appel à projets a été lancé et un deuxième le sera à la fin 2006 qui prévoit d'engager au total 1,8 M€. Les industriels qui ont contribué à sa création sont concurrents : trois grands constructeurs (Alcatel, Motorola, Ericsson), les trois opérateurs de téléphonie mobile (SFR, Bouygues Telecom et Orange France) et deux opérateurs de télédiffusion (TDF et Towercast). Ils ont un intérêt à coopérer et mutualiser leurs moyens pour financer ces travaux dont les résultats permettront d'anticiper l'effondrement du marché si les conséquences néfastes des téléphones portables sur la santé étaient démontrées.

On peut noter qu'une initiative de bonne gouvernance a été prise par l'adoption d'une Charte d'éthique et que la fondation coordonne ses travaux avec ceux menés au niveau européen et international à ce sujet. En effet, les Recherches menées s'inscrivent dans les priorités de l'Organisation Mondiale de la Santé.

Avantages pour la Recherche de la création de ces fondations reconnues d'utilité publique à caractère scientifique

✓ *Mobiliser des fonds privés et structurer la Recherche au niveau sectoriel* : 125 M€ de fonds privés ont été mobilisés en France depuis 2004 (en plus des 110 M€ apportés par l'Etat) pour créer de nouvelles fondations de Recherche.
✓ *Redistribuer tous les financements mobilisés* : 235 M€ seront au total consacrés au financement de programmes de Recherche.

✓ *Diversifier la Recherche* : les programmes de Recherche ainsi pilotés au niveau sectoriel par les entreprises sont très spécifiques et servent en même temps le bien public (les fondations permettent donc de compléter et d'approfondir l'action de l'Etat).
✓ *Favoriser le partenariat public-privé* : des organismes publics de Recherche ou des établissements d'enseignement sont associés au pilotage des travaux de Recherche.
✓ *Favoriser l'excellence et la bonne gouvernance*
▪ Procédure d'appels à projets : en ce qui concerne la sélection des cocontractants, les règles de libre concurrence sont respectées dans une procédure conduite par un conseil scientifique ou par un comité ad hoc. Cette procédure est une garantie contre les conflits d'intérêt dans la mesure où ces instances ne peuvent comporter de membres ayant partie liée avec les fondateurs et potentiellement cocontractants.
▪ Les principes suivants ont donc été prévus concernant les règles de propriété intellectuelle :
- Les droits appartiennent à la fondation ou aux organismes de Recherche ; les industriels fondateurs ne peuvent donc bénéficier en tant que tels de droits de propriété intellectuelle sur les Recherches que la fondation contribue à financer ;
- Aucune information n'est gardée secrète et les fondateurs n'ont aucune exclusivité ni priorité pour l'exploitation des brevets ;
✓ *Promouvoir la carrière de chercheur en France auprès des jeunes* : en finançant des bourses, les fondations contribuent à limiter la fuite des cerveaux et même à rendre la France plus attractive pour les chercheurs étrangers.
✓ *Rapprocher Sciences et Société* de par les sujets d'intérêt général traités.

Limites

✓ *Est-ce que les entreprises auraient agi sans le fonds d'amorçage de l'Etat ?* Il semble que le fonds d'amorçage ait été l'élément déclencheur pour inciter les entreprises à créer de nouvelles fondations. Malgré ce succès, ce fonds a été supprimé dès 2006. Il est probable que la dynamique créée, s'essouffle faute d'incitation suffisante à la création de ces structures. Il est même envisageable que les nouvelles fondations créées disparaissent une fois qu'elles auront consommé leur dotation initiale puisqu'elles sont toutes des fondations à « capital consomptible ».

La dynamique créée et l'intérêt des Recherches de ce type de fondations pour les entreprises peuvent néanmoins laisser espérer que les fondations déjà créées trouvent par elles-mêmes les ressources nécessaires à leur pérennisation.

✓ *Les règles fiscales devraient être améliorées notamment au niveau de la propriété intellectuelle* : il faudrait supprimer la TVA payée sur les contrats de Recherche quand la fondation décide de garder ses droits de propriété intellectuelle (et non de les laisser aux organismes).

– *Les fondations d'entreprise*

Les entreprises donnent presque toujours leur nom à ce type de fondations. Il s'agit donc souvent pour l'entreprise fondatrice d'un outil de communication lui permettant de structurer son activité de mécénat.

Ces fondations sont souvent dotées de moyens relativement restreints (en général, le minimum de 150 K€ exigés sur cinq ans) et mènent de ce fait des actions de moindre envergure que les fondations reconnues d'utilité publique qui financent de grands programmes de Recherche. Si elles sont assez nombreuses à afficher la Recherche comme l'une de leurs missions, une seule fondation d'entreprise a, en réalité, une activité significative de Recherche comparable à celle des fondations de Recherche d'utilité publique : il s'agit de *la Fondation d'entreprise EADS* (14).

En effet, 24 M€ ont été alloués par le groupe EADS à sa fondation pour être totalement redistribués. Elle a ainsi financé plus de dix projets de Recherche et une trentaine de bourses de doctorants et post-doctorants depuis sa création en 2004 et va mettre en place des chaires auprès d'établissements d'enseignement supérieur et de Recherche. Par ailleurs et afin de rationaliser et optimiser son engagement dans les fondations, EADS est représenté par le biais de sa fondation d'entreprise dans les autres fondations d'utilité publique qu'elle co-fonde (comme la fondation Aéronautique et Espace et la fondation Cgénial).

Avantages de la création de fondations d'entreprise dédiées au secteur de la Recherche

Les avantages d'une fondation d'entreprise dédiée à la Recherche et fonctionnant sur le modèle de celle d'EADS (redistribution des fonds par appels à projets, pilotage des activités scientifiques en coopération avec des organismes publics et des experts français et étrangers, etc.) sont *similaires à ceux procurés par les fondations reconnues d'utilité publique à caractère scientifique*. Depuis que ces dernières ne bénéficient plus du fonds d'amorçage de l'Etat, *le statut de fondation d'entreprise est le plus adapté aux besoins des entreprises qui souhaitent financer des Recherches d'intérêt général* : rapidité et facilité de création, moindre engagement de la part de l'entreprise fondatrice au niveau financier et dans la durée, autonomie vis-à-vis des pouvoirs publics, réactivité et souplesse de fonctionnement. De plus, les avantages fiscaux sur les dons de l'entreprise à sa fondation sont aussi importants que ceux accordés sur les dons à des fondations ou associations reconnues d'utilité publiques. Si d'autres entreprises suivaient l'exemple d'EADS et interagissaient comme cette dernière avec les nouvelles fondations de Recherche sectorielles, on pourrait réellement avoir un *effet structurant et rationaliser l'effort de Recherche en France pour le rendre plus efficace et productif.*

Limites

✓ *Pas de mutualisation de moyens avec les autres acteurs du secteur* mais la coopération est possible en interagissant avec les fondations reconnues d'utilité publique actives dans le secteur en question ;
✓ *La moindre confiance du public en une action désintéressée de ces fondations* qu'envers les fondations reconnues d'utilité publique (sauf si l'activité de la fondation est très éloignée de l'activité de l'entreprise) : ces fondations sont très liées par leur fonctionnement, leurs ressources financières et humaines, aux entreprises qui les ont créées ;
✓ *L'essor des fondations d'entreprise ne bénéficie pas (encore ?) au secteur de la Recherche* : le nombre des fondations d'entreprises a doublé en cinq ans mais l'intérêt de choisir cette structure pour financer des Recherches d'intérêt général n'est pas assez mis en évidence ; un changement de mentalité est nécessaire pour que les entreprises françaises

contribuent mieux au « third sector » en pleine expansion. Il est cependant évident que les PME qui créent de nombreuses fondations d'entreprises afin d'asseoir leur image d'entreprise responsable ne peuvent pas financer de grands programme de Recherche mais plutôt des prix et autres actions de communication reflétant leur engagement en faveur de leur environnement direct (salariés, patrimoine culturel de la localité où la PME est implantée, etc.).

- *Comparaison avec des exemples étrangers*

On ne peut pas comparer ces nouvelles fondations françaises, créées à l'initiative d'entreprises (fondations reconnues d'utilité publique ou fondation d'entreprises), avec des grandes fondations comme la *Fondation Volkswagen* en Allemagne dont le capital est aujourd'hui de 2,4 milliards d'Euros et qui embauche 90 salariés, par exemple. En effet, la création de cette fondation est née de la privatisation de cette entreprise par l'Etat ; *il ne s'agit donc pas d'une fondation d'entreprise*. Pour une telle fondation, les incitations aux entreprises et aux particuliers à donner et à s'engager dans la fondation n'est donc pas aussi indispensable que pour de nouvelles fondations qui doivent rassembler une dotation en capital et trouver des ressources suffisantes. Vu l'importance des revenus issus du capital libéré par la privatisation de la Fondation Volkswagen depuis plus de quarante ans et des subventions régionales dont elle bénéficie, elle dispose d'un budget d'environ 100 M€ annuels redistribués sous forme de programmes de Recherche (8).

Ce modèle est très intéressant car il permet d'investir durablement l'argent public (issu notamment de privatisations) dans des fondations dont le rôle est de placer et de gérer ce patrimoine pour le faire fructifier ; les revenus qui en sont issus permettent ensuite de financer des Recherches d'intérêt général.

Les autres grandes fondations connues à l'échelle internationale ont souvent été créées à l'initiative d'une ou plusieurs personnes privées mettant leur fortune à disposition d'une grande cause comme la Recherche (les revenus de la gestion de ce patrimoine permettent également d'en financer les activités). Quand ces fondations portent le nom d'une entreprise, il s'agit souvent de celui de ses fondateurs historiques : il ne s'agit donc pas non plus d'une fondation d'entreprise (ex. : la « *Ford Foundation* » créée par Henry et

Edsel Ford). Ce type de fondation est surtout de tradition anglo-saxonne où le don à des « charities » ou des institutions privées fait partie des valeurs socioculturelles. En effet, ces organisations à but non lucratif bénéficient d'une grande confiance du public. Le *Wellcome Trust*, qui est la plus grande fondation de Recherche européenne tant en termes d'actifs (près de 20 milliards d'Euros) et de dépenses (plus de 600 M€), est une fondation indépendante créée en 1936 et financée entièrement par des capitaux privés. Cette fondation indépendante est un partenaire indispensable des pouvoirs publics en matière de santé publique. Le Wellcome Trust est à la fois une fondation de redistribution, qui octroie des aides financières à des projets qu'elle sélectionne et, une fondation opérationnelle, qui conduit ses propres projets et programmes comme l'Institut Pasteur en France (8, 15).

Si ces fondations font figure de bonne pratique dans le domaine de la Recherche et peuvent également favoriser l'émergence d'Innovation de rupture, elles ne sont pas facilement « imitables ». Les changements culturels pour créer davantage de grandes fondations privées et pour encourager des privatisations par l'Etat dont l'argent servirait à doter en capital de nouvelles fondations semblent à court et moyen terme très improbables dans la plupart des pays européens.

Les exemples français de fondations d'utilité publique créées à l'initiative d'entreprises pourraient quant à eux être suivis dans les autres pays européens qui mettraient en place des fonds d'amorçage.

Contribuer au développement de la Recherche universitaire et à sa valorisation

Les universités sont des institutions complexes qui manquent souvent de financement et doivent aujourd'hui faire face à la compétition internationale. Pour répondre à ces défis, les fondations constituent des structures pouvant leur offrir une solution innovante.

- *Des exemples français*

– Les universités

L'*Université Paris-Dauphine* est engagée dans certaines fondations et coopère avec d'autres mais elle n'a pas sa propre fondation. Elle est membre de droit de la Fondation de

Recherche « Institut Europlace de Finance ». Un de ses centres de Recherche est associé au projet de Réseau Thématique de Recherche Avancée (RTRA) en Sciences Mathématiques présenté par plusieurs autres acteurs de l'Enseignement Supérieur et de la Recherche.

Enfin, l'Université Paris-Dauphine est en train de créer la « Fondation du Risque » avec Polytechnique, l'ENSAE et le Centre d'Etudes Actuarielles pour mettre en place une chaire commune « Economie et Mathématiques Appliquées ».

– *Les grandes écoles*

Elles ont presque toutes créé leurs fondations notamment en s'appuyant sur leur réseau d'anciens élèves et leurs relations plus ou moins étroites avec les entreprises qui leur apportent un soutien financier.

Par exemple, la *Fondation de l'X* bénéficie du soutien financier d'une cinquantaine d'entreprises. Elle recueille aussi un important soutien de la part de la Société Amicale des Anciens Elèves de l'Ecole Polytechnique (AX) et de plus de 1.000 anciens élèves à titre personnel.

De même, la *Fondation de l'Ecole Normale Supérieure* a été créée en 1986 pour mettre en valeur le capital de connaissances de l'Ecole dans les meilleures conditions. La Fondation apporte son soutien à des publications, à des séjours à l'étranger et à des initiatives des élèves de l'Ecole. Elle a aussi pour vocation de développer les relations avec les entreprises.

La *Fondation Arts et Métiers* créée en 1978 attribue, quant à elle, des prix à des élèves et laboratoires de l'ENSAM, encourage la création d'entreprise par des prêts.

- *Des exemples à l'étranger*

– Un exemple suédois et un exemple québécois de fondations universitaires

Les dons récoltés auprès du secteur privé par *Fondation de l'Université du Québec* financent des chaires dites industrielles qui doivent privilégier l'ouverture de l'université aux communautés externes et de mettre en place des partenariats en matière de Recherche, de formation et de service aux collectivités. Elles offrent également l'opportunité aux partenaires privés de tisser des liens étroits avec les professeurs et de tirer profit de la connaissance et des expertises développées quand les résultats des Recherches financées sont publiés. Ce système permet de s'assurer que les chaires correspondent réellement à un besoin reconnu par la communauté. Il n'y a aucune contrepartie pour les partenaires privés puisque l'on se place dans une logique de dons et non dans une logique contractuelle. La liberté académique des chercheurs et l'indépendance de la Recherche menée dans le cadre de la chaire sont ainsi assurées (16).

La *Fondation de l'Université non-gouvernementale de Chalmers* en Suède finance entièrement le fonctionnement de l'Université. Elle joue un rôle de « propriétaire » et gestionnaire de l'université pour promouvoir et stimuler son développement de manière continue. Cette université qui était auparavant publique est donc complètement privée aujourd'hui (8).

– Les grandes fondations de Recherche créées à l'initiative des gouvernements à l'étranger

Ces grandes fondations de Recherche comme la *National Science Foundation* (NSF) aux Etats-Unis ou la *Fondation Canadienne pour l'Innovation (FCI)* permettent de structurer et d'optimiser l'effort de Recherche publique.

En effet, les 5,5 milliards de dollars de budget annuel de la NSF représentent 20% des financements fédéraux destinés aux Recherches de base conduites par les universités et collèges aux Etats-Unis.

Par ailleurs, La Fondation Canadienne pour l'Innovation finance les infrastructures de Recherche dans les universités et établissements de Recherche canadiens.

Depuis sa création en 1997, la FCI s'est vu confier des fonds de 3,65 milliards de dollars par le gouvernement du Canada. Le soutien de la FCI vise à renforcer la capacité d'innovation du Canada en optimisant l'utilisation des infrastructures de Recherche; le recrutement et le maintien en poste et la formation de personnel de Recherche hautement qualifié; la mise en réseau et la collaboration des différents acteurs. La fondation finance généralement jusqu'à 40% des coûts d'infrastructure d'un projet. Ces fonds sont investis en partenariat avec les établissements admissibles et leurs partenaires financiers des secteurs publics, privés et bénévoles. Conformément à ce mode de financement, l'investissement en capital total de la FCI, des établissements de Recherche et de leurs partenaires dépassera 11 milliards de dollars d'ici 2010.

Avantages pour la Recherche de la création de ces fondations universitaires

✓ *Apporter des moyens financiers et une souplesse de gestion aux universités pour mener certaines activités* comme :

- Le financement des infrastructures de Recherche
- La création de chaires d'enseignement et de Recherche
- Le financement de formations diplômantes plus diversifiées et correspondant aux besoins des entreprises
- Le financement de publications
- Le financement de prix de Recherche
- L'organisation d'événements
- L'organisation et le financement d'échanges internationaux de professeurs, chercheurs, et étudiants
- L'organisation et le financement des activités de valorisation de la Recherche (création de fonds pour les jeunes entrepreneurs par exemple)
- La mutualisation et l'augmentation de l'excellence des réponses à des appels à projets régionaux, nationaux et européens
- L'animation du réseau des anciens élèves

✓ *Développer l'excellence des universités et la mise en réseau avec les autres acteurs de l'Enseignement Supérieur et de la Recherche mais aussi, avec les entreprises pour une meilleure adéquation avec leurs besoins de Recherche* :

Les fondations de coopération scientifique offriront, par exemple en France, une structure souple pour la création des *Réseaux Thématiques de Recherche Avancée (RTRA)*. Ce nouvel instrument de coopération, créé en 2006 par la Loi de Programme pour la Recherche (13), est destiné à rassembler autour d'un noyau dur d'unités de Recherche proches géographiquement, une masse critique de chercheurs de très haut niveau, pour conduire un projet d'excellence scientifique dans un ou plusieurs domaines de Recherche. Dans une logique d'excellence thématique, ces réseaux devront favoriser l'émergence de hauts lieux scientifiques en France, reconnus au niveau international. Une dizaine de projets (tous adossés à des fondations de coopération scientifique) seront sélectionnés à partir du 15 septembre 2006, date de la clôture du premier appel à projets. Ils devraient être soutenus par l'Etat à hauteur de 25 M€ chacun. Le système français de la Recherche va ainsi se trouver profondément modifié par ces nouveaux instruments et les fondations joueront un rôle important pour leur permettre de se structurer en leur offrant souplesse de gestion et moyens financiers (17).

Limites

✓ *Créer une fondation implique pour les universités la capacité de mobiliser suffisamment de financements publics et privés*

En France, il est évident que les relations privilégiées que les grandes écoles entretiennent avec les entreprises, et le réseau d'anciens élèves sur lequel elles peuvent s'appuyer rend la création d'une fondation plus facile que pour une Université.

Une des solutions pour les universités est de développer les fondations dédiées à l'activité de « fundraising » comme en Allemagne et au Royaume-Uni.

Pour encourager les entreprises à financer la Recherche scientifique des universités, il faut adapter les intérêts personnels des donateurs aux priorités de la Recherche et les impliquer davantage dans les travaux de la fondation.

En ce qui concerne les RTRA le partenariat avec les entreprises n'est pas évident. Pourtant, l'engagement de ces dernières est indispensable pour un financement durable de la Recherche publique. Sans partenaires privés, le dispositif sera difficilement durable.

Dans d'autres pays, cet effet de levier a été constaté pour le financement de la Recherche universitaire par les entreprises.

Le gouvernement norvégien a, par exemple, mis en place un système pragmatique de fonds de contreparties : 25% du financement privé des Recherches menées par les universités, les grandes écoles ou les organismes publics de Recherche est apporté par le gouvernement. Ce système a convaincu les entreprises parce qu'il concentre l'effort de Recherche sur ces organismes pour éviter les doublons. Il permet de réaliser des Recherches qui n'auraient pas trouvé assez de financement à temps et dont les résultats sont exploitables par les entreprises. Ce système a déjà permis de lever 75 M€ dont l'Université de Bergen a bénéficié en grande partie Mais, selon les entreprises norvégiennes, son efficacité serait réelle si le gouvernement portait à 50% la contrepartie (8).

Contribuer au développement économique et scientifique d'un territoire

Les fondations peuvent contribuer au développement de la compétitivité et de l'excellence d'un territoire en jouant un rôle structurant pour ses acteurs économiques et scientifiques et en devenant un partenaire actif des acteurs politiques. Leur capacité à mobiliser et à utiliser les fonds régionaux tant publics que privés dans le cadre d'une stratégie cohérente peut créer un réel effet de levier pour mettre en place les infrastructures et les réseaux indispensables à l'attractivité durable d'un territoire. Les clusters, pôles d'excellence et pôles de compétitivités pourraient mieux exploiter le potentiel offert par ces structures pour répondre à leur besoin de financement, d'intégration et de gouvernance. Quelques exemples réussis montrent que cette piste est prometteuse.

- *Deux exemples français*

La *Fondation Rhône-Alpes Futur*, fondation reconnue d'utilité publique opérationnelle et redistributrice, a été créée en 1988 par un groupe d'industriels, de banquiers et d'universitaires Rhône-Alpins désireux de participer au développement de leur région en favorisant l'Innovation scientifique et technologique en Rhône-Alpes et contribuer ainsi au développement économique de la région et pour qui la souplesse d'une Fondation reconnue d'utilité publique était un gage d'efficacité.

La fondation détecte les projets innovants et accompagne la recherche de financements publics ou privés. Elle s'est positionnée dans le domaine de la « génomique et santé » et gère Rhône-Alpes Genopole. Par ailleurs, elle a obtenu en 2005 un abondement de l'Etat en devenant Fondation de Recherche dans ce même domaine et utilise la possibilité d'abriter d'autres fondations de Recherche. Cette structuration amène la fondation à poursuivre son effort d'intégration des disciplines couvrant le secteur de la Génomique et de la Santé en fédérant les clusters de Recherche soutenus par le Conseil Régional. La fondation organise également des événements qui favorisent les échanges entre industriels et chercheurs.

La *Fondation de Recherche InNaBioSanté* (Infotechnologie, Nanotechnologie, Biotechnologie et Santé) a aussi bénéficié du fonds d'amorçage de l'Etat lors de sa création. Elle est dotée de 8 M€ de fonds publics et de 13,5M€ apportés par 5 industriels majoritairement toulousains : Pierre Fabre, Amgem, Glaxo-SmithKline, Siemens et Total. Ils siègeront au Conseil d'administration de la fondation avec le Conseil Régional, le Grand Toulouse, l'Université Paul-Sabatier, l'INSERM (Institut National de la Santé et de la Recherche Médicale), le CNRS (Centre National de la Recherche Scientifique) et cinq personnalités qualifiées.

Cette fondation d'utilité publique à caractère scientifique a pour vocation de financer des Recherches sur le cancer concentrées sur deux ou trois niches de Recherche technologique. Elle soutiendra ainsi majoritairement des projets du pôle de compétitivité Cancer-Bio-Santé et de l'Institut des technologies avancées des sciences du vivant (Itav), qui sera construit en 2008 sur le cancéropôle sous la forme d'un hôtel à projets de R&D avec le CNRS et l'INSERM.

- *Un exemple allemand*

La Fondation de Berlin pour la Technologie (« Technologie Stiftung Berlin ») joue un rôle clé dans le développement et la gestion de la stratégie de développement économique de la région.

Cette fondation contribue à ce que Berlin s'impose comme un leader de l'économie de la connaissance en Europe : elle accompagne ses centres d'excellence vers un développement durable de la science et des clusters industriels. L'un de ses objectifs principaux est, en effet, de mettre en place une stratégie d'Innovation cohérente acceptée par tous les acteurs concernés de la région. Elle travaille pour cela en partenariat avec le Sénat, l'agence régionale de développement économique, la banque régionale d'investissement.

Au niveau des financements, Berlin lui a confié la gestion du « fonds du futur » (issu de la privatisation de la compagnie régionale de l'eau) qui sert à cofinancer les projets innovants ayant un impact déterminant pour la région. Il complète les programmes existants pour les démultiplier. L'idée est d'avoir une politique régionale de financement de l'innovation « productive » et efficace, c'est-à-dire avec un réel retour de l'investissement des fonds publics pour l'économie de la région.

Avantages pour la Recherche de la création de ces fondations pour le développement territorial

✓ *Mieux structurer l'effort de Recherche au niveau d'un territoire* en favorisant les échanges entre les acteurs politiques, industriels et scientifiques et en organisant leur coopération.

✓ *Contribuer par ce rôle d'interface à l'optimisation de la politique de développement territorial* : rationalisation des orientations stratégiques choisies, meilleure adéquation avec les besoins des acteurs et, gestion des aides financières territoriales dédiés à la R&I (sélection des projets selon une procédure d'appels à projets par des organes de gouvernance composés d'acteurs privés et publics).

✓ *Mobiliser des fonds privés pour financer les projets de Recherche labellisés par les pôles de compétitivité* et même offrir une structure envisageable pour la gouvernance des pôles avec un pilotage des travaux associant les organismes publics et un Conseil scientifique composé d'experts indépendants et chargé de labelliser les projets.

✓ *Favoriser la coordination des acteurs au niveau du territoire pour répondre à des appels à projets* régionaux, nationaux et européens pour augmenter l'envergure et les chances de succès des projets de Recherche et donc les moyens financiers alloués.

✓ *Faciliter la coopération et le rayonnement au niveau international* pour favoriser les échanges, la visibilité, attirer les chercheurs étrangers et, également pour répondre aux appels à projets européens et internationaux.

✓ *Contribuer à la valorisation de la Recherche* en détectant dans les laboratoires des projets et des savoir-faire innovants susceptibles d'intéresser les industriels.

Limites

Elles sont liées au type de fondateurs :

✓ si sont quelques grands groupes, *l'équitable représentation de tous les intérêts n'est pas garantie (notamment ceux des PME par exemple)*

✓ si ce sont des personnes publiques, *des blocages au niveau politique peuvent freiner ou mettre en péril l'activité de la fondation*

CONCLUSION

La prise de conscience du rôle que peuvent jouer les fondations en faveur de la Recherche se traduit à la fois par les mesures prises par les gouvernements en faveur de leur développement, par la communication accrue de leur existence et de leurs actions auprès du public, et surtout, par l'appropriation de cet instrument par les entreprises, les universités, ou les collectivités territoriales pour financer et structurer leurs activités de Recherche.

Quelles solutions les fondations apportent-elles ?

Les fondations peuvent réunir des entreprises d'un secteur qui prendront le risque de financer des Recherches très spécifiques parce qu'elles pourraient générer des Innovations de rupture et leur permettre d'anticiper l'évolution de leur environnement. En effet, ces Recherches sur des thématiques telles que le développement durable ou la santé doivent apporter une réponse à long terme aux préoccupations des citoyens et des autres parties prenantes à l'activité d'une entreprise. Il s'agit donc d'un comportement responsable au service de l'intérêt général. De plus, les fondations offrent une structure idéale au développement du partenariat public-privé par la nature des Recherches menées et par les structures de gouvernance dont elles sont dotées. Les exemples des nouvelles fondations de Recherche créées en France dès 2004 sont probants et devraient être suivis.

Les fondations peuvent également apporter une solution au besoin de financement et de structuration de la Recherche universitaire. Elles peuvent jouer un rôle d'interface et de catalyseur avec les autres acteurs de la Recherche et de l'Enseignement supérieur au niveau local, mais surtout avec les entreprises au niveau thématique notamment par la création de chaires de Recherche et d'Enseignement et par le financement des activités de valorisation. Le partenariat public-privé ainsi instauré apporte une solution gagnant-gagnant pour tous les acteurs : les universités qui ont besoin de développer et pérenniser leurs activités dans un contexte de compétition internationale exacerbé, les entreprises qui ont besoin que les Recherches menées par les universités répondent davantage à leurs préoccupations. Les universités devraient à ce niveau s'inspirer des bonnes pratiques nord-américaines et nord-européennes. Enfin, les fondations peuvent être une solution à l'optimisation de la gestion des fonds publics destinés à la

Recherche universitaire comme le montrent les exemples de grandes fondations nationales canadiennes et américaines.

Enfin, les fondations peuvent jouer un rôle structurant au niveau des différents types d'acteurs d'un territoire et contribuer ainsi à sa compétitivité. En jouant notamment un rôle d'interface avec les acteurs publics, les fondations peuvent contribuer à l'élaboration d'une stratégie de développement territorial cohérente, mobiliser des fonds publics et privés et en optimiser l'utilisation pour créer les infrastructures et les réseaux de Recherche indispensables à l'attractivité durable d'un territoire. Le financement des projets labellisés par les pôles de compétitivité ou le développement des clusters industriels doivent faire partie de leurs missions. Les exemples réussis montrent que cette piste est prometteuse. De plus, le septième Programme Cadre de Recherche et Développement de l'Union Européenne va encourager de telles synergies avec le programme « Capacités » (qui vise à renforcer les capacités de R&I dans tous les pays européens et à optimiser leur utilisation).

Au niveau politique, des réformes ciblées en faveur des fondations de Recherche peuvent donc apporter une solution efficace au besoin de financement et de diversification des Recherches dans un pays. Les fondations jouent alors un rôle de partenaire idéal des acteurs publics. L'action des gouvernements pour développer les fondations devrait être menée avec une certaine continuité et en s'inspirant des meilleures pratiques internationales pour avoir un effet durable et garantir un « retour sur investissement » de l'argent public.

Même si les dispositifs sont difficiles à comparer, les besoins des acteurs se ressemblent et ce sont eux qui doivent guider les réformes à mettre en place. Les multiples possibilités d'utilisation des fondations identifiées reflètent l'importance du potentiel qu'elles offrent. Un dispositif est fait pour évoluer : les bonnes pratiques existent et il donc faut essayer de les adopter.

La Commission européenne contribue à l'échange de ces bonnes pratiques avec la création d'un forum européen des fondations de Recherche. Elle pense même à relayer certaines bonnes pratiques comme les fonds de contrepartie au niveau européen. Il faut espérer que dans un deuxième temps un « marché intérieur » des fondations soit envisageable avec la création du « statut européen de fondation ».

RÉFÉRENCES

(1) Expert Group appointed by the European Commission, Report on measures and actions to promote “the role of foundations and the non-profit sector in boosting R&D investment – Giving More for Research in Europe”, September 2005.

(2) Présidence du Conseil de l’Union Européenne, Conclusions du Conseil Européen de Barcelone, 15 et 16 Mars 2002.

(3) Commission européenne, Communication « Plus de Recherche pour l’Europe – Objectif : 3% du PIB », COM(2002) 499 final, 11 Septembre 2002.

(4) Aho, Cornu, Georghiou, Subirá, Independent Expert Group appointed following the Hampton Court Summit, Report on R&D and Innovation “Creating an Innovative Europe”, January 2006.

(5) Anheier, Research project “Visions and Roles of Foundations in Europe”, Centre for Civil Society, London School of Economics, 2001-2004

(6) Audegond-Leroy, Mémoire de DEA de sociologie mené par dans le cadre de l’Institut d’Etudes politiques de Paris « Les deniers privés du bien public : l’intervention des fondations dans l’enseignement supérieur et la Recherche – France, Allemagne, Royaume-Uni », l’Observatoire de la générosité et du mécénat de la Fondation de France, 2001.

(7) EU Committee’s Research Task Force of the European Foundation Center, Research on foundations in the European Union.

(8) Interventions dans le cadre de la conférence organisée par la Commission européenne “Giving more for Research in Europe – Strenghtening the role of philanthropy in the financing of research”, 27 et 28 mars 2006.

(9) Données Eurostat.

(10) Loi n°2003-709 du 1er août 2003 relative au mécénat, aux associations et aux fondations.

(11) Ministère de l’intérieur, Intervention dans le cadre du Salon des Fondations, 1er juin 2006.

(12) Fonds créé par la Loi de Finances de 2004 : « Fonds des Priorités de Recherche », inscrit au compte d’affection spécial du trésor (CAS n°902-24) et dédié aux "dotations en capital aux fondations reconnues d’utilité publique du secteur de la recherche ».

(13) Loi n° 2006-450 du 18 avril 2006 publiée au JO du 19/04/2006.
(14) Interventions dans le cadre de la conférence «Développer une R&I citoyenne : les fondations un instrument d'avenir » organisée par ALMA Consulting Group au Salon Européen de la Recherche, 8 juin 2006.
(15) David Lynn, Welcome Trust, Intervention « the European charitable research funding » dans le cadre de la conférence annuelle de l'EARMA, juin 2006.
(16) Présentation de l'Université du Québec au congrès 2006 du Réseau C.U.R.I.E.
(17) *Biotech Finances*, article « Rentrée chaude prévisible pour les RTRA », 17 juillet 2006.
(18) *Les Echos*, « La Fondation InNaBioSanté appelée à participer au cancéropôle toulousain » article du 10 août 2006.

CHAPITRE IV

Cluster, Innovation et Economie territoriale. L'exemple des pôles de compétitivité

Jean Jacques BERNARDINI
Emmanuel DEJEAN

Jamais l'humanité n'a créé autant de richesses et pourtant les pays les plus développés se mettent en faillite pour assurer le financement d'une de leurs principales sources de richesses à venir : la Recherche et l'Innovation. Le premier bulletin de l'Institut de la Statistique de l'Unesco (ISU, 2004)[1] montre que même les Etats-Unis tendent à baisser de manière structurelle leurs budgets dédiés à la Recherche fondamentale, à contrario d'autres pays en voie de développement, comme la Chine et l'Inde, qui eux investissent fortement sur la Recherche et la formation de leur élite scientifique (en interne et à l'étranger).

Face à ce constat, de nombreux pays recherchent à impliquer plus fortement les entreprises dans le financement de la Recherche publique et à créer des situations permettant une meilleure valorisation de ses résultats afin d'entrer dans un

1 Bulletin de l'ISU sur les statistiques de la science et de la technologie, n°1, avril 2004.

processus vertueux où la Recherche serait tirée par les besoins latents du marché.

Quelle organisation économique pourrait prétendre atteindre ce cercle vertueux où la connaissance construirait une croissance économie parfois mondiale tout en se traduisant par un investissement dans ses dispositifs de Recherche et d'Innovation ? Dans un monde évoluant selon la loi du marché, quelle organisation permet de « garantir » une richesse localisée de façon pérenne sur le territoire qu'il l'a créée ?

LA THEORIE DES CLUSTERS DE M. PORTER ET LES POLES DE COMPETITIVITE

Quelques rappels sur les travaux de M. Porter sur les clusters

Certains territoires ont su répondre de manière originale à ces deux questions. C'est le cas de l'état du Massachusetts dans le domaine des bio-technologies, de la Silicon Valley pour l'électronique, la micro-électronique et les Technologies de l'Information et des Télécommunications (TIC) ou en Californie, de la région de San Dieg[1] dans le domaine des bio-technologies. A chaque fois, le territoire concerné a bénéficié d'une source de richesses (géographique ou conjoncturelle) dont les entreprises ont su profiter et que les institutionnels ont pu encourager mais en aucun cas créer *ex-nihilo*.

Ce phénomène porte le nom de « cluster » et a été étudié par M. Porter, professeur à la Havard Business School. A la suite des travaux sur la compétitivité des nations[2] qu'il a mené au cours des années 1980 et sur la base d'un travail d'exploration terrain sur les clusters eux-mêmes[3], il a formulé une définition du cluster que nous tiendrons comme *unique référence dans la suite de ce chapitre* car nombreuses sont les définitions alternatives qui viennent obscurcir la compréhension globale de cette définition et du mécanisme économique qu'elle supporte :

"A cluster is a geographically proximate group of inter-connected companies and associated institutions in a particular field, linked by commonalities and complementaries".

---

[1] Ross DeVol, Perry Wong, Junghoon Ki, Armen Bedroussian and Rob Koepp (2004), "America's Biotech and Life Science Clusters", Milken Institute.

[2] Michael E. Porter (1990), "The competitive advantage of nations", HSB press.

[3] Michael E. Porter (1990), "On Competition", HSB press.

Un cluster tire son potentiel du territoire[1] *sur lequel il a lentement émergé et d'où il trouve la réponse à des variations de son environnement immédiat et des tendances économiques qui régissent son marché.*

Il répond ainsi à la double contrainte d'ancrage territorial des compétences, et de système favorisant l'Innovation pour répondre aux changements du marché, aussi mondial soit-il.

Clusters et Innovation

Suivant la théorie de Porter, un cluster repose sur un ensemble important d'acteurs : la Recherche, l'université, l'industrie, la PME/I, les institutions, les associations, les syndicats, la sous-traitance, etc. Il représente *la totalité ou l'une des parties d'une chaîne de valeurs* qui lui permet d'adresser et de développer un business. Sa force principale réside dans la proximité de ces acteurs (2-3 heures de voiture au maximum), proximité favorable aux échanges formels et informels d'informations et d'idées. Des relations de partenariats, de coaching, de mécénats et de concurrences peuvent émerger, se renforcer et se stimuler grâce à ce voisinage.

L'innovation profite de ce climat d'échange pour agir *sur tous les maillons du cluster.*

Un cluster répondant à l'évolution du marché, il cherche à mettre en place de nouvelles compétences, issus de la Recherche ou de la formation[2]. De nouvelles entités peuvent se créer, d'autres mourir. Il vit, change, évolue, écrit une histoire et peut mourir à terme !

L'innovation est au cœur de son processus de vie, le moteur de son changement, l'assurance de sa survie.

Le processus d'ouverture des marchés du début du 20e siècle et la globalisation amorcée s'accompagnent d'une recomposition forte des chaînes de valeur [3] : les maillons des chaînes ont eu tendance à se rassembler progressivement sur les segments les plus communs et concurrentiels (chimie lourde par ex.),

[1] Ketels, Christian H.M., Location, Location, Location, *Global Agenda*, n°3 (2005).

[2] Sölvell, Örjan, Göran Lindqvist and Christian H.M. Ketels, The Cluster Initiative Greenbook. Ivory Tower AB, Stockholm, Sweden, 2003 (Prepared for the 6th Annual Conference of the Competitiveness Institute (TCI), Gothenburg, Sweden, September 2003.

[3] Union Européenne (1998), La Compétitivité des entreprises européennes face à la mondialisation, comment l'encourager.

pour en alimenter d'autres à pression concurrentielle moins forte (années 80). Selon les cas, de nouveaux maillons apparaissent (grâce à l'Innovation notamment) pour apporter aux chaînons géants créés de nouveaux services ou produits. Avec la globalisation, les chaînes ont concentré leurs valeurs ajoutées sur chaque partie : on assiste alors à une spécialisation forte de chaque maillon. *Cette spécialisation peut devenir telle qu'elle favorise l'émergence d'un cluster apparenté*[1], développant son propre business, tout en conservant parfois le business initial (ex : la production des micro systèmes chinois par rapport à la conception d'ordinateurs).

Ces systèmes d'inter-clustering se multiplient et se complexifient. Ceci crée des opportunités pour les clusters de se positionner différemment (se spécialiser), d'ancrer et développer des savoir-faire territoriaux spécifiques difficiles à concurrencer. Ex : la conception et la finition des chaussures en Italie, le marché aux fleurs d'Amsterdam, ...

L'innovation est partout dans la chaîne de la valeur[2] : elle peut concerner la partie amont (Recherche et technologie), la conception, la production, la distribution et les services annexes. Au final, ce qui singularise un cluster de ces concurrents n'est finalement pas la rapidité du cluster à répondre aux problématiques du marché, mais sa manière de tirer des avantages compétitifs de son environnement structurel immédiat et du patrimoine économique de son territoire. Il ne tient alors plus qu'aux politiques de vouloir accélérer le phénomène en lui apportant aussi bien du soutien financier qu'une structuration du territoire.

Alors, si les clusters sont la solution au développement d'une économie locale, source d'Innovation et de richesse, pourquoi ne pas les créer ?

Certains territoires essaient, particulièrement sur le secteur des Hautes Technologies, de récupérer leur « retard » de développement en incitant l'installation des activités R&D des grandes entreprises en créant des conditions fiscales et financières très favorables au travail pendant une période donnée (par exemple, le Québec[3]). Ces mesures sont temporaires et ce système réplicable à tout endroit de la planète

---

[1] Présentation à Bruxelles de Emiliano Duch, Competitiveness, Espagne.
[2] OCDE (2001), *Innovative Clusters Drivers of National Innovation.*
[3] Présentation de Luc Meunier, « Economie du savoir et modes : quelle places et quels rôles pour les gouvernements », Investissement Québec.

et à tout moment, favorisent les comportements opportunistes de grands groupes à gouvernance financière.

La globalisation accentue le faible retour sur investissement de ces manœuvres interventionnistes, surtout qu'elles ne peuvent agir que difficilement sur l'ensemble de la chaîne de valeur d'un cluster. C'est pour cela, que les politiques publiques mises en œuvre lors de la création des clusters doivent promouvoir une vision à long terme qui privilégie les acteurs locaux déjà présents et qui permettent dans un deuxième temps d'agréger des acteurs issus d'autres territoires

Les pôles de compétitivité : Une approche française de la théorie des clusters pour le développement économique et de l'Innovation au niveau territorial

Suite aux rapports présentés au gouvernement français en 2004 (« La France, Puissance Industrielle »[1] et « l'Ecosystème de la Croissance »[2]), le gouvernement français a décidé de mettre en place une politique recherchant de renforcement de la compétitivité par l'innovation sur une base territoriale qu'elle a nommée « Pôles de Compétitivité ».

Lancé par l'Etat en novembre 2004, l'appel à candidature de pôles de compétitivité a reçu une réponse massive de nombreux territoires où les principaux acteurs locaux de la recherche (industriels, centres de recherches publics et privés) se sont regroupés le plus souvent autour d'associations pré-existantes (ex. Transports terrestres promotion pour le futur pôle de compétitivité I-Trans dans le domaine des transports) ou de collectivités territoriales (ex. Le grand Lyon pour le pôle LYONBIOPOLE) autour d'une vision stratégique de leur développement basée sur l'innovation. Soixante sept pôles de compétitivité ont été sélectionnés lors du Comité Interministériel pour l'Aménagement et le Développement du Territoire (CIADT) du 12 juillet 2005 sur les 105 projets qui avaient été soumis mais par un jeu de fusion, leur nombre a été réduit à soixante six (décision du Comité Interministériel pour l'Aménagement et la Compétitivité des Territoires (CIACT) du 6 mars 2006). Le territoire de chacun d'eux a fait l'objet d'un

---

[1] Etude prospective de la Datar (2004), *La France, puissance industrielle. Une nouvelle politique industrielle par les territoires*, la Documentation française.
[2] Christian Blanc (2004), *L'Ecosystème de la Croissance*, la Documentation française.

zonage destiné à identifier les communes sur lesquelles les activités de Recherche seront soutenues financièrement et fiscalement par l'Etat et les collectivités locales. Au 31 août 2006, 39 décrets de zonage on été publiés au journal officiel. Les industries de biens ou de services représentées couvrent des industries traditionnelles à forte intensité de main-d'œuvre (constructions mécaniques dans le domaine des transports, agro-alimentaire, textile, plasturgie, chimie et environnement,...) mais aussi des secteurs de hautes technologies tels que la micro-électronique (ex. « Minalogic » en région Rhône Alpes), les technologies de l'information et des communications (ex. Pôle « Image et Réseaux » en Bretagne), les biotechnologies (ex. « Innovation thérapeutique » en région Ile de France ou « Lyon Bio-pôle » en région Rhône Alpes) ou l'aéronautique et l'espace (ex. Aéronautique, Espace et systèmes embarqués en Midi-Pyrénées et Aquitaine).

Les pôles de compétitivité ont été classés par le ministère français de l'industrie en trois catégories en fonction de leur rayonnement :

- *Les pôles mondiaux* : 6 pôles dans les domaines de transports (systèmes embarqués, aéronautique – espace – systèmes embarqués), micro-électronique, biotechnologies et médecine et solutions communicantes et sécurisées.
- *Les pôles à vocation mondiale* : 10 pôles de compétitivité dans des domaines comme la chimie et l'environnement, les énergies renouvelables, le ferroviaire, les TIC ou les biotechnologies.
- *Les pôles à vocation nationale et régionale* : 50 pôles de compétitivité dans des secteurs extrêmement variés tels que le textile, la plasturgie, l'agro-alimentaire, le solaire,...

Un pôle de compétitivité regroupe en moyenne 15 organismes de Recherche et 77 entreprises, avec des variations très fortes suivant la spécificité de chaque cas (de quelques dizaines à plusieurs centaines d'entreprises). L'analyse de la composition des gouvernances montre le rôle fort des grands groupes dans la création et l'animation des activités du pôle avec le risque à terme que les pôles de compétitivité soient perçus comme des instruments à leur service exclusif.

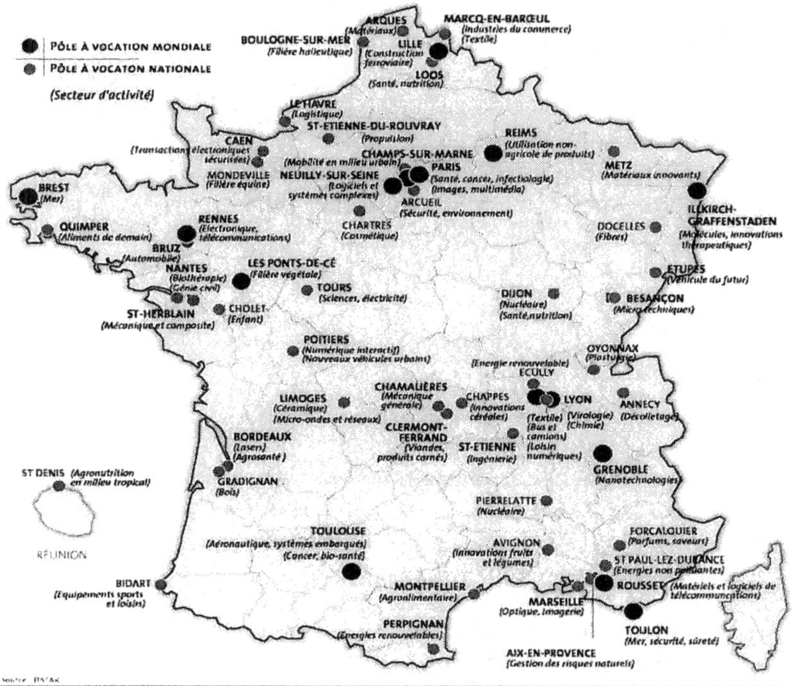

Figure 1 : Localisation géographique et thème des pôles de compétitivité suite au processus de labellisation de 2005.

Les pôles de compétitivité[1] recherchent le montage de partenariats mixtes industrie / Recherche / formation sur des projets R&D ayant des prétentions rapides de valorisation vis-à-vis du marché. Ils souhaitent responsabiliser les acteurs majeurs d'un territoire identifié dans un zonage (publié par décret) qui identifie les communes qui seront concernées par les différents mécanismes d'aides à l'Innovation.

Actuellement, les gouvernances se mettent en place, souvent animées par des institutionnels du territoire ou des personnels détachés par les grands groupes industriels travaillant au sein d'une association (dans 80% des cas le statut juridique choisi est celui de l'association de type loi 1901). Ces structures de gouvernance sont très légères (3 à 4 personnes en moyenne) et les moyens engagés (650 000 € par an en moyenne) servent différentes missions :

[1] art. 24 LOLF et circulaire du 02-08-05.

- Communication
- Intermédiation entre les membres du pôle
- Recherche de partenariats avec d'autres pôles
- Appui au montage de projets
- Recherche de financements
- Recherche de partenaires internationaux
- Veille, transfert de technologie et évaluation

LE FINANCEMENT DES PROJETS DE RECHERCHE ET D'INNOVATION EN PARTENARIAT DANS LES POLES DE COMPETITIVITE

Le financement des projets de Recherche issus des pôles de compétitivité sur fonds nationaux

La politique des pôles de compétitivité est de rapprocher les entreprises, les laboratoires publics et les établissements d'enseignement supérieur en s'appuyant sur la proximité et la solidarité territoriale. Tous les pôles de compétitivité sont aujourd'hui opérationnels et une dynamique durable commence à être engagée. Les moyens financiers publics annoncés (au minimum 1,5 milliard d'€ sur trois ans en provenance de l'État et des principales agences de soutien à l'innovation) traduisent également la refonte du système de soutien aux programmes de Recherche en partenariat avec en particulier :
- *La création de l'Agence Nationale de la Recherche (ANR)* : le groupement d'intérêt public Agence Nationale de la Recherche - GIP ANR, créé le 7 février 2005 est une agence de financement de projets de Recherche. Son objectif est d'accroître le nombre de projets de Recherche, venant de toute la communauté scientifique, financés après mise en concurrence et évaluation par les pairs.
- *La création de l'Agence de l'Innovation Industrielle (AII)* par le décret du 26 août 2005 qui est destinée à soutenir les grands programmes de Recherche industrielle.
- *La création du Fonds de compétitivité des entreprises (FCE)* en 2006 qui est géré par la Direction Générale des Entreprises (DGE) dont le rôle est de soutenir les projets de recherche en partenariat labellisés par les pôles de compétitivité.
- *La refonte du système d'aide à l'Innovation chez les petites et moyennes entreprises avec la création en 2005 du groupe*

OSEO qui regroupe les activités de l'Agence Nationale de Valorisation de la Recherche (ANVAR), celles de la banque des PME (BDPME) et de la SOFARIS.

Tout cela a permis de clarifier le rôle de chacun de ces organismes quant au type de projets de Recherche et développement en partenariat qu'il peut soutenir (voir la table 1 et la figure 2) en fonction des besoins qui sont remontés par les pôles de compétitivité qui ne disposent pas de fonds propres pour soutenir les projets qu'ils labellisent.

	Budget annuel dédié aux pôles (base 2005 ou 2006)	Calendrier	Type d'interventions	Taille des projets
FCE	150 M€ (2006)	3 appels à projets annuels	Subventions	1-10 M€
OSEO-ANVAR	100 M€ (2006)	mensuel	Avances remboursables	0,3-3 M€
ANR	204 M€ (2005)	42 appels à projets en 2006	Subventions	Jusqu'à 4 M€
AII	80 M€ (2006*)	Soumission des projets en continu	Subventions et avances remboursables	De 10 M€ à 100 M€

Table 1 : Les principaux modes de soutien direct accessibles pour des projets de Recherche issus des pôles de compétitivité.

*montant engagés par l'agence au 31/08/2006

L'ensemble des organismes d'état (AII, FCE, OSEO, ANR) participe au financement des programmes de Recherche identifiés et labellisés par les pôles de compétitivité en fonction de plusieurs critères :

- Taille des projets
- Typologie des acteurs
- Part de la Recherche privée dans les projets
- Caractère coopératif des projets.

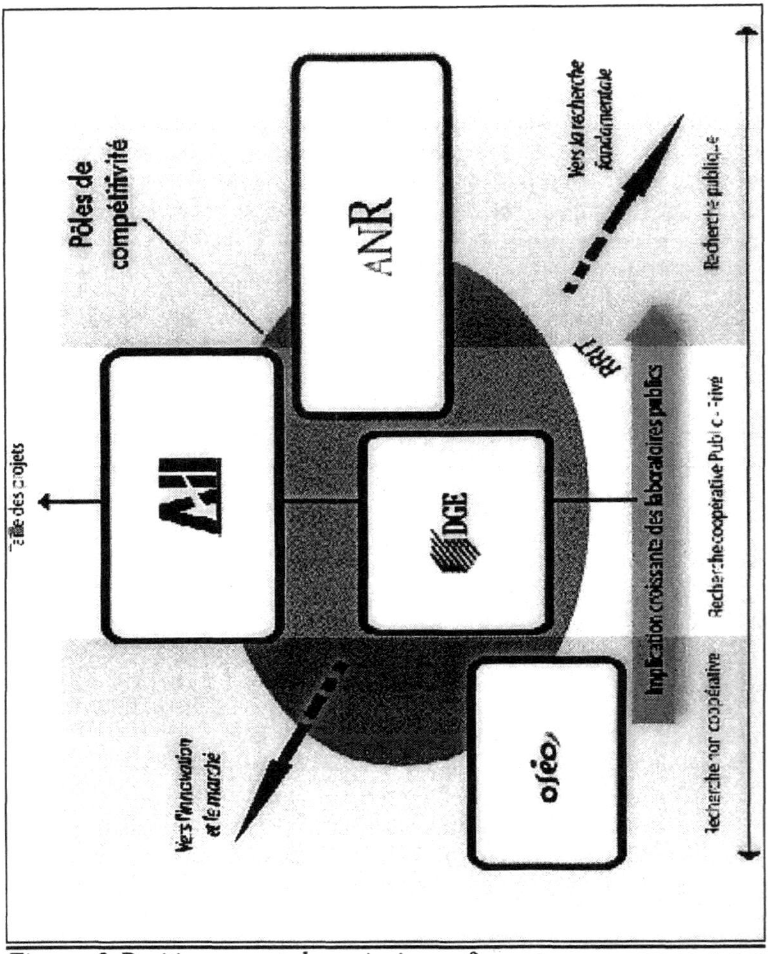

Figure :2 Positionnement des principaux financeurs par rapport aux projets issus des pôles de compétitivité (source site Internet de l'AII : www.aii.fr)

Seul le FCE finance de manière exclusive des projets de recherche en partenariats issus des pôles de compétitivité.

Les autres agences peuvent soit abonder les projets issus des pôles de compétitivité (ANR) soit faciliter l'obtention d'avances remboursables pour les PMEs qui participent à des projets labellisés par les gouvernances des pôles de compétitivité (OSEO-ANVAR). L'AII joue un rôle non négligeable dans le financement des projets issus des pôles de compétitivité qui dans le cas de cette agence sont portés par de grands industriels ou de grosse PME (ex. Roquette Frères en région Nord-Pas de Calais).

Première analyse du fonctionnement des pôles de compétitivité sur la période 2005-2006

La dynamique des pôles de compétitivité a permis d'accélérer la mise en réseau des acteurs locaux de la Recherche et de la formation. A fin août 2006, les projets des entreprises soutenus par les différentes agences et collectivités locales impliquées représentent un montant de dépenses de Recherche et développement de 1,8 milliard d'euros dont 540 M€ seront financés par les différentes agences d'Etat impliquées dans le dispositif « pôle de compétitivité » et 100 M€ par les collectivités locales. L'ampleur des projets soutenus par les différentes agences et collectivités est très variable et va de 237000 Euros à 115 millions d'euros.

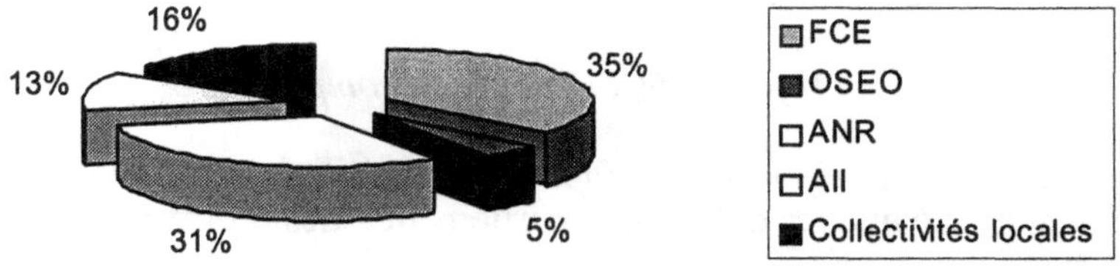

Figure 3 : Répartition en % des aides obtenus par les projets issus des pôles de compétitivité auprès des principaux organismes financeurs.

L'ensemble de ces financements bénéficie pour une large part aux PME (présentes dans 30% des projets financés). Elles représentent 40 % des entreprises bénéficiaires des soutiens provenant du FCE et par définition 100% des entreprises bénéficiant du soutien d'OSEO. Les deux premiers appels à projets du FCE (décembre 2005, février et mai 2006) ont permis de soutenir 165 projets issus de 58 pôles de compétitivité qui représentent un montant de dépenses de R&D de 1,8 milliard d'euros et qui impliquent 4 000 chercheurs issus du secteur public et de la recherche industrielle. Le financement public de ces projets est de 500M€ dont 230M€ seront engagés par le FCE.

Les appels à projets de l'ANR réalisés en 2005 ont permis le financement de 330 projets de Recherche partenariale publique-privée ou amont représentant un montant global de 265 M€, de dépenses de recherche et correspondant à un volume de subvention de 204 M€.

L'analyse des projets sélectionnés par les différents organismes financeurs montre une concentration thématique sur les secteurs des technologies de l'information et de la communication, l'image/multimédia, l'énergie, la santé, les biotechnologies, l'aéronautique et les transports qui recueillent plus des trois quart des crédits. Elle montre également que les pôles mondiaux ou à vocation mondiale sont les mieux dotés. A titre d'exemple, ils sont impliqués dans plus de 60% des projets retenus pour financement par le FCE. Cela montre que dans un premier temps, les politiques publiques ont privilégié les secteurs à forte valeur ajoutée dont les acteurs avaient en amont du processus de création des pôles de compétitivité identifié les sujets de recherche d'intérêt général.

La fiscalité des projets issus des pôles de compétitivité

Lors de la création des pôles de compétitivité en 2005, il a été annoncé que les entreprises participant à des programmes de Recherche et développement en partenariat labellisés par les pôles de compétitivité (et agrées par les services de l'état) pourraient bénéficier de 300 millions d'exonérations fiscales sur la période 2006-2008. Ceci est limité pour la partie fiscale par la règle européenne des *minimis* qui limite le montant des aides à 100 000 euros en glissement sur trois ans pour les entreprises bénéficiaires). Le tableau-ci dessous indiquant quelles sont les exonérations fiscales qui sont envisagées par l'Etat. Il faut cependant noter que les règles définitives d'applications ne seront publiées qu'en d'octobre 2006. Le tableau ci-dessous résume les différentes exonérations sociales et sociales qui sont prévues à la date de rédaction de ce chapitre.

Type d'Exonérations	Destinataires	Avantages octroyés par	Montants
Impôts sur le Revenu ou les Sociétés	Entreprises	État	100% sur les 3 premiers exercices
Impôt Forfaitaire Annuel		État	50% sur les 2 suivants
Charges Sociales Patronales des salariés impliqués sur les projets de R&D	Entreprises	État	Exonération Totale pendant 5 ans
Taxe Foncière sur les Propriétés Bâties	Entreprises	Collectivités locales	PME : 50%
Taxe Professionnelle	Personne physique et morale	Collectivités locales	Non PME : 25%

Table 2 : Les exonérations sociales et fiscales prévues dans le cadre des pôles de compétitivité.

Il est à noter que certaines de ces exonérations fiscales (Taxe Foncière sur les Propriétés Bâties et Taxe Professionnelle) sont soumises à l'approbation des collectivités locales qui font parties des zonages des pôles de compétitivité.

L'OUVERTURE DES POLES DE COMPETITIVITE VERS D'AUTRES PARTENARIATS ET SOURCES DE FINANCEMENT AU NIVEAU TRANSNATIONAL

Mise en réseau des pôles de compétitivité aux niveaux national et européen

Les pôles de compétitivité sont hautement représentatifs de l'état de l'industrie française. Certains représentent des secteurs industriels historiques fortement consommateurs de main-d'œuvre et d'autres des industries de biens et de service en émergence. Tous sont aujourd'hui positionnés dans un environnement mondial et leur survie passe à la fois par un besoin d'organisation au niveau local (le pôle de compétitivité) mais également par la création d'alliances et de synergies au niveau européen et mondial. On peut citer comme exemple le travail réalisé par le pôle mondial « System@tic » qui regroupent en région Ile-de-France les acteurs clés de la Recherche industrielle et académique spécialisés dans la conception et l'utilisation des systèmes embarqués. « System@tic » a procédé à une cartographie des clusters européens dans ses domaines d'intervention en se basant sur les connaissances du secteur de ses membres et a pu identifier un certain nombre de clusters avec qui développer des synergies. C'est le cas avec un cluster allemand qui est spécialisé dans le domaine des transports mais également avec la plateforme technologique européenne ARTEMIS qui est patronnée par la Commission Européenne. Cette plate-forme est force de proposition dans le cadre de la préparation des appels à projets de R&D collaborative lancés par la Commission Européenne à partir de 2007.

Pôles de compétitivité et financements européens

La création des pôles de compétitivité a permis de faire émerger un grand nombre de projets de Recherche collaboratifs entre les acteurs de la Recherche publique et privée. Les moyens financiers dégagés par l'état et les collectivités locales et territoriales ont permis de sélectionner une première vague de projets mais il s'avère qu'ils ne permettent de financer qu'environ 30 % des projets formalisés qui leur sont soumis. Se pose donc la question de la recherche de sources de financement complémentaires et à ce titre les fonds européens suscitent beaucoup d'intérêt de la part des acteurs des pôles de compétitivité.

EUREKA

L'initiative EUREKA créée en 1985 permet d'obtenir un label pour un projet R&D et favorise l'obtention de financements nationaux dans 35 pays européens ainsi qu'en Israël. La souplesse de ce dispositif (deux partenaires dans deux pays différents suffisent pour monter un projet) permet de créer ou de renforcer des partenariats aboutissant à des produits ou services innovants. Cette initiative est particulièrement intéressante pour favoriser des coopérations transfrontalières ou des collaborations avec des membres de clusters situés dans d'autres pays, favorisant ainsi l'ouverture transnationale des pôles de compétitivité.

Le 7e Programme Cadre de Recherche et Développement (PCRD)

Le 7ème Programme Cadre de Recherche et Développement (2007-2013) est l'outil principal utilisé par l'Union Européenne pour favoriser l'émergence et financer des programmes de Recherche et développement sur 10 thématiques prioritaires ainsi que des programmes de formation (Programmes Marie Curie), des programmes d'infrastructures de Recherche ou de soutien spécifique à l'Innovation dédiés aux PME. Le PCRD permet une mise en réseau des acteurs européens de la Recherche qui peut permettre aux membres des pôles de compétitivité de nouer des partenariats stratégiques.

Le 1er Programme Cadre pour la Compétitivité et l'Innovation (PCCI)

Le Programme Cadre pour la Compétitivité et l'Innovation (2007-2013) s'organise autour de trois grands secteurs d'activité :
- Le programme Esprit d'entreprise et innovation, centré principalement sur les PME.
- Le programme de soutien à la politique en matière de TIC), destiné à soutenir l'adoption des TIC dans les services liés au commerce, à l'administration et au secteur public.
- Le programme Énergie intelligente – Europe destiné à favoriser la pénétration des énergies renouvelables en Europe.

Les pôles de compétitivité du fait de leur bonne connaissance du tissu de TPE / PME situés sur leur territoire pourraient utiliser ce programme pour promouvoir des activités spécifiques destinées à ce type d'acteur (mise en réseaux, ...).

La Réforme des fonds structurels

La réforme des fonds structurels en cours de finalisation va marquer un tournant dans le domaine du financement de l'Innovation puisqu'il est prévu de faire passer le pourcentage des fonds dédiés à ce thème de 5% à 20%. Ceci va marquer une rupture avec les politiques antérieures et va permettre aux régions de disposer de moyens de réorienter plus facilement une partie des aides reçues vers des programmes de Recherche ou d'équipements dont les pôles de compétitivité seront sans nul doute les grands bénéficiaires.

Les pôles de compétitivité partenaires de programmes européens ?

D'un point de vue juridique les pôles de compétitivité ont largement choisi le statut d'association de type loi 1901. La composition des organes de gouvernances des pôles sont également représentatifs des différents acteurs de la Recherche au niveau local : Universités et centres de Recherche, PME, Groupes industriels. On peut donc tout à fait imaginer que ces structures soient impliquées en tant que partenaires de programmes européens dans le cadre du 7e Programme Cadre pour la Recherche et le Développement (PCRD) ou dans le cadre du 1er Programme Cadre pour la Compétitivité et l'Innovation (PCCI).

L'exemple de la Recherche collective

Les programmes de Recherches collectives sont destinés aux PME qui emploient moins de 250 personnes, ont un chiffre d'affaire annuel inférieur à 50 millions d'euros et sont indépendantes. Ils visent à résoudre des problèmes scientifiques et techniques au niveau d'une branche industrielle de préférence traditionnelle (mécanique, agro-alimentaire,...) qui est fortement constituée de petites et moyennes entreprises. Les regroupements de PME au niveau local et européen sont des acteurs clés de ces projets car dans le cadre de leur participation, ils sont fortement associés à la définition des programmes de Recherche mais également dans la définition et l'exécution des programmes de formation, d'exploitation et de diffusion des résultats. Les gouvernances des pôles de compétitivité sont fortement représentatives du tissu de TPE et PME dans la plupart des secteurs industriels qu'ils couvrent au niveau national et peuvent donc participer voire coordonner des programmes de Recherche collective.

Les mesures de stimulation dans le cadre du 6e PCRD

Le 6e PCRD a prorogé l'utilisation des mesures de stimulation afin de pouvoir informer et pousser les TPE et les PME à utiliser les programmes de Recherche co-financés par la

Commission Européenne. Les projets de type ETI (Economic Technological Intelligence) ont ainsi permis d'informer et de former aux programmes européens des TPE et des PME dans des secteurs industriels très variés (exemple : céramique, biotechnologies, traitement de surface, transports de surface, énergies renouvelables,...). Les gouvernances de pôles peuvent participer à ce type de projets qui seront reconduits dans le 7ème PCRD (2007-2013) et peuvent utiliser la mise en réseau au niveau européen avec d'autres associations et institutionnels afin de faire monter leurs membres PME en compétence dans le domaine des programmes de Recherche communautaire.

Le financement de la R&D des membres des pôles par les programmes européens : Vers une ingénierie financière

Les fonds européens vont devenir partie prenante du financement des programmes de Recherche en partenariat identifiés et soutenus par les pôles de compétitivité. Il est donc nécessaire de pouvoir articuler ces fonds avec les fonds dégagés au niveau local et national dans le cadre des pôles de compétitivité. Cela doit amener ceux-ci à analyser les projets afin de définir le niveau d'intervention public le plus pertinent et prendre en compte les soutiens combinés au niveau local, National et Européens. La multiplicité des sources de financements nécessite de mettre en place des outils d'ingénierie financière qui permettront de rationaliser et optimiser les sources de financement.

CONCLUSION

Les pôles de compétitivité peuvent être classés dans la grande famille des clusters bien qu'ils soient actuellement focalisés sur un accroissement de la compétitivité de ces membres par un soutien à l'Innovation via des projets de Recherches ou de formation en partenariat. Les premiers résultats obtenus sur la période 2005-2006 montrent que l'ensemble des pôles de compétitivité a pu générer un nombre significatif de projets de Recherche en partenariats.

Toutefois les budgets nationaux n'ont permis d'en financer qu'une partie même si les collectivités locales et territoriales ont vu leur rôle de co-financeur s'accroître par rapport aux premières prévisions. Ceci doit amener les pôles de compétitivité à considérer l'articulation des programmes de recherche qu'ils soutiennent avec les politiques Européennes dans ce domaine mais aussi à procéder à une cartographie des structures de types clusters qui peuvent servir de base pour de futurs partenariats.

DEUXIEME PARTIE

ENTREPRENEUR INNOVATEUR ET GOUVERNANCE DES RESEAUX

CHAPITRE V

L'entrepreneur dans une économie fondée sur l'innovation

Sophie BOUTILLIER

L'entrepreneur est dans la littérature économie, sous des formes diverses, le moteur de l'innovation. Pour J. A. Schumpeter (Schumpeter, 1935), la caractéristique basique du capitalisme n'est-elle pas cette capacité à innover en permanence ? Hypothèse fondatrice qui conduit aussi à définir l'innovation sous des formes multiples (produit, processus, organisation). Depuis la révolution industrielle, la théorie économique s'est enrichie en combinant quatre éléments (Verstraete, Fayolle, 2005) : (1) incertitude, risque et politiques publiques, (2) innovation et progrès technique, (3) opportunités et information et (4) croissance économique et création d'emplois. La théorie économique de l'entrepreneur balise ainsi par ses travaux deux voies particulières, d'une part les travaux visant à placer l'entrepreneur au cœur de l'économie (du marché). L'entrepreneur symbolise dans ces conditions l'initiative individuelle et la prise de risque. Cette conception correspond aux analyses fondatrices de R. Cantillon ou de J.-B. Say (Boutillier, 1996 ; Boutillier, Uzunidis, 1995, 1999), et se prolongent aujourd'hui avec notamment les travaux de D. R. Audretsch (Audretsch (2006a, 2006b) sur le rôle dynamique des petites entreprises en matière de création d'emplois et d'innovation. D'un autre côté, ont été développées des analyses où l'entrepreneur n'est plus qu'une sorte de métaphore symbolisant le progrès technique et la croissance économique. C'est très certainement pour cette raison qu'il est si difficile de trouver un entrepreneur schumpétérien. Celui-ci introduit le changement dans l'économie, comme H. Ford qui ne fut entrepreneur que pour avoir créé la chaîne de montage. Pourtant, ce n'est pas l'entrepreneur qui a envoyé des hommes dans l'espace, mais une organisation d'abord en Union soviétique puis aux Etats-Unis (Galbraith, 1956, 1968) !

Six auteurs[1] ont eu en matière de théorie économique de l'entrepreneur un rôle déterminant : R. Cantillon (début 18e siècle), J.-B. Say (début 19e siècle), J. A. Schumpeter (début 20e siècle), I. Kizner (fin 20e siècle), D. Audretsch, S. Shane (fin 20e siècle – début 21e siècle). L'œuvre de J. A. Schumpeter fait ici office de pivot entre l'entrepreneur innovateur d'une part et le manager d'autre part. Derrière cette taxinomie, J. A. Schumpeter élabore une théorie de l'innovation, pratiquement absente de l'analyse économique au début du 20e siècle. L'entrepreneur schumpetérien est une métaphore qui permet à Schumpeter d'élaborer une théorie de l'innovation en s'inscrivant dans le modèle de l'équilibre walrasien (Schumpeter, 1983).

J. A. Schumpeter (Schumpeter, 1935), père de la théorie économique de l'entrepreneur, a enrichi l'analyse walrasienne, incapable de formuler une explication satisfaisante du progrès technique et de la croissance économique en contradiction radicale avec la réalité économique. Pourtant, bien qu'il s'en défende, J. A. Schumpeter reste étroitement lié au modèle de l'équilibre, en considérant implicitement que l'entrepreneur vient perturber une situation d'équilibre. C'est la critique majeure que lui adresse I. Kirzner (Kirzner, 2005). Mais, que l'on adopte un point de vue micro ou macroéconomique, l'entrepreneur reste (paradoxalement ?) un agent économique fondamental : il crée des richesses matérielles et immatérielles, et des emplois. Il intervient aussi aux deux extrêmes de l'activité économique : celui de l'économie de la connaissance et des entreprises innovantes d'une part, et celui de l'économie sociale et solidaire d'autre part. L'entrepreneur peut être un

---

[1] Nous devrions dire six auteurs plus un. Car comme nous le constaterons, nous accordons une place importante à l'œuvre de Walras. Bien que celui-ci soit dans l'incapacité d'élaborer une théorie du changement technique (mais est-ce son objectif ?), il est l'auteur auquel tous se réfèrent. En premier lieu Schumpeter.

chercheur, un ingénieur de haut niveau, qui par sa ténacité et sa passion de la technologie, est amené à créer un objet ou un service auquel personne n'avait pensé avant lui (Emin, 2004). Cette conception de l'entrepreneur correspond au mythe au sens premier du terme de l'entrepreneur qui invente dans sa cuisine des cosmétiques (Eugène Schueller, fondateur de L'Oréal) ou dans son garage le microordinateur (Steve Jobs, cofondateur d'Apple) (Boutillier, Uzunidis, 2006). Les entrepreneurs sociaux, dont il est question depuis le début de la décennie 1980, offrent également un profil tout à fait particulier et ne sont pas relégués à l'intérieur d'associations ou d'organisations non gouvernementales, mais peuvent aussi créer de véritables entreprises (Boncler, 2004 ; Allemand, Seghers, 2007 ; Durnil, Le Roux, 2006 ; Bornstein, 2005).

L'objectif de ce texte est de présenter six auteurs clés reconnus pour leurs travaux sur l'entrepreneur. Nous respecterons l'ordre chronologique, en présentant dans une première partie les auteurs fondateurs (Cantillon, Say et Schumpeter). Cette présentation s'inscrit dans une double réflexion, d'abord pourquoi les économistes ont-ils tant tardé pour considérer le progrès technique comme un sujet digne d'intérêt ? Puis, comment l'équation « entrepreneur = innovation » s'est progressivement imposée. Dans la seconde partie, notre attention se portera sur des auteurs contemporains (Kirzner, Audretsch et Shane). Si les premiers textes traitant de l'entrepreneur tendent à mettre l'accent sur l'incertitude et la prise de risque qui en découle (Cantillon, 1954 ; Say, 1996), progressivement les économistes focalisent leur attention sur d'une part l'apparition de l'idée puis d'autre part sur la nature du mécanisme grâce auquel cette idée se transformera en opportunité. Mais, les années de forte croissance économique d'après-guerre marginalisent le rôle de l'entrepreneur, comme l'explique notamment W. Baumol (Baumol, 1968) dans un article qui a fait date en la matière. Le rôle de l'entrepreneur est minimisé au profit de celui de l'entreprise managériale (Galbraith, 1956, 1968 ; Chandler, 1988).

A partir des années 1980, face au ralentissement persistant de la croissance économique, à la montée du chômage de masse et de l'émergence de technologies nouvelles, le discours change, de l'économie du capital à l'économie entrepreneuriale (Audretsch, 2006a). Le centre de gravité de l'économie se déplace de l'entreprise managériale vers l'entrepreneur. Mais, dans un contexte économique qui reste fortement marqué par le poids important des grandes firmes et de l'Etat, les auteurs contemporains cherchent à redéfinir un entrepreneur dynamique en ayant soin de déterminer les multiples éléments qui composent le contexte institutionnel dans lequel il opère. C'est en ayant une connaissance approfondie de ce contexte qu'il devient possible de tracer une politique publique visant à favoriser la création d'entreprises, implicitement considérée comme source de croissance économique, d'emploi et d'innovation.

L'ENTREPRENEUR ACTEUR DE L'INNOVATION

L'entrepreneur est-il un innovateur ou un homme d'affaires ?

Les économistes ont-ils fui la question du progrès technique ? Pourquoi, l'entrepreneur a-t-il été ainsi élevé au rang de divinité économique (Boutillier, 2004 ; Uzunidis, 2006) ? Dans L'*Histoire de l'analyse économique*, J. Schumpeter (Schumpeter, tome 1, 1983) expliquait (certes cet ouvrage a été écrit voilà plus de 50 ans) que depuis Aristote trois sujets avaient mobilisé l'attention des économistes : la valeur, la monnaie et l'intérêt. L'innovation et le progrès technique ne font pas partie, selon Schumpeter, des sujets de prédilections des économistes. Alors que la période féodale glorifiait le chevalier et sa vaillance au combat, le héros du capitalisme, des temps modernes, est l'homme d'affaires. Les économistes, selon Schumpeter, ont analysé les diverses façons de s'enrichir souvent sous couvert de contribuer à la richesse des nations. Avec l'intellectuel laïc qui apparaît au cours de cette période se dessine l'économiste : « l'homme d'affaires et le représentant du pouvoir, partout comme l'artiste-artisan des besoins et de problèmes pratiques, commencèrent à développer un fonds de connaissances économiques (...) » (Schumpeter, tome 1, 1983, p. 121). A. Marshall (Marshall, 1934, p. 665) n'écrit pas autre chose deux décennies avant Schumpeter : « la géologie est aux mines ce que la science économique est aux affaires en général. Tout comme le mineur a besoin de faire des études semblables à celles du géologue, plus approfondies, mais dans un cadre plus restreint, de même les hommes d'affaires ont besoin de faire les mêmes sortes d'études que les économistes ; mais leur cadre est plus circonscrit et leur pénétration va plus loin dans les détails particuliers ».

Nombre d'économistes renommés se sont lancés dans les affaires ou encore travaillaient en étroite relation avec le pouvoir (Ricardo, Cantillon, Smith, et bien d'autres, sans oublier J. Schumpeter qui fut ministre). Les économistes construisent une science des affaires ? Le marché, la monnaie, le commerce domestique ou international furent leurs préoccupations majeures, le progrès technique n'en fera partie qu'à partir du moment où il aura pris une plus grande ampleur, c'est-à-dire à partir de la seconde moitié du 20e siècle. Avant cette période, la réflexion des économistes sur le progrès technique se limitait à définir l'impact du machinisme sur le chômage (Bastiat, Saint-Simon, Ricardo, Marx, etc.), soit parce qu'ils adhéraient à la théorie de la compensation (il faut du travail pour fabriquer des machines) soit parce qu'ils la rejetaient (la machine remplace un grand nombre d'ouvriers) en écartant l'innovation du produit. Pourtant, J. A. Schumpeter explique que les ouvrières du 20e siècle consomment des biens que les plus grands monarques d'autrefois ne pouvaient imaginer.

Mais, les innovations des entrepreneurs ne sont pas forcément à l'origine de fortunes colossales, comme en attestent les biographies de J. Rockefeller ou plus récemment de B. Gates. Des exemples intéressants peuvent être tirés des biographies d'entrepreneurs historiques. Prenons D. Papin (1647-1712 ?), qui outre la machine à vapeur, inventa un bateau à vapeur, mais il fut victime de la colère de bateliers qui voyaient dans ses inventions une concurrente déloyale. Ou encore l'exemple de B. Thimonnier (1793-1857), l'inventeur de la machine à coudre. Il mourut, comme D. Papin ruiné, son invention fut détruite à maintes reprises par des ouvriers tailleurs pour les mêmes raisons. Portant quelques années plus tard, I. Singer (1811-1875) devint milliardaire grâce à la machine à coudre en en faisant un bien de consommation courante, c'est-à-dire au même titre que le lave-linge aujourd'hui, le bien de consommation indispensable pour un jeune ménage. Ce qui était une menace pour l'emploi devient un bien de consommation courante de premier plan. Certes pour réduire le prix de vente de la machine à coudre, I. Singer en avait rationalisé la production.

Les entrepreneurs du début du 20e siècle ont ainsi contribué à transformer en biens de consommation courante des produits de luxe (automobile, téléphone, radio, télévision, produits électroménagers d'une manière générale) (Boutillier, Uzunidis,

2002). Mais l'entrepreneur n'est pas une espèce de génie de légende qui par sa seule volonté façonne la réalité. L'économie entrepreneuriale s'inscrit dans un cadre institutionnel spécifique (Shane, 2003).

A la fin du 19e siècle, la théorie néoclassique marginaliste (L. Walras, C. Menger) dissocie clairement le consommateur et le producteur. Tous deux prennent des décisions sur la base d'un calcul rationnel, en termes de coût/bénéfice. Le producteur (l'entrepreneur ?) en fonction du prix du travail et du capital pour maximiser son profit, le consommateur en fonction du prix des biens qu'ils souhaitent acquérir et du revenu dont il dispose, pour maximiser son utilité. La représentation de l'entrepreneur dans l'analyse walrasienne est contrastée. D'un côté, l'entrepreneur peut être assimilé à une fonction de production qui combine capital et travail selon le taux d'intérêt d'une part et du taux de salaire d'autre part. D'un autre côté, l'entrepreneur est conçu comme une sorte d'intermédiaire sur les différents marchés qui composent l'économie (marché du travail, des capitaux, des matières premières). Trois types d'entrepreneurs sont ainsi distingués : dans le secteur agricole, le secteur industriel et le commerce. Ils agissent de la même manière, mais achètent des équipements, des matières premières ou des produits semi-ouvrés différents selon le secteur d'activité dans lequel ils opèrent. L. Walras, pour se faire bien comprendre du lecteur, donne l'exemple factice d'un entrepreneur menuisier-ébéniste et décrit de façon très détaillée les différentes opérations comptables auxquelles donnent lieu son activité. Mais, à aucun moment de son analyse, Walras évoque la question de l'innovation.

Dans *Histoire de l'analyse économique,* Schumpeter consacre de longs chapitres à l'analyse de l'équilibre chez Walras. Ses propos sont tout à fait pertinents. Schumpeter (Schumpeter, 1983, tome 3, p. 342 et ss) explique que Walras réduit l'entrepreneur au rôle purement formel d'acheteur de services producteurs et de vendeurs et de vendeurs de biens de consommation, sans aucune initiative ou revenu qui lui soit propre. En note, Schumpeter souligne qu'à l'équilibre d'un processus concurrentiel, l'entrepreneur walrasien ne fait ni perte ni profit et explique que ce n'est ni un paradoxe, ni une tautologie, mais une condition d'équilibre. Cette conception de l'entrepreneur semble indisposer Schumpeter qui lui substitue le vocable d'entreprise qui lui semble plus approprié. Revenant sur le concept d'un entrepreneur ne faisant ni bénéfice ni perte de Walras, Schumpeter (Schumpeter, 1983, tome 3, pages 388 et suivantes) considère qu'un seul économiste a compris le sens de propos de Walras, et se tourne vers K. Marx, qui selon lui fit de l'investissement des bénéfices de l'exploitation industrielle, le moteur principal de l'évolution économique. Les profits reviennent aux entreprises qui grandissent plus rapidement et avec plus de succès que les autres. Le déséquilibre est permanent, et Marx vit dans ce déséquilibre la vie même du capitalisme ; analyse qui est pour Schumpeter plus proche de la réalité (même s'il ne l'écrit pas explicitement), car « les marchés de la vie réelle n'atteignent jamais l'équilibre » (Schumpeter, 1983, tome 3, p. 339).

Pourtant, en dépit de l'incapacité de l'analyse walrasienne de retracer la dynamique de l'innovation propre au capitalisme, L. Walras se passionne tant pour les progrès réalisés dans l'agriculture que dans l'industrie. Il insiste tout particulièrement sur l'accroissement des quantités produites, car « le progrès ne saurait consister en autre chose que dans la diminution des raretés ou des intensités des derniers besoins satisfaits des produits chez une population croissante. Donc le progrès est possible ou non selon que la multiplication des produits n'est possible ou non. Si la multiplication des produits n'était possible que dans certaines limites, le progrès ne serait possible que dans certaines limites. Les raretés ne pourraient diminuer que jusqu'à un certain point, la population restant la même ; ou la population ne pourrait croître que jusqu'à un certain point, la population restant la même ; ou la population ne pourrait croître que jusqu'à un certain point, les raretés restant les mêmes (...). Or la multiplication indéfinie des produits est possible en raison de la possibilité de la substitution de plus en plus considérable, quoique jamais totale, du profit de capitaux à la rente de terre dans la production».

Léon Walras (Walras, 1988, p. 585) distingue le progrès économique et le progrès technique. Il définit le « progrès économique » comme « le cas où la valeur seule des coefficients de fabrication varie par diminution de ceux d'emploi de rente et augmentation de ceux d'emploi du profit. ». Le progrès technique est défini comme « le cas où la nature même des coefficients de fabrication vient à changer par intervention de certains services producteurs et abandon de certains autres ». Walras précise : « qu'il soit donc à présent bien entendu que toutes les fois que fonction de fabrication vient à changer, c'est le cas du progrès technique amené par la science, les coefficients d'emploi de profit venant à augmenter, c'est le cas du progrès économique amené par l'épargne. Dans la réalité, ces deux formes de progrès fonctionnent ensemble ; il arrive à la fois et que la fonction de fabrication change et que les coefficients d'emploi de rente diminuent, ceux de profit augmentant. Mais ici nous ferons abstraction du progrès technique pour ne considérer que le progrès économique ; c'est-à-dire que, supposant la fonction de fabrication déterminée, nous étudierons les conditions de diminution des coefficients d'emploi de rente par augmentation de ceux d'emploi de profit ». Il conclut : « le progrès, consistant dans la diminution des raretés des produits avec l'augmentation dans la quantité des personnes, est possible, malgré la non augmentation dans la quantité des capitaux proprement dits, à la conditions essentielle que l'augmentation dans la quantité des capitaux proprement dits précède et surpasse l'augmentation dans la quantité de personnes » (Walras, 1988, p. 592).

Dans l'analyse walrasienne, l'entrepreneur est étranger au progrès technique, celui-ci se manifeste exclusivement à travers l'étude des coefficients et de changement de fonction de production. La fonction de production est l'expression d'un ensemble de combinaison de facteurs de production, le capital et le travail. Le changement technique est appréhendé par le passage d'une fonction de production à une autre, sans préciser les modalités réelles de passage de l'un à l'autre. J. Schumpeter se montre fort critique.

L'intérêt majeur de l'analyse schumpétérienne de l'entrepreneur réside dans la combinaison pluridisciplinaire qu'il réalise entre l'analyse économique, sociologique et historique. Il ne se contente pas de décrire, d'approfondir la théorie économique, mais il se livre également à une analyse socio-historique très fine en mettant l'accent sur deux éléments fondamentaux, d'une part la propriété privée des moyens de production, d'autre part la reconnaissance de la réussite sociale dans les affaires. D'où l'importance, nous le répétons, du contexte social et culturel dans lequel l'individu est inséré. J. A. Schumpeter explique que les entrepreneurs se recrutent parmi les « hommes nouveaux » qui remettent en cause les habitudes et les routines établies. Comment expliquer l'accélération de la croissance économique à partir du 18e siècle ? Nombre d'économistes l'expliquent par le développement de l'activité entrepreneuriale (Murphy, Liao, Welsch, 2006). « Etre entrepreneur n'est pas une profession ni surtout, en règle générale, un état durable » (Schumpeter, 1979, p. 112). L'économie capitaliste est en proie à un changement continu de « destruction créatrice » qui se caractérise par un renouvellement des opportunités d'investissement grâce au progrès technique. Les classes populaires au début du 20e siècle ont accès à des biens de consommation que les puissants souverains des siècles passés ne pouvaient imaginer.

L'entrepreneur, entre risque et incertitude

A partir du 18e siècle cependant, certains économistes commencent à s'intéresser à un personnage jusqu'alors peu recommandable au regard des valeurs aristocratiques parce qu'il tire son revenu des affaires. A la fois considéré comme une sorte de filou et comme un aventurier, l'entrepreneur n'a pas bonne presse, on s'en méfie. Pourtant, R. Cantillon explique que l'entrepreneur est la pierre angulaire de l'économie de marché parce qu'il prend des risques en faisant circuler la richesse. R. Cantillon plante ainsi les bases de ce qui deviendra plus tard la théorie de l'entrepreneur. L'activité de l'entrepreneur est fondée sur deux principes : *l'incertitude et le risque*. Avec J.-B. Say, une troisième composante rejoindra les deux précédentes : *l'innovation*. Il est vrai que l'on ne se place plus alors dans un simple contexte de rapports marchands, mais dans le cadre d'une économie où l'activité industrielle se développe.

R. Cantillon (1697-1735) distingue deux types d'agents économiques : les « gens à gages certains » et les « gens à gages incertains ». Il classe l'entrepreneur dans la seconde catégorie. Le fermier, le marchand ou l'artisan sont ainsi des entrepreneurs. L'entrepreneur prend des risques en s'engageant vis-à-vis d'un tiers de façon ferme, sans garantie sur la solvabilité de son client ou de son commanditaire. Sans fortune, l'entrepreneur, grâce à ses projets, fait progresser l'économie, mais la société se méfie de cet individu dérangeant et très souvent le rejette.

J.-B. Say (1767-1823) est avec Cantillon et Schumpeter, l'un des trois pères fondateurs de la théorie économique de l'entrepreneur. Il définit l'entrepreneur comme l'intermédiaire entre le savant qui produit la connaissance et l'ouvrier qui l'applique à l'industrie. Cette métaphore montre le poids de plus en plus important que prend l'industrie dans l'économie des pays européens au début du 19e siècle. Etre entrepreneur est un véritable métier. Il définit avec précision les qualités qui doivent être celles d'un entrepreneur. L'ensemble de ces qualités forme le « métier de l'entrepreneur » :

1) l'entrepreneur est l'agent principal de la production. Son travail est productif au même titre que celui de l'ouvrier et du savant ;

2) l'entrepreneur doit être doté d'une « capacité de jugement », c'est-à-dire qu'il doit juger des besoins et surtout des moyens de les satisfaire. Ce genre de travail exige des « qualités morales dont la réunion n'est pas commune » ;

3) l'entrepreneur ne doit pas s'en remettre à la routine. Il doit sans cesse innover.

Mais avant tout, comme le soulignera aussi plus tard J. Schumpeter, l'entrepreneur doit vaincre le conservatisme et la méfiance des banquiers.

L. Walras (1834-1910), fondateur de la théorie néoclassique, élabore le modèle de la « concurrence pure et parfaite », où l'entrepreneur ne fait pas de profit, il n'innove pas. Son unique fonction est de combiner les facteurs de production (le capital et le travail) pour réaliser une production donnée. L'entrepreneur se confond alors avec l'entreprise et tous deux se trouvent réduits à une fonction de production [Y = f (K, W)] où Y est le niveau de la production, K la quantité de capital utilisée et W la quantité de travail utilisée. Les représentants de ce courant se contentent de cette représentation simplifiée de l'entreprise (et de l'entrepreneur) et ne s'intéressent guère au fonctionnement (ni l'organisation interne) de l'entreprise. Celle-ci se résume à une combinaison de facteurs de production ; combinaison réalisée selon les prix desdits facteurs sur leurs marchés respectifs.

Pour Léon Walras, l'entrepreneur est bien distinct du propriétaire foncier (détenteur des terres), du travailleur (détenteur de facultés personnelles) et du capitaliste (détenteur des capitaux). L'entrepreneur a pour rôle de « prendre à bail la terre du propriétaire foncier, les facultés personnelles du travail et le capital du capitaliste, et d'associer, les trois services producteurs » (Walras, 1988, p. 280). Il faut éviter « l'erreur des économistes anglais qui identifient l'entrepreneur et le capitaliste » (Walras, 1988, p. 281) ou encore, l'erreur de certains économistes français qui font de l'entrepreneur un travailleur chargé du travail de la direction de l'entreprise. Walras distingue dans son argumentation, le marché des services où se rencontrent les propriétaires fonciers, les travailleurs et les capitalistes comme vendeurs et les entrepreneurs comme acheteurs de services producteurs. L'autre marché est celui des produits où se rencontrent les entrepreneurs et les propriétaires fonciers, les travailleurs et les capitalistes comme acheteurs de produits. A l'état d'équilibre, on peut faire abstraction de la monnaie, les propriétaires fonciers, les travailleurs recevant et les entrepreneurs donnant une certaine qualité de produits sous forme de fermage, de salaires et d'intérêts « en échange d'une certaine quantité de services producteurs sous le nom de rente, travaux et profit ».

L'importance conceptuelle des entrepreneurs est minime : « on peut même, à cet état, faire abstraction de l'intervention des « entrepreneurs », et considérer non seulement les services producteurs comme s'échangeant contre des produits et les produits s'échangeant contre des services producteurs, mais considérer même les services producteurs comme s'échangeant en fin de compte les uns contre les autres » (Walras, 1988, p. 284). En résumé, l'entrepreneur est l'agent économique qui achète les matières premières à d'autres entrepreneurs, puis loue moyennant un fermage la terre du propriétaire foncier, moyennant un intérêt le capital du capitaliste, et, finalement, ayant appliqué des services producteurs aux matières premières vend à son compte les produits obtenus » (Walras, 1988, p. 287). Si l'entrepreneur walrasien ne fait ni perte ni profit, caractéristique qui l'éloigne de la réalité du capitalisme, un élément mentionné l'en rapproche : vendre pour son propre compte.

Les nouvelles combinaisons de l'entrepreneur

Dans *La théorie de l'évolution économique* (Schumpeter, 1935), l'entrepreneur est l'agent économique qui réalise de nouvelles combinaisons de facteur de production. Il est l'agent économique qui impulse une nouvelle dynamique économique, et introduit le progrès technique dans l'économie. J. A. Schumpeter s'inscrit alors dans le paradigme de la concurrence pure et parfaite qui ne permet d'appréhender ni le progrès technique, ni le mouvement croissance/crise, ni l'existence de firmes de taille différente. On ne peut comprendre en définitive la théorie schumpétérienne de l'entrepreneur (et simultanément de l'innovation) sans la replacer dans l'histoire de la théorie de l'innovation (Hagedoorn, 1996). Il participe à la remise en cause du paradigme de la concurrence pure et parfaite, tout en affirmant que L. Walras est le plus grand de tous les économistes (Schumpeter, 1983 ; Langlois, 1987). Le vocable d'entrepreneur héroïque n'est-il pas excessif ? A la lecture de certaines biographiques d'entrepreneur, la réponse est immédiatement négative. L'un des nombreux biographes de Louis Renault commence le chapitre 4 en ces termes : « A quoi ressemble un bâtisseur d'empire ? Sa morphologie et sa silhouette reflètent-elles la puissance et l'audace ? » (Dingli, 2000, p. 191).

L'entrepreneur (héroïque) schumpétérien – du premier Schumpeter c'est-à-dire celui de *La théorie de l'évolution économique* (Freeman, 1982) – est l'agent économique qui réalise de nouvelles combinaisons de facteurs de production. Celles-ci sont au nombre de cinq :

1) fabrication d'un bien nouveau, c'est-à-dire encore non familier au cercle des consommateurs ou d'une qualité nouvelle d'un bien ;
2) introduction d'une méthode de production nouvelle, c'est-à-dire pratiquement inconnue de la branche intéressée de l'industrie ; il n'est nullement nécessaire qu'elle repose sur une découverte scientifiquement nouvelle et elle peut aussi résider dans de nouveaux procédés commerciaux pour une marchandise ;
3) ouverture d'un débouché nouveau, c'est-à-dire d'un marché où jusqu'à présent la branche intéressée de l'industrie du pays intéressé n'a pas encore été introduite, que ce marché ait existé avant ou non ;
4) conquête d'une source nouvelle de matières premières ou de produits semi-ouvrés ; à nouveau, peu importe qu'il faille créer cette source ou qu'elle ait existé antérieurement, qu'on ne l'ait pas prise en considération ou qu'elle ait été tenue pour inaccessible ;
5) réalisation d'une nouvelle organisation, comme la création d'une situation de monopole ou l'apparition brusque d'un monopole. L'entrepreneur héroïque est l'entrepreneur qui crée une industrie nouvelle, comme ce fut le cas par exemple à la fin du 19ème siècle avec le cinéma ou l'électricité (Mangolte, 2006).

Grandir pour maîtriser l'incertitude

Dans son dernier ouvrage, *Capitalisme, socialisme et démocratie*, publié en 1942, Schumpeter est très pessimiste sur le devenir du capitalisme. Cette inquiétude sur le devenir incertain du capitalisme domine la période de la guerre froide.

Les succès technologiques de l'Union soviétique pouvaient amener à valider la supériorité de l'économie planifiée sur la libre concurrence (Audretsch, 2006). Schumpeter reprend l'analyse de Marx, et à la question « le capitalisme peut-il survivre ? », il répond « Non ». Ce n'est pas parce qu'il imagine une révolution politique, la victoire du prolétariat sur les possédants, mais parce que le développement du capitalisme engendre la disparition de la concurrence. Si J. A. Schumpeter privilégie les aspects économiques de la question (économies d'échelle et accroissement de la taille des entreprises), d'un autre côté, on ne peut occulter le contexte social et politique dans lequel il écrit (révolution russe, guerres mondiales, etc.) (Swedberg, 1991). Les entreprises sont de taille de plus en plus importante. Ce sont de plus des organisations puissantes, des organisations bureaucratiques. Schumpeter insiste sur l'idée suivante : l'entrepreneur est remplacé par l'organisation. L'activité d'innovation n'est plus le fait de l'entrepreneur, mais d'équipes constituées par un personnel spécialisé qui n'a pas de lien direct avec le marché, le consommateur. Dans ces conditions, les affaires, la création d'entreprises ne constitue plus une aventure, un moyen de se réaliser personnellement. Dans un monde dominé par les grandes entreprises, le marché est figé. Ce sont les terrains de la culture, du sport, des arts, etc. qui constitueront pour l'avenir le moyen de se réaliser personnellement.

La disparition de l'entrepreneur schumpétérien est une métaphore pour analyser le développement du capitalisme managérial le développement des grandes entreprises, comme l'entrepreneur en est une autre pour appréhender la dynamique du progrès technique. Cette idée était au début du 20e siècle partagée par bon nombre de chercheurs, économistes et sociologues (Veblen, Hilferding, Berle et Means, Burnham, etc.). La société civile était en train de se militariser (Weber, 1988, 2003). Les entreprises opèrent comme des armées, leur organisation se rationalise. H. Fayol définit les principes précis du management moderne, F. Taylor l'organisation scientifique du travail et chronomètre les gestes de l'ouvrier et H. Ford introduit le système de convoyage. La coupure entre le travail de production et celui de conception est de plus nette. Les « cols blancs » investissent les entreprises qui ne sont plus qu'une poignée qui contrôlent le marché américain (Wright Mills, 1966, 1969). Les grandes entreprises étaient devenues de pyramides concentrant toute la fabrication en un même bâtiment « de la taille d'une petite ville : les matières premières entraient par une porte, pour ainsi dire, et l'automobile terminée sortait par la porte située à l'autre extrémité » (Sennett, 2006 pp. 33-34). Cette intégration était très poussée. Ford par exemple possédait des mines de fer et de charbon (Berger, 2006, p. 88). En dépit de la disparition de l'entrepreneur héroïque, la croissance économique qui suit la fin de la guerre est très rapide. Sans précédent dans l'histoire du monde. Schumpeter s'était-il trompé (Heertje, 2006) ?

Après la seconde guerre mondiale, la théorie économique oublie l'entrepreneur et se structure autour de la firme avec le développement de l'économie industrielle, en grande partie initiée par les travaux d'Alfred Marshall. Le centre d'intérêt d'une grande partie des économistes des années 1960-1970 est la grande entreprise. L'avancée théorique est significative puisqu'ils remettent ainsi explicitement en question le modèle de la concurrence pure et parfaite en reniant l'hypothèse d'atomicité du marché. Dans les années 1960, J. K. Galbraith (Galbraith, 1968) poursuit l'analyse de J. A. Schumpeter non sur l'entrepreneur, mais sur le capitalisme managérial, et démontre que le capitalisme des Etats-Unis est dominé par une poignée de grandes entreprises. Ces dernières ont développé des moyens de planification pour minimiser l'incertitude propre au fonctionnement des marchés. L'entrepreneur n'est plus un individu mais une équipe composée de managers et d'actionnaires. L'entreprise managériale est une grande entreprise, qui contrôle une part importante du marché mondial. Elle réalise des investissements importants et réalise des économies d'échelle. Pour orienter le comportement d'achat du consommateur, l'entreprise managériale a élaboré de puissants instruments de marketing, réduisant d'autant le caractère aléatoire du marché. R. Cantillon ne définissait-il pas l'entrepreneur comme un agent économique à gages incertains ?

Pour Galbraith (Galbraith, 1968), l'entreprise ne doit pas seulement planifier ses propres opérations, elle doit également planifier le comportement du public. C'est une question de nécessité ! La grande entreprise est maîtresse de ses prix, alors la petite entreprise ne l'est pas. Galbraith parle avec condescendance de l'entrepreneur en ajoutant l'adjectif « petit » : petit entrepreneur, petit industriel, petit fabricant, petit patron. Le petit entrepreneur se lève tôt et est à la disposition de sa clientèle vingt-quatre heures sur vingt-quatre et ne relâche jamais son effort. C'est un modèle pour la génération montante ! Le contexte d'incertitude dans lequel opère le petit entrepreneur galbraithien n'est pas créateur d'opportunités nouvelles, mais de servitudes nouvelles ! L'entrepreneur des temps héroïques serait-il devenu un esclave ?

Disparition de l'incertitude, disparition de l'entrepreneur semblent aller de pair. A la marge, de petites entreprises végètent. L'entrepreneur a disparu, il a été remplacé par une direction bicéphale composée d'actionnaires (les propriétaires) et les managers (les dirigeants). La grande entreprise contribue non seulement à structurer le marché, en particulier grâce au développement de la publicité et de techniques de marketing, mais aussi à favoriser le développement d'une population de salariés de plus en plus importante. Deux phénomènes contradictoires se combinent, d'une part la dépréciation de l'esprit d'entreprise (via la croissance du salariat, qualifié et non qualifié), d'autre part une espèce d'accélération du rythme d'apparition du progrès technique à partir des années 1950, et tout particulièrement sa banalisation en tant que biens de consommation courante (automobile, téléphone, produits électroménagers, télévision, énergie nucléaire, aviation, etc.). La disparition de l'entrepreneur ne signifie donc pas épuisement du progrès technique. Mais, à partir des années 1980, un ensemble d'événements vont donner à l'entrepreneur l'opportunité de reconquérir son rang (Audretsch, 2006a, 2006b) dans un cadre institutionnel redéfini.

L'ECONOMIE CONTEMPORAINE DES ENTREPRENEURS INNOVANTS

L'entrepreneur, l'incertitude et l'Etat

Dans les pays industrialisés, l'Etat a enrichi depuis le début des années 1980 le cadre législatif pour créer un contexte propice à l'innovation et à la création d'entreprises innovantes au sens technique et social du terme. Ce changement constitue une rupture par rapport à la situation qui s'était imposée depuis la fin de la seconde guerre mondiale, marquée par la croissance de l'emploi salarié et des grandes entreprises. La coexistence à partir des années 1970 d'un taux élevé de chômage et d'inflation suscite une critique de plus en plus forte vis-à-vis de l'Etat social et du rôle économique de l'Etat. Les dépenses publiques sont de plus en plus élevées et la pression fiscale augmente. Les mesures de politique publique visant à favoriser la création d'entreprises s'imposent dans ces conditions, comme un moyen de lutte contre le chômage. En rupture avec les analyses galbraithiennes basées sur le tout puissant manager, quelques économistes focalisent leur attention sur l'entrepreneur qui semble symboliser toutes les vertus du capitalisme d'un capitalisme idéalisé des origines, le capitalisme concurrentiel. L'entrepreneur incarne les valeurs fortes du capitalisme : travail, individualisme, esprit d'équipe, enrichissement personnel et propriété privée. Ce qui ne doit être négligé dans le contexte historique des années 1970, celui de la guerre froide, et alors que J. K. Galbraith décèle moult points communs entre le capitalisme et le socialisme. Ces deux systèmes économiques sont basés sur des grandes entreprises (publiques ou privées) et le poids important de l'intervention de l'Etat sur le plan économique.

Si le retour de l'entrepreneur a de lourdes conséquences en termes de politique publique, les conséquences sont également nombreuses en matière de théorie économique puisque l'accent est mis sur l'individu et rend plus transparent le fonctionnement du marché. L'entrepreneur doit trouver une idée. Il doit déceler les opportunités d'investissement, combiner les facteurs de production, définir son marché, trouver des moyens de financement (souvent sa propre épargne), s'informer des goûts de consommateurs, des technologies existantes, etc. Alors que l'entrepreneur était quasiment inexistant dans le modèle walrasien de la concurrence pure et parfaite, l'information circule librement et l'incertitude est inexistante. En réintroduisant, l'entrepreneur dans l'analyse économique au profit d'un modèle construit sur un marché oligopolistique, les économistes réintroduisent l'incertitude et la prise de risque.

L'entrepreneur est l'agent économique qui agissant dans un environnement incertain, prend des risques. L'élaboration d'une politique publique visant à favoriser la création d'entreprises constitue par conséquent à créer un cadre institutionnel qui a pour fonction d'une part à réduire l'incertitude, d'autre part et en constitue le corollaire en faisant émerger de nouvelles opportunités d'investissement que certains entrepreneurs seront à même de valoriser. L'implication de l'entrepreneur est toujours déterminante et les opportunités en matière de profit dépendent à la fois de l'individu et l'environnement économique, social et politique dans lequel il est opère. Si Kirzner considérait que les opportunités se trouvent à la portée de main de l'entrepreneur, l'information préalable détenue par l'entrepreneur est déterminante pour identifier les opportunités (Shane, 2003). Le capital humain, notamment l'éducation et l'expérience, sont aussi déterminantes (Davidson, Honing, 2003). Mais, l'identification et la valorisation des opportunités ne constituent pas forcément un processus individuel (Tremblay, Carrier, 2006). Il est fréquemment collectif. L'histoire économique et l'actualité montrent clairement que la création d'entreprises est fréquemment le fait d'un binôme ou d'un petit groupe d'individus aux compétences complémentaires qui s'associent (Boutillier, Uzunidis, 2006). Nous observons également ce processus dans le cadre de politique de développement local visant à redynamiser une région en crise par exemple (Julien, 1996).

Information et opportunités

Mais, alors que le modèle de la grande entreprise intégrée entre progressivement en crise, la théorie économique de l'entrepreneur connaît un renouveau avec les travaux de I. Kirzner (Kirzner, 2005, p. 57 et ss). Si la grande entreprise est en crise, cela signifie aussi qu'elle est devenue incapable de maîtriser l'incertitude car I. Krizner (comme F. Hayek) ne reconnaît pas l'hypothèse de transparence du marché. En situation de déséquilibre, les agents économiques sont en situation d'ignorance et n'ont pas conscience des multiples opportunités qui sont à leur portée. Si Kirzner est critique vis-à-vis de Walras, il l'est aussi vis-à-vis de Schumpeter. Pour Kirzner, l'entrepreneur schumpétérien agit pour perturber une situation d'équilibre. L'action de l'entrepreneur schumpetérien déclanche le changement et génère de nouvelles opportunités. Chaque nouvelle action de l'entrepreneur conduit à une nouvelle situation d'équilibre, on ne sort pas en définitive du modèle walrasien de l'entrepreneur. Au contraire, I. Kirzner voit ces changements comme équilibrants, et élabore le concept « d'entrepreneurabilité ».

La reconnaissance du rôle de l'entrepreneur signifie aussi la reconnaissance du rôle du marché, remettant en cause l'image misérable de l'entrepreneur galbraithien : « Il n'existe pas de fiction plus plaisante que celle selon laquelle le changement technologique est le produit de l'ingéniosité inégalée du petit homme forcé par la concurrence d'employer son esprit pour le bonheur du voisin » (Galbraith, 1956, p. 86).

Avec le retour de l'entrepreneur, c'est aussi le retour de l'incertitude, l'entrepreneur doit détecter les opportunités d'investissement, ce qui signifie explicitement que ces dernières ne sont pas accessibles à tous. Les opportunités de profit naissent du déséquilibre, non de l'équilibre. L'entrepreneur doit être vigilent pour détecter puis exploiter les opportunités de profit qui peuvent se présenter. L'entrepreneur se présente donc comme l'agent économique qui exploite l'ignorance et révèle l'information. Il met ainsi en évidence la « vigilance entrepreneuriale », qui se définit comme une sorte capacité particulière des entrepreneurs à acquérir l'information de façon spontanée. Cette capacité se manifeste par la faculté de percevoir les opportunités offertes par le marché. Grâce à cette qualité, l'entrepreneur sait comment combiner les facteurs de production et dans quelles proportions, et également comment trouver les personnes disposant des informations dont il a besoin pour trouver des sources de profit. I. Kirzner remet en question à sa façon le mythe du self-made-man en montrant implicitement que la réussite entrepreneuriale n'est pas fonction des seules qualités intrinsèques d'un individu aussi exceptionnel soit-il.

La critique du socialisme par Hayek (Hayek, 1993) repose sur l'idée de l'incapacité de l'Etat (ou à une autorité centrale quelconque) de régir l'ensemble de l'économie. La transmission de l'information entre les agents économiques repose sur des mécanismes complexes. Le fonctionnement de l'économie repose sur la maîtrise d'un grand nombre d'informations qui sont hors de portée d'une seule entité si puissante soit-elle. Les échanges d'informations et de connaissances permettent aux individus de tirer parti d'un savoir qu'il ne possède pas personnellement (Hayek, 1994, page 27). Les opportunités sont ainsi à disposition. Hayek n'explique pas par quels mécanismes, les individus peuvent être amenés à en tirer profit. L'idée essentielle est que le marché, par des vertus qui lui sont intrinsèques, réalise cette opération.

Alors que pour Kirzner, l'individu doit être vigilent pour détecter les opportunités de profit. Ces opportunités ne se manifestent pas forcément par des changements structuraux de grande ampleur, mais par des changements à la marge, chaque fois qu'un agent économique se rend compte qu'en changeant quelque chose, de nouvelles opportunités de profit apparaissent (Kirzner, 2005, p. 102).

A partir des années 1980, alors que Piore et Sabel (1989) dissertaient sur les avantages de la spécialisation flexible à partir de l'expérience italienne, D. B. Audretsch (2006a, 2006b) analyse les performances respectives des grandes et des petites entreprises en matière d'innovation, et montre que les petites entreprises sont (contre toute attente) très dynamiques en la matière. Dans la bibliographie, il ne cite qu'un ouvrage de J. A. Schumpeter : *Théorie de l'évolution économique.* Pour D. Audretsch, ce phénomène de l'entrepreneuriat est historiquement daté, l'économie entrepreneuriale est née dans les années 1990, mais sa genèse remonte aux années 1970. L'économie entrepreneuriale a été précédée d'abord par l'économie du capital (ou de Solow), pendant les trois premières décennies de l'après-guerre, puis par l'économie de la connaissance (ou de Romer) pendant les années 1980. L'économie du capital et l'économie de la connaissance ont en commun le rôle majeur joué par les grandes entreprises, notamment pour la production de nouvelles connaissances et de nouveaux produits, les petites et moyennes entreprises sont considérées moins efficaces et leur contribution à la croissance économique comme marginale. Les nouvelles technologies de l'information et de la communication ont créé de nouvelles opportunités d'investissement et des concentrations de petites entreprises innovantes se sont formées.

Pour construire son raisonnement, D. Audretsch (2006a) relie théorie économique et histoire des faits économiques. L'économie du capital correspond à la période de forte croissance de l'après-guerre, marquée par la guerre froide. Audretsch reprend l'analyse de Galbraith sur les avantages des économies d'échelle rendues possibles par de forts investissements en capital. Le moteur de la croissance économique est l'investissement en capital. Audrestsch dresse la liste des critiques formulées vis-à-vis des petites entreprises :

1) elles sont considérées comme inefficaces en raison de l'absence d'économies d'échelle.

2) Les salariés des petites entreprises sont moins bien rémunérés que leurs homologues des grandes entreprises.

3) Elles sont peu actives en matière d'innovation en raison de la faiblesse de leur budget de R&D.

4) Leur poids relatif dans l'industrie va décroissant dans les grands pays industriels depuis les années 1950.

Les années 1980 sont marquées par l'émergence de l'économie de la connaissance et d'outre les facteurs de production courants (capital et travail), la connaissance était aussi un facteur de production. Dans le cadre de cette hypothèse, les petites entreprises étaient aussi mal loties car incapables de mobiliser les fonds nécessaires or il est démontré économétriquement l'existence d'une corrélation positive entre dépenses de R&D et dépôts de demande de brevet. Audrestsch est fort critique vis-à-vis de ce type d'analyse. En termes de politique économique, cette affirmation débouche sur le développement de la recherche universitaire, l'augmentation des investissements technologiques et à la promotion du capital humain.

La globalisation et le développement des nouvelles technologies de l'information et de la communication remettent en cause l'état de faits précédemment décrit. Mais, la contribution à l'activité d'innovation est de moins en moins le fait de grandes entreprises, mais de petites entreprises de hautes technologies localisées dans des clusters qui créent beaucoup plus d'emplois que les grandes entreprises. Au même moment, la chute du mur de Berlin et du communisme en Europe de l'Est et en URSS officialisant la défaite de l'économie planifiée. Comment expliquer le poids relatif croissant des petites entreprises dans l'économie des pays industriels ? L'intérêt de l'analyse d'Audretsch réside principalement dans le fait qu'il ne présente pas l'entrepreneuriat comme une espèce de phénomène spontané, mais comme le résultat d'une évolution globale dans laquelle les grandes entreprises jouent un rôle prépondérant. Huit hypothèses majeures ont été formées :

1) l'évolution des technologies a réduit l'étendue des économies d'échelle dans l'industrie manufacturière,

2) la globalisation a accru la concurrence sur les marchés, le nombre de protagonistes ayant augmenté,

3) la composition de la population active a changé avec l'arrivée d'un nombre croissant de femmes, des immigrés, des jeunes et des travailleurs âgés. Cette évolution peut être plus favorable aux petites entreprises qu'aux grandes en raison de l'importance accordée à la flexibilité,

4) les goûts de consommateurs ont évolué. Ils recherchent des produits personnalités au détriment des produits standardisés de l'industrie fordiste. Cette évolution est favorable à une stratégie de niche développée par certaines petites entreprises,

5) la déréglementation et la privatisation des marchés ont facilité l'entrée de nouvelles et petites entreprises dans des marchés qui étaient jusque là protégés,
6) l'importance croissante de l'innovation dans les pays industrialisés a réduit l'importance relative de la production sur une grande échelle et favorisé l'activité entrepreneuriale. Mais, la contribution des petites entreprises à l'innovation diffère selon les secteurs d'activité. Elle est par exemple très forte dans l'industrie informatique et des instruments de mesure, mais faible dans les industries aéronautique et pharmaceutique.
7) les entreprises des industries traditionnelles des pays industriels ont perdu leur compétitivité en raison du niveau élevé des coûts salariaux. Face à cette situation, les grandes entreprises ont été conduites à délocaliser (par le biais d'investissements directs à l'étranger et/ou d'activités de sous-traitance) tout ou partie de leur production et/ou à investir davantage dans des équipements robotisés ou encore à externaliser la production d'inputs auprès de sous-traitants situés dans des pays à faible coût salarial,
8) Les petites entreprises ont pris une importance nouvelle dans une économie basée sur la connaissance. Ce point peut être relié à l'évolution des goûts des consommateurs. Mais, on remarque aussi que les dépenses propres en R&D des petites entreprises innovantes sont généralement faibles. Les études sur le terrain tendent à mettre l'accent sur le rôle fondamental joué par des centres de recherche, des universités ou encore d'autres entreprises situés à proximité, d'où l'importance grandissante du réseau.

Pour Audretsch, la connaissance n'est pas endogène, mais exogène. La connaissance nouvelle ayant potentiellement de la valeur n'existe pas de manière abstraite, mais elle est incorporée dans des individus ou des groupes d'individus. Une telle connaissance est incertaine en soi et asymétrique et implique un niveau élevé de coût de transaction. Une idée considérée comme potentiellement valorisable par un individu mais non par la direction qui l'emploie. Il peut être conduit, dans ces conditions, à créer son entreprise. Mais, l'innovation n'est pas unique. Elle peut être radicale ou incrémentale. Cette caractéristique doit être étudiée selon le degré de maturité de l'industrie qui la crée. Au fur et à mesure qu'une industrie se développe, le coût d'une innovation radicale augmente relativement au coût d'une innovation incrémentale. En bref, le montant des dépenses de R&D augmente avec le degré de maturité de l'industrie considérée. Parallèlement, un montant décroissant de dépenses en R&D est nécessaire pour transférer la nouvelle technologie vers des pays à faibles coûts salariaux puisque l'innovation tend à se banaliser pour devenir moins radicale et plus incrémentale. Dans ces conditions, l'information provenant des dépenses de R&D dans les industries matures peut être transférée vers des localisations à faibles coûts pour être commercialisées. Ce qui n'est pas le cas pour des dépenses de R&D réalisées dans des industries nouvelles.

Dans l'économie managériale, l'activité et la diffusion de l'innovation incrémentale jouent un rôle très important. En revanche, dans l'économie entrepreneuriale, l'activité d'innovation au début du cycle réside en innovations radicales, conduisant au développement de nouvelles trajectoires technologiques plutôt qu'à la poursuite des trajectoires technologiques existantes, comme cela est le cas dans l'économie managériale. Bien qu'il accorde peu de place aux travaux de Schumpeter, et en combinant l'analyse de ce dernier avec les travaux des évolutionnistes, Audretsch considère l'entrepreneur comme facteur d'innovation, comme un producteur de connaissances commercialisables. L'entrepreneuriat s'est développé dans les pays industrialisés alors que ceux-ci ont atteint un nouveau degré dans le processus de leur développement. Ce sont les entreprises créées par les nouveaux entrepreneurs qui créent et diffusent les nouvelles connaissances.

Un ensemble de remarques peuvent être formulées à l'endroit de l'analyse d'Audretsch :

1) le développement de l'entrepreneuriat tel qu'il est perçu par Audretsch se limite au champ des technologies de pointe,

2) il exclut l'entrepreneuriat évoqué au commencement de ce texte sur la création d'entreprises nouvelles dans des activités relevant de l'économie sociale et solidaire or s'il est possible de considérer les activités relevant de ce domaine comme innovantes, le qualificatif qui les désigne est « organisationnel », de plus le développement d'activités nouvelles dans le cadre de l'économie sociale et solidaire n'implique pas des montants élevés en R&D. L'analyse d'Audretsch repose sur une combinaison subtile entre dépenses de R&D, innovation (radicale ou incrémentale) et entrepreneuriat,

3) les dépenses de R&D génèrent des informations, mais par quel mécanisme, celles-ci se transforment-elles en opportunités

que l'entrepreneur sera à même de saisir pour créer une activité nouvelle ?

4) Si Audretsch développe son analyse en tenant compte de l'activité de la grande entreprise managériale (fortement liée au demeurant à celle de la petite entreprise), il reste très discret sur l'étude des facteurs environnementaux tels la politique publique, le niveau de l'emploi et du chômage, les valeurs et normes sociales propres à une société et qui vont conduire des individus à devenir entrepreneur (reconnaissance des droits de propriété, de l'enrichissement personnel, etc.), etc. Cet aspect de l'analyse est en revanche largement développé par S. Shane.

Le cadre institutionnel propice à l'entrepreneur

Le développement de l'entrepreneuriat depuis ces vingt dernières années n'est donc pas le produit d'un phénomène spontané, mais d'une évolution complexe où se combine une pléthore de facteurs, économiques, sociaux, politiques et technologiques. C'est par conséquent en analysant de manière approfondie l'ensemble de ces facteurs qu'il sera possible de formuler une analyse cohérente. L'évolution des grandes entreprises, le progrès des technologies et de la gouvernance mondiale sont sans contexte des facteurs déterminants. Mais, ces éléments doivent être replacés dans un cadre institutionnel donné. D'un autre côté, si l'entrepreneur existe en grande partie en fonction des opportunités qu'il est à même de saisir, certaines informations sont plus accessibles à certains individus qu'à d'autres (Hayek, 1994), S. Shane (2003) met l'accent sur l'importance des informations préalables pour identifier les opportunités et définit avec précision ce qu'il nomme le contexte environnemental de l'entrepreneuriat. L'environnement institutionnel dans lequel opère l'entrepreneur est fondamental, celui-ci est à la fois (i) économique, (ii) politique et (iii) culturel.

1) L'environnement économique est fonction de trois facteurs :

- La richesse : les opportunités d'investissement sont d'autant plus nombreuses que la demande en biens et services est élevé, la facilité avec laquelle on peut obtenir des crédits est d'autant plus élevée. Mais, ce contexte de richesse exerce une espèce d'effet de levier permettant aux entrepreneurs potentiels d'autofinancer leurs activités. Cet élément est d'autant plus important qu'un des facteurs fondamentaux freinant l'activité entrepreneuriale est l'accès aux moyens de financement. L'asymétrie de l'information en la matière est particulièrement forte. La richesse encourage également l'émerge d'attitudes positives à travers l'entrepreneuriat, un peu comme si certains pensaient « pourquoi pas moi ? ». La création d'entreprises a un impact positif sur la croissance économique, l'intensité de laquelle stimule les initiatives entrepreneuriales.

- La stabilité économique et des mesures de politique publique : la stabilité des politiques fiscale et monétaire est primordiale, elle contribue à créer un climat de confiance favorable à la prise de décisions entrepreneuriales. Un contexte d'inflation élevée décourage les initiatives entrepreneuriales.
- Les ressources en capital : les disponibilités en capitaux encouragent les initiatives entrepreneuriales. Le financement est fréquemment un obstacle à la réalisation d'initiatives entrepreneuriales, aussi dans nombre de cas, certains entrepreneurs en sont réduits à gager leur propre maison pour se lancer dans les affaires, avec tous les risques professionnels et familiaux que cela suppose. Dans les secteurs des hautes technologies, le capital-risque un puissant moyen pour financer la création d'entreprises nouvelles.
- La fiscalité : des taux d'imposition élevés découragent l'initiative entrepreneuriale.

2) L'environnement politique comprend plusieurs dimensions :
- La liberté : la liberté politique est la plus importante pour favoriser l'émergence de nouvelles opportunités. La liberté permet l'acquisition d'informations sur ls opportunités entrepreneuriales. La liberté politique encourage l'échange d'informations.
- Les droits de propriété : l'existence d'un état de droit est fondamental (droit de propriété, liberté contractuelle) pour créer un espace institutionnel stable. Celui-ci est fondamental pour favoriser l'émergence d'entreprises innovantes puisque les entrepreneurs innovateurs seront ainsi certains de recevoir les royalties provenant de leur activité innovatrice. Dans un contexte économique marqué par le développement de la division du travail, le rôle de la loi est aussi fondamental afin de sécuriser les relations contractuelles.
- La centralisation du pouvoir : l'exploitation des opportunités entrepreneuriales est plus aisée dans une économie décentralisée. L'économie doit être régie par les lois du marché,

non par l'Etat. Shane fait référence à Hayek et à la critique que ce dernier a formulée sur le communisme.

3) Le contexte socioculturel : il est composé par les croyances et les attitudes des membres de la société définissant ce qui est légitime et souhaitable pour celle-ci. L'activité entrepreneuriale est-elle légitime ? Dans quelle mesure la prise de risque est-elle récompensée ou sanctionnée. Le contexte socioculturel influence la création d'opportunités entrepreneuriales de différentes façons : par les normes sociales et culturelles (par exemple quelle est l'attitude face au profit et à l'enrichissement personnel). Ces normes culturelles et sociales influencent le comportement des individus ; par les modèles de réussite sociale que la société affiche. Or, l'apprentissage de l'entrepreneuriat passe en grande partie par l'existence de réseaux de pairs qui contribuent à faire circuler l'information sur l'entrepreneuriat. Les valeurs sociales véhiculées par la société encourage-t-elle ce que J.-B. Say nomme la « capacité de jugement » ? Des différences notables sont perceptibles selon le groupe ethnique dont sont issus les individus qui se lancent dans les affaires.

CONCLUSION

Si l'entrepreneur reste un agent économique clé de la littérature économique, l'étude des différentes analyses montre que celles-ci sont fortement marquées par le contexte historique dans lequel elles ont émergé. Le facteur technologique est déterminant. Cette affirmation est renforcée par l'équation basique qui résume la théorie de l'entrepreneur, celui-ci est par essence le moteur de l'innovation et du changement. Depuis Cantillon, cette affirmation demeure une vérité absolue pour nombre d'économistes. Certes, pendant la période de forte croissance qui a suivi la fin de la seconde guerre mondiale, l'entrepreneur a été décrit en des termes peu flatteurs, comme en témoignent notamment les écrits de J. K. Galbraith. Les années 1980 ont vu en revanche un retour de l'entrepreneur dans les faits et la théorie. Cet événement coïncide avec l'arrivée à maturité des nouvelles technologies de l'information et de la communication. La numérisation de l'information de toute nature accroît la vitesse de diffusion de cette dernière, qui en se combinant avec des technologies existantes donne naissance à des connaissances nouvelles.

Au début du 20e siècle, J. A. Schumpeter élabore une théorie de l'entrepreneur dans un processus historique. Les valeurs chevaleresques ont été remplacées par des autres valeurs. La réussite sociale ne se mesure plus sur le terrain militaire, mais de l'entreprise. Cette analyse historique s'inscrit dans une étude critique de la théorie walrasienne. Schumpeter utilise l'entrepreneur pour expliquer le progrès technique. Les années de forte croissance qui ont suivi la fin de la seconde guerre mondiale ont été marquées par le développement de l'économie managériale, en raison de l'importance accrue des économies d'échelle et des investissements en capital. La reconstruction, l'application dans l'économie civile des technologies militaires (aviation, télécommunications, automobile, énergie nucléaire, etc.) et la concurrence entre les Etats-Unis et l'Union soviétique, via la course aux armements, ont nourri une croissance économique jusqu'alors inédite.

Pour reprendre à notre compte l'analyse d'Autretsch, le facteur capital est remplacé par le facteur connaissance. Celui-ci devient l'ingrédient fondamental de la croissance économique grâce à l'entrepreneur. La société managériale se métamorphose en une société entrepreneuriale. D'un autre côté, de nouvelles politiques publiques sont élaborées afin de créer un cadre institutionnel propre au développement de l'entrepreneuriat notamment en réduisant les démarches administratives relatives à la création d'entreprises. Ce cadre institutionnel a pour fonction d'améliorer la transparence du marché pour contribuer à faire émerger de nouvelles opportunités de création d'entreprise (Shane).

En ce début de 21e siècle, alors que l'économie planifiée semble avoir révélé ses limites, nombre d'économistes soulignent les formes de plus en plus diverses que prend le capitalisme (capitalisme d'Etat, capitalisme familial, etc.) (Amable, 2005), l'entrepreneur reste sous des formes diverses le moteur de l'innovation permanente.

Théorie de l'entrepreneur : auteurs fondamentaux et concepts clés

Auteurs	Contexte historique	Concept clé	Explication
R. Cantillon	Période pré industrielle Début 18e siècle	L'entrepreneur fait partie des « gens à gages incertains »	L'entrepreneur personnifie la prise de risque dans un contexte d'incertitude
J.-B. Say	Période industrielle Début 19e siècle	L'entrepreneur est l'intermédiaire entre le savant et l'ouvrier	L'entrepreneur introduit l'innovation dans l'économie. Il est l'agent principal de la production.
J. A. Schumpeter	Poursuite de l'industrialisation Développement du capitalisme managérial	L'entrepreneur réalise les « nouvelles combinaisons de facteurs de production » (Schumpeter I) Le développement du capitalisme managérial conduit à la disparition de l'entrepreneur (Schumpeter II).	Schumpeter poursuit l'analyse de Say sur l'innovation. L'entrepreneur personnifie le développement cyclique du capitalisme (« destruction créatrice »). Schumpeter s'interroge sur le devenir du capitalisme et conclut qu'il ne peut survivre.
I. Kirzner	Phase de forte croissance de l'après seconde guerre mondiale Début de la crise des années 1970	La vigilance entrepreneuriale	Les opportunités de profit naissent du déséquilibre. L'entrepreneur doit être vigilent pour détecter exploiter les opportunités de profit.
D. B. Audretsch	Crise de la grande entreprise Développement des NTIC et des réseaux	La société entrepreneuriale	Les petites entreprises ont un rôle majeur à jouer dans le contexte de la mondialisation. Les politiques publiques doivent promouvoir les petites entreprises, créatrices d'emplois et facteurs de progrès.
S. Shane		Identifier les opportunités de profit	Conception proche de I. Kirzner. Les opportunités d'investissement existent indépendamment de l'individu qui doit les identifier, d'où l'importance de l'information disponible et de la capacité de l'entrepreneur a collecté puis à traiter l'information. Mais, les opportunités de profit détectées sont fonction de l'information préalable détenues par l'individu (sur les marchés, les produits, les besoins des consommateurs).

REFERENCES BIBLIOGRAPHIQUES

Allemand S., Seghers V., 2007, *Entrepreneurs sociaux, pour concilier initiative économique et solidarité,* Autrement.

Amable B., 2005, *Les cinq capitalismes. Diversité des systèmes économiques et sociaux dans la mondialisation,* Seuil.

Audrestsch D., 2006a, L'émergence de l'économie entrepreneuriale, *Reflets et perspectives,* n°1.

Audrestsch D., 2006b(eds), *Entrepreneurship, Innovation and Economic growth,* Edward Elgar.

Baumol J. W., 1968, Entrepreneurship in economic theory, *The American Economic Journal,* vol 58, N°2, mai, pp. 64-71.

Berger S., 2006, *Made in monde. Les nouvelles frontières de l'économie mondiale*, Points-Economie, titre original en anglais : *How we compete : what companies around the world are doing to make in it today's global economy*, Doubleday Broadway (2005).

Berle A. A., Means G. C., 1933, *The modern corporation and private property,* The Macmillan Company.

Boncler J., Hlady Rispal M., 2004, L'entrepreneuriat en milieu solidaire : un phénomène singulier ?, *Revue de l'entrepreneuriat,* vol. 3, n°1.

Bornstein D., 2005, *Comment changer le monde, Les entrepreneurs sociaux et le pouvoir,* La découverte.

Boutillier S., 2004, Economie et économistes face à l'innovation, dans Uzunidis D., (sous la direction de), *L'innovation et l'économie contemporaine, espaces cognitifs et territoriaux,* Coll. Economie, Société, région, de Boeck, 2004.

Boutillier S., 2003, De la société salariale à la société entrepreneuriale, SASE Meeting, Aix en Provence, 26-28 juin.

Boutillier S., 1996, L'entrepreneur, entre risque et innovation, *Innovations, Cahiers d'Economie de l'Innovation*, L'harmattan, n°3.

Boutillier S., Uzunidis D., 2006, *L'aventure des entrepreneurs*, Studyrama.

Boutillier S., Uzunidis D., 1999, *La légende de l'entrepreneur,* Syros-La Découverte.

Boutillier S., Uzunidis D., 1995, *L'entrepreneur, une analyse socio-économique,* Economica.

Cantillon R., 1954, *Essai sur la nature du commerce en général*, Reprints of Economic Classics.

Chandler A., 1988, *La main invisible des managers*, Economica.

Darnil S., Le Roux M., 2006, *80 hommes pour changer le monde,* Le Livre de Poche.
Davidson P., Honig B., 2003, The role of social and human capital among nascent entrepreneurs, *Journal of Business Venturing,* vol. 18, n°3.
Dingli L., 2000, *Louis Renault,* Flammarion.
Emin S., 2004, Les facteurs déterminant la création d'entreprise par les chercheurs publics : application des modèles d'intention, *Revue de l'entrepreneuriat,* Vol 3, N°1.
Freeman C., 1982, *The Economics of Industrial Innovation*, MIT Press.
Freeman C., Louça F., 2001, *As time goes: From the industrial revolution to the information revolution*, Oxford University Press.
Galbraith J., 1968, *Le nouvel État industriel,* Gallimard
Galbraith J. K., 1956, *American Capitalism?,* Houghton Mifflin.
Hagedoorn J., 1996, Innovation and Entrepreneurship: Schumpeter revisited, *Industrial and Corporate Change,* vol. 5, n°3.
Hayek F. A., 1994, *La constitution de la liberté,* LITEC.
Hayek F. A., 1993, *La présomption fatale, Les erreurs do socialisme,* PUF.
Heertje A., 2006, *Schumpeter on the Economics of Innovation and the Development of Capitalism,* Edward Elgar.
Julien P. A., 2002, *Entrepreneuriat régional et économie de la connaissance. Une métaphore des romans policiers*, Presses de l'université du Québec.
Kirzner I. M., *Concurrence et esprit d'entreprise,* Economica.
Langlois R. N., 1987, Schumpeter and the Obsolescence of the Entrepreneur, The History of Economics Society, annual meeting, 21 juin, document de travail 91-1503.
Mangolte P.-A., 2006, Naissance de l'industrie cinématographique, les brevets aux Etats-Unis et en Europe, *Annales EHESS,* n°5.
Marshall A., 1934, *L'industrie et le commerce, Etude sur la technique industrielle et l'organisation des affaires. Leur influence sur les conditions d'existence des différentes classes sociales et des nations,* Editeurs Marcel Giard.
Piore M. J., Sabel C. F., 1989, *Les chemins de la prospérité*, Hachette.
Say J.-B., 1996, *Cours d'économie politique*, Flammarion.

Schumpeter J., 1979, *Capitalisme, Socialisme et démocratie,* Payot.
Schumpeter J., 1983, *Histoire de l'analyse économique,* Gallimard.
Schumpeter J., 1935, *Théorie de l'évolution économique,* Dalloz.
Sennett R., 2006, *La culture du nouveau capitalisme,* Albin Michel.
Shane S., 2003, *A general Theory of Entrepreneurship, The individual-opportunity Nexus,* Edward Elgar.
Swedberg R., 1991 (ed), *Joseph A. Schumpeter, The Economics and Sociology of Capitalism,* Princeton University Press.
Tremblay M., Carrier C., 2006, L'identification d'opportunités entrepreneuriales : une perspective collective, 15ème Conférence internationale de management stratégique, 13-16 juin.
Uzunidis D., 2006 (dir.), *Pépinière d'entrepreneurs, le capitalisme,* L'Harmattan.
Verstraete T., Fayolle A., 2005, Paradigmes et entrepreneuriat, *Revue de l'entrepreneuriat,* vol. 4, n°1.
Walras L., 1988, *Eléments d'économie politique pure,* Economica.
Weber M., 1988, *L'éthique protestante et le capitalisme,* Pocket.
Weber M., 2003, *Economie et société,* Pocket.
Wright Mills C., 1966, *Les cols blancs,* Editions François Maspéro.
Wright Mills C., 1969, *l'élite au pouvoir,* Editions François Maspéro.

CHAPITRE VI

Insertion des entreprises dans les réseaux d'innovation. Le cas de la Bourgogne

Michel MARTIN
Corinne TANGUY

La question de l'acquisition de compétences et de connaissances grâce à l'insertion des entreprises dans des réseaux est aujourd'hui considérée comme un enjeu primordial, tout particulièrement lorsque les entreprises n'ont pas acquis de capacités propres en Recherche-Développement (R&D). Pourtant le fait que la très grande majorité des petites et moyennes entreprises (PME) agroalimentaires dispose en interne d'un potentiel de R&D très limité, voire inexistant, entraîne des difficultés à se mettre en contact avec des compétences technologiques externes. La recherche que nous avons effectuée sur l'innovation dans les PME montre qu'en matière de réseaux il existe une imbrication forte entre le type d'environnement externe de l'entreprise et l'organisation interne. En ce qui concerne l'environnement externe de l'entreprise, il faut prendre en compte deux éléments indissociables :

- une partie correspond à une donnée pour l'entreprise : l'environnement institutionnel et les dispositifs d'aide à l'innovation notamment,

- une partie est construite par l'entreprise : les partenariats privilégiés avec d'autres entreprises, des organismes de recherche, des écoles, etc.

Nos travaux sur les comportements en matière d'innovation des PME agro-alimentaires (Martin et Tanguy, 2006) mettent en évidence le fait que les entreprises qui ne disposent pas en propre de capacité de R&D et qui n'anticipent pas leurs futurs besoins technologiques ont généralement de grandes difficultés à collaborer de manière fructueuse avec les centres de transfert technologique. Ce chapitre propose de poursuivre ce travail en distinguant les entreprises en fonction du type de réseau constitué c'est-à-dire en fonction des formes de coordination construites qui sont essentielles à la performance de l'entreprise. A partir des données issues de nos enquêtes directes, il s'agit d'analyser les réseaux constitués et de suggérer des pistes d'explication de ces différences dans les performances en termes de transfert de connaissances et d'innovation.

Dans ce but, nous exposerons dans un premier temps la théorie évolutionniste sur laquelle nos travaux s'appuient. Après un point consacré à la méthodologie, nous montrerons ensuite que nos résultats corroborent les analyses évolutionnistes sur l'importance qu'une entreprise doit accorder à l'apprentissage de nouvelles connaissances par le biais d'acteurs externes et grâce à un transfert et un partage des connaissances en interne. Nous insisterons à ce sujet sur le rôle de la proximité entre partenaires car dès lors que les activités d'innovation sont caractérisées par un poids important des connaissances tacites, les relations de face à face, la fréquence des relations, et par conséquent la proximité, devient une condition primordiale pour que puissent se développer les processus d'innovation.

LE ROLE DES RESEAUX ET DES MODES DE COORDINATION DANS LE SCHEMA EVOLUTIONNISTE

L'analyse évolutionniste de l'innovation

La conception de l'innovation, enrichie par les nombreux allers-retours entre les différents stades de recherche, de conception, de production et de commercialisation, est à l'origine de l'importance accordée au rôle de l'organisation de l'entreprise. Le modèle de la chaîne interconnectée ou modèle de liaison en chaîne (Kline et Rosenberg, 1986) prend en compte les feed-back et les interactions entre les services de recherche, de conception, de fabrication et de commercialisation qui permettent de redéfinir, si besoin, l'innovation en fonction des contraintes qui peuvent survenir aux différents stades. En effet, l'échange d'informations entre individus permet non seulement de résoudre les problèmes techniques qui apparaissent aux différents stades du processus d'innovation, mais il autorise aussi les individus à tenir compte d'informations inconnues au début du processus.

Dans cette perspective et suite aux travaux pionniers de Kline et Rosenberg (1986), de nombreux économistes affirment aujourd'hui que les composantes immatérielles de la technologie, c'est-à-dire les connaissances, les savoir-faire, les relations entre individus, font intégralement partie de cette technologie et constituent des obstacles importants à sa transférabilité. La technologie n'est pas, dans ce cas, une donnée ou même un ensemble d'informations facilement appropriables. Elle intègre des savoirs techniques codifiés mais également un ensemble de connaissances spécifiques mises en œuvre dans les activités productives.

Les économistes différencient en effet les connaissances codifiées des connaissances tacites. Chaque technologie incorpore en fait un ensemble de connaissances tacites, présentes dans la tête des ingénieurs, des scientifiques et des ouvriers qui ne feront pas l'objet d'un transfert au même titre que la partie matérielle de la technologie. Reprenant les travaux de M. Polanyi (1967), G. Dosi définit la connaissance tacite comme étant « *ces éléments de savoir, de connaissance, etc. en possession d'une personne donnée qui sont mal définis, non codifiés, non publiés, que la personne elle-même ne peut pas pleinement formuler et qui diffèrent selon les individus, mais que des collaborateurs et des collègues ayant une expérience commune peuvent partager entre eux dans une proportion non négligeable* » (1988). Ainsi, si certains savoir-faire sont susceptibles d'être transmis par le biais de processus de démonstration et d'apprentissage, une partie des savoir-faire qui sont impliqués dans la performance des activités reste ignorée par les individus eux-mêmes et demeure tacite. L'intérêt de cette analyse est de montrer l'importance de la base d'expériences et de connaissances sur laquelle doit s'appuyer la firme pour produire et innover. Ce qu'une firme sera capable de réaliser technologiquement est conditionné par ce qu'elle a appris dans le passé. Les auteurs évolutionnistes (Nelson et Winter, 1982) (Dosi *et al.*, 1988) proposent ainsi un schéma théorique qui met particulièrement l'accent sur le caractère cumulatif de l'acquisition de connaissances technologiques et des processus d'apprentissage.

La manière dont les processus d'apprentissage technologique sont gérés, c'est-à-dire dont ils sont favorisés ou inhibés, apparaît comme un des facteurs explicatifs de la plus ou moins grande capacité des firmes à innover. Les processus d'apprentissage dépendent notamment des mécanismes de coordination dans la firme et des relations qu'elle entretient avec des acteurs externes. La capacité d'une firme à développer un double processus d'assimilation de la connaissance technologique externe et de création de nouvelles compétences détermine pour Cohen et Levinthal (1989, 1990) sa « capacité d'absorption ». L'idée de ces auteurs est que la capacité d'une firme à exploiter les connaissances externes est un déterminant critique de sa capacité d'innovation : une firme sera plus ou moins en mesure d'exploiter les opportunités technologiques de son environnement selon son savoir de base et le processus d'apprentissage qui s'effectue en son sein Accroître la capacité d'absorption de la firme ne se limite cependant pas à investir dans la R&D. Conformément au schéma de Kline et Rosenberg, l'exploitation d'une opportunité technologique à l'intérieur de l'entreprise exige que des transferts de connaissance aient lieu entre les sous-unités de l'organisation. La capacité d'absorption dépend donc de manière primordiale des modalités organisationnelles d'échange d'informations qui permettront aux individus dans une firme d'exploiter une opportunité technologique.

L'analyse du développement de capacités technologiques spécifiques à chaque firme permet d'appréhender l'entreprise d'une manière totalement différente de la perspective que nous trouvons dans la théorie standard. Elle n'est plus un lieu de transformation d'inputs en outputs, ni un nœud de contrat mais elle est définie comme un ensemble de compétences et intègre un objectif dual de production et d'apprentissage (Guilhon, 1992). La vision de la firme comme « assemblage de compétences » permet alors de prendre en considération la dimension historique et construite des compétences d'une firme.

L'entreprise : un assemblage de compétences

L'approche de l'entreprise fondée sur les compétences a fait l'objet de nombreux travaux depuis une vingtaine d'années. Comme le rappellent S. Dubuisson et I. Kabla (1999), les compétences sont au cœur de l'analyse de l'innovation.

L'origine de ces différents travaux est attribuée à des auteurs comme E. Penrose (1959) et son analyse de la firme comme ensemble de ressources, et à des auteurs appartenant au courant behavioriste (Cyert et March, 1963) (Simon et March, 1958). Ces analyses reposent toutes sur l'idée que la firme est un dépositaire de connaissances et de compétences et que les performances distinctes des firmes reposent dans chaque entreprise sur des compétences différentes. Plus fondamentalement, il s'agit pour ces auteurs de construire un cadre d'analyse alternatif à la théorie standard en remettant en cause les hypothèses néoclassiques sur les comportements, la rationalité et les modes de coordination (Azoulay et Weinstein, 2000).

Ces analyses de H. Simon sur la rationalité limitée (1955)[1] des individus et celles des auteurs behavioristes constituent deux références sur lesquelles s'appuient R. Nelson et S. Winter (1982) pour intégrer la notion de routine dans une théorie centrée sur l'analyse de l'innovation. Les routines désignent les capacités et les compétences organisationnelles de la firme et elles sont l'équivalent au niveau collectif de ce que sont les savoir-faire des individus. Les routines sont des standard efficaces d'action élaborés au cours du passé, c'est-à-dire qu'elles incarnent la manière spécifique dont ont été résolus les problèmes dans une firme : elles sont définies comme un répertoire de réponses.

De manière générale, on peut parler des compétences organisationnelles comme des « procédures de résolution de problèmes » dans des domaines d'application tels que la maîtrise des technologies et des méthodes de production, la capacité à réaliser de la veille commerciale et de la veille technologique. On distingue généralement les compétences qui, dans un secteur d'activité donné et dans un contexte technologique et concurrentiel homogène, sont indispensables

---

[1] La rationalité limitée s'oppose à l'hypothèse néo-classique d'individus optimisateurs et munis d'une rationalité parfaite : les individus ont au contraire une capacité limitée de traitement des informations.

pour la survie de l'entreprise et les compétences spécifiques et distinctives qui donnent à une firme un avantage concurrentiel durable dans un secteur. Dans la lignée des travaux de Prahalad et Hamel (1990) on peut définir les compétences selon trois modalités : les compétences impliquant des activités comme un effort de R&D, une approche commerciale, l'accès aux approvisionnements, etc. ; un deuxième type de compétences constitué par l'ensemble des savoirs et savoir-faire, des routines liées aux modalités d'action et de coordination des activités et acquises par apprentissage, donc difficilement imitables ; la troisième catégorie regroupe quant à elle des actifs externes comme la réputation, l'image de marque ou le réseau d'alliances et de collaboration de l'entreprise. Nous allons revenir plus particulièrement sur cette compétence à se coordonner dans le point suivant.

Compétences à se coordonner et réseaux

L'analyse de la firme comme processeur de connaissances renouvelle les questions et enjeux liés à la coordination entre les firmes et des partenaires externes. On délaisse en effet la perspective de mécanismes de coordination comme forme alternative au marché et en réponse au seul opportunisme des partenaires (Williamson, 1985). Le problème n'est pas uniquement celui d'allouer efficacement les ressources mais de s'intéresser ici à la création de ressources.

Les ressources et les capacités collectives de l'entreprise constituent la base sur laquelle se développe un avantage concurrentiel. De ce fait il devient nécessaire de traiter des difficultés liées à la transférabilité des ressources et compétences de l'entreprise et à l'assimilation des technologies et autres connaissances externes. Celle-ci n'est pas entendue comme un recours mécanique et linéaire. Le concept de capacité d'absorption indique au contraire que ce recours à l'environnement technologique doit se comprendre comme un processus complexe, incertain, cumulatif, fortement interactif, voire coopératif, d'acquisition des ressources d'innovation et de constitution d'apprentissages collectifs.

Les travaux de Teece (1986) et de Von Hippel (1988) ont permis d'identifier trois sources de difficultés liées aux échanges de savoir-faire et de compétences technologiques :

- une interprétation correcte de ses besoins en ressources et compétences nouvelles, ce qui suppose une capacité à réaliser un diagnostic de ses propres ressources et une anticipation des développements futurs.

- Le dilemme de la révélation d'informations à caractère privé dont la valeur n'est connue que quand l'acheteur la possède.
- Les difficultés propres liées au transfert de savoir-faire de nature tacite et à caractère non codifiable.

Si on mentionne en outre que les savoir-faire sont fréquemment incorporés dans des collectifs de travail, on mesure toutes les difficultés liées à ces coopérations et transferts technologiques. De ce fait la construction de compétences collectives (langage commun, règles communes d'interprétation et de communication) s'avère être un processus indissociable du transfert et de la coopération, et il s'agit donc d'un processus d'apprentissage qui exige du temps et une grande confiance entre les partenaires. Au-delà des aspects liés à la nature tacite et collective des connaissances, la perspective évolutionniste de la firme met l'accent sur la nature construite des connaissances : celles-ci se distinguent des informations en ce qu'elles n'ont pas le statut d'une simple description d'une réalité donnée, mais constituent une certaine représentation, un construit social incluant une dimension de croyance et de jugement (Azoulay et Weinstein, 2000). Du point de vue de la coordination et de la coopération intra, mais encore plus fortement inter-firme, la mise en cohérence des actions soulève le problème de la compatibilité d'intérêts pas forcément convergents mais aussi celui des représentations du monde, des modes de résolution des problèmes (règles et routines) différents. La création de ressources et l'acquisition de connaissances via les formes organisationnelles coopératives exigent donc des formes organisationnelles adaptées au développement d'apprentissages et de coordination des activités. De ce fait, plus on coopère, plus on acquiert une compétence à coopérer.

La coordination s'appuie sur le développement de mécanismes institutionnels (règles) qui en créant des régularités de comportement chez les partenaires diminuent l'incertitude, facilitent la prévision des actions et donc les apprentissages et la création de ressources (Huet et Lazaric, 2005). Les premières phases se traduisent particulièrement par le développement de règles communes de supervision et de contrôle, de division du travail, de communication et circulation de l'information. Dans un second temps, cette phase laisse progressivement la place à une coordination dans l'action (Huet et Lazaric, 2005) avec le développement de certains automatismes et l'accroissement de leur connaissance réciproque : on assiste à une routinisation des actions comme le mentionnent Nelson et Winter dans le cadre intra-firme. La confiance est le second mécanisme de coordination acquis au cours du temps et des processus d'interactions entre les partenaires. L'analyse de la coopération des PME réalisée par Huet et Lazaric montre un recours moins important aux partenariats de la part des PME mais surtout un changement dans le type de relation établie qui s'appuie plus que dans les grandes firmes sur des règles informelles. Ces auteurs soulignent également le manque de maîtrise des contrats des PME et le rôle de la confiance dans l'engagement coopératif des petites firmes.

Ce résultat confirme les analyses économiques récentes ayant trait aux réseaux et systèmes localisés d'innovation qui reposent sur deux hypothèses complémentaires, la première ayant trait au rôle joué par la proximité entre les acteurs, la seconde tenant au caractère particulier de la connaissance et aux problèmes posés par son transfert. En effet dans la mesure où les activités d'innovation sont caractérisées par un poids important des connaissances tacites, les relations de face à face, la fréquence des relations et par conséquent une proximité deviennent une condition primordiale pour que puisse se développer ces apprentissages et ces processus d'innovation. En résumé, les échanges d'informations et la création de connaissances communes aux co-contractants ne peuvent survenir que s'il règne entre les firmes un climat de confiance mutuelle, car sans cette confiance, chacun pourra craindre que l'autre partie ne se conduise de manière opportuniste. D'autre part, l'instauration de cette confiance, d'un code commun de communication et de conventions permettant de stabiliser les relations, sont des processus qui réclament du temps. La notion de proximité organisationnelle (Pecqueur et Zimmerman, 2002) développée par les économistes traitant de la question spatiale reprend cette idée qu'au-delà de la proximité géographique, le transfert de connaissances exige aussi une proximité en termes de codes de communication et de stabilisation d'un système de relations.

METHODOLOGIE

Ce chapitre s'inscrit dans la continuité de nos travaux antérieurs. Pour mener à bien cette analyse, nous exploitons les données issues des enquêtes directes que nous avons effectuées auprès de 41 entreprises agroalimentaires (I.A.A.) bourguignonnes et utilisons en partie les résultats issus d'une typologie (Martin et Tanguy, 2006). Celle-ci privilégie une entrée par l'organisation de l'entreprise comme support de la capacité d'innovation et évalue l'un des déterminants clés de l'innovation dans les entreprises des secteurs des I.A.A., la « capacité d'absorption » des connaissances externes.

Alors que dans l'approche de Cohen et Levinthal, elle est mesurée par les investissements de R&D, nous avons mobilisé d'autres indicateurs pour mesurer cette capacité et évaluer l'effort consacré par les firmes à la recherche et au développement en adoptant une vision plus conforme à la réalité des PME agroalimentaires qui ne possèdent pas de service de R&D structuré. Ainsi il nous paraît par exemple primordial de prendre également en compte le personnel qualifié ainsi que les réseaux constitués avec des partenaires externes lorsque l'on cherche à évaluer le potentiel d'innovation de ces entreprises, leur capacité à développer des projets et à absorber des connaissances externes. En cherchant des partenaires externes, les entreprises essaient de surmonter l'insuffisance ou l'absence de certaines compétences au sein de leur organisation.

Nous utilisons, pour présenter nos résultats, des éléments contenus dans nos travaux antérieurs et en particulier les classes d'entreprises qui ont été constituées en utilisant une méthode de classification automatique. Nous avons distingué parmi ces classes d'entreprises deux types de comportement :

1) les entreprises qui disposent d'un très faible potentiel interne d'innovation,
2) les entreprises qui disposent d'un potentiel interne moyen ou fort.

Notre objectif dans la partie suivante est d'examiner les objets, les partenaires et les supports des modes de coordination des entreprises avec d'autres firmes ou avec d'autres types de partenaires (centres techniques, organismes de recherche), en essayant de mettre en évidence la différence de comportements entre les entreprises, selon qu'elles appartiennent à l'une ou à l'autre de ces catégories.

OBJETS ET SUPPORTS DES MODES DE COORDINATION DES ENTREPRISES

Les coordinations, que les entreprises peuvent tisser avec les acteurs de leur environnement pour innover sont potentiellement très nombreuses. Dans le cadre de ce chapitre, nous focalisons notre attention sur les modes de coordination entre les entreprises et les producteurs de connaissances scientifiques et technologiques en sachant que nous ne traitons ici que des coordinations entre entreprises indépendantes.

Réseaux d'innovation et territoire : des relations localisées pour moitié en Bourgogne

La moitié des relations tissées par les entreprises localisées en Bourgogne le sont avec d'autres entreprises ou institutions bourguignonnes. La dimension « réseau régional » tient un rôle central dans la mise en relation des PME ayant un potentiel de R&D faible, voire inexistant, avec les centres de compétences techniques. Le maillage institutionnel au niveau de la région (et notamment le dispositif de Réseau de Diffusion Technologique bourguignon) permet aux entreprises de compenser la faiblesse de leur capacité à nouer des liens externes. Si globalement, les entreprises agroalimentaires bourguignonnes se tournent autant vers des entreprises ou des institutions de la région et hors région, nous constatons des différences de comportements selon les entreprises. Les entreprises peu dotées en potentiel interne d'innovation sont majoritairement liées avec les organismes de la région. Par contre, les relations avec d'autres entreprises se situent hors des limites de la région. Les entreprises mieux dotées sont, elles, plus tournées vers des relations hors région. Toutefois, ce sont elles qui utilisent le plus souvent et le plus intensément les compétences des organismes régionaux de transfert et de recherche.

Il faut noter que deux « circuits de transfert de connaissances » sont particulièrement sollicités au niveau de la région : ce sont les organismes de transfert (CRITT[1], plateforme) et les écoles. Ils représentent en moyenne près des deux tiers de l'ensemble des relations régionales.

[1] Centre Régional d'Innovation et de Transfert de Technologie.

La nature des échanges et les partenaires des firmes agroalimentaires bourguignonnes

– Des relations essentiellement avec les fournisseurs et les écoles pour la première catégorie d'entreprise

Les relations technologiques externes des PME sont portées essentiellement par les fournisseurs de matériel. D'ailleurs, l'achat de machine joue un rôle central dans la diffusion du progrès technologique. Les relations avec les fournisseurs pour ces petites entreprises sont difficiles car, d'une part, elles ne sont pas capables de négocier avec les équipementiers et, d'autre part, les équipements proposés sont souvent élaborés pour d'importants volumes de production. Or ces entreprises opèrent souvent sur des créneaux difficilement mécanisables et fabriquent des petites séries de produits. Elles doivent donc adapter ces machines au contexte particulier de l'entreprise. Pour réaliser cette adaptation, elles collaborent avec le fournisseur de matériel si celle-ci est minime. Dès lors qu'elle est majeure, la collaboration est rendue difficile car le résultat n'est pas protégé juridiquement (brevet, clause d'exclusivité) et peut être divulgué rapidement aux concurrents. Dans la majeure partie des cas, les relations avec les fournisseurs sont limitées à l'achat de machines.

Le recours à des petits équipementiers ou à des artisans locaux est fréquent et est un moyen de limiter la diffusion d'innovation de procédés. Cette collaboration permet aussi de lever en partie les contraintes liées à la capacité financière limitée de ces entreprises en utilisant par exemple du matériel d'occasion. Dans quelques cas, nous avons pu constater l'existence de véritables partenariats avec les équipementiers.

Dans un autre domaine, les relations des entreprises peu dotées en potentiel interne d'innovation avec les écoles revêtent une importance particulière. En effet les collaborations avec la recherche sont inexistantes. Les écoles nationales « professionnelles » (Martin, Tanguy et Albert, 2006) dans le domaine laitier ou dans le domaine de la meunerie, ou encore les lycées professionnels, sont des interlocuteurs privilégiés. Elles recourent aussi aux services des stagiaires d'autres écoles depuis les apprentis jusqu'aux ingénieurs. Les stagiaires pendant leurs stages de fin d'année permettent de démarrer des projets en réalisant un état de l'art. A partir de ce travail, l'entreprise approfondit l'idée en proposant le sujet à d'autres stagiaires ou nomme un chef de projet si elle juge que le dossier est suffisamment abouti.

Les entreprises qui ne possèdent pas de fonctions de R&D et/ou de qualité n'ont pas de relations avec les organismes de recherche. Dans la majorité des cas d'ailleurs, les petites entreprises n'utilisent que de façon épisodique les ressources des CRITT car elles n'en sont que partiellement satisfaites. D'une part, les réponses sont trop souvent jugées déconnectées du contexte de l'entreprise. La réponse peut être trop générique, les entreprises vont devoir alors adapter en interne les solutions proposées. D'autre part les délais de réponse sont jugés trop longs au regard des exigences des clients qui réclament des réponses dans des délais de quelques jours. Or, la qualité de la réponse est fortement dépendante de la capacité de l'entreprise à identifier le problème à résoudre et à élaborer un cahier des charges qui définisse précisément l'objectif à atteindre. Autrement dit, les entreprises et les CRITT doivent « parler la même langue, partager la même culture scientifique et technique » (C.N.E.R., 1997). Or le système de transfert « apparaît en porte à faux dès qu'il s'agit d'intervenir au niveau du vaste sous-ensemble des PMI traditionnelles » qui ne disposent pas en interne de compétences de R&D.

En résumé, la faiblesse de leur capacité d'assimilation de connaissances externes limite leur faculté à nouer des collaborations. Elles travaillent de manière privilégiée avec des entreprises et des structures proches « organisationnellement » et majoritairement dans le cadre de la région.

– Des relations plus formalisées avec de nombreux partenaires dont la recherche pour la seconde catégorie

Les relations des grandes entreprises ou les filiales de groupe avec les fournisseurs de matériel sont plus coopératives car le rapport de force entre les deux partenaires est plus équilibré : elles peuvent notamment négocier des accords d'exclusivité. Elles représentent pour le fournisseur des acheteurs disposant d'un potentiel d'achat important de machines. La logique d'innovation dominante de ces entreprises n'est pas de créer de micro niches. Elles travaillent sur des marchés de volume sur lesquels les gains d'économie d'échelle peuvent être importants et elles ont industrialisé la production par l'utilisation de chaînes de production largement automatisées. En ce qui concerne les innovations produits, elles sont d'ailleurs envisagées en utilisant au maximum le matériel en place. Les adaptations doivent être minimes. Ces entreprises sont également intéressées par une collaboration avec leurs fournisseurs (notamment les fabricants de Produits Alimentaires Intermédiaires[1] (PAI)) qui vont leur permettre d'innover sans les obliger à investir dans de nouvelles chaînes.

Ces entreprises ont également une politique d'accueil de stagiaires structurée. Elles connaissent, souvent, les enseignants et sont capables de faire passer auprès des écoles des offres de stage ciblées sur leurs préoccupations. L'encadrement des stagiaires ne pose pas de problème étant donné le niveau du potentiel interne des entreprises (existence de service de R&D et/ou qualité). Certaines entreprises peuvent accueillir, chaque année, de nombreux stagiaires. Ce recours aux stagiaires vise à travailler : 1) sur des sujets émergents afin d'en valider l'intérêt, 2) avec des responsables de projet afin de multiplier la capacité de travail.

Enfin, elles ont tissé des liens étroits avec les instituts de recherche et les universités. Pour ces entreprises, la proximité des centres de recherche, de transfert et des écoles est importante car la proximité organisationnelle existe déjà, la proximité géographique facilite dans ce cas les relations. Ces relations prennent des formes très formalisées (contrat de recherche avec des écoles d'ingénieur, CRITT, institut de recherche ; stage d'ingénieur de l'entreprise dans des laboratoires publics ; création de filiales communes ; co-encadrement d'un doctorant dans le cadre des bourses CIFRE):

En résumé, au-delà de problèmes techniques qu'elles sont en mesure la plupart du temps de résoudre en interne, les entreprises entretiennent ces réseaux dans la perspective d'améliorer leurs connaissances génériques qui leur permettent d'anticiper de nouvelles trajectoires technologiques et de résoudre les problèmes technologiques auxquels elles sont susceptibles d'être confrontées.

La question du transfert des connaissances et le rôle des connaissances tacites

L'une des différences essentielles entre ces deux catégories d'entreprises réside dans leur capacité distincte à s'insérer

[1] Ces entreprises vendent à d'autres industriels les produits alimentaires intermédiaires qui entrent dans la composition de leurs produits. Elles ne s'adressent donc pas au consommateur final.

dans des réseaux, à s'organiser pour absorber les connaissances externes. La seconde catégorie d'entreprises cherche à diversifier les sources d'appui externes et à se donner les moyens d'apprendre et d'acquérir des connaissances génériques qui à plus ou moins long terme permettront à l'entreprise d'innover et de résoudre rapidement les problèmes qu'elle est susceptible de rencontrer en menant de nouveaux projets. Nous aimerions insister dans ce point sur une dimension tout aussi primordiale pour expliquer la capacité d'innovation des entreprises en complémentarité de leur insertion dans les réseaux : la capacité en interne à faire circuler ces connaissances et à les « socialiser ». Cohen et Levinthal lorsqu'ils développent le concept de capacité d'absorption évoquent l'importance des mécanismes de coordination dans la firme tout autant que celle des relations qu'elle entretient avec des acteurs externes comme des universités ou d'autres firmes. Conformément au schéma de Kline et Rosenberg, l'exploitation d'une opportunité technologique à l'intérieur de l'entreprise exige que des transferts de connaissance aient lieu entre les sous-unités de l'organisation. La capacité d'absorption dépend donc de manière primordiale des modalités organisationnelles d'échange d'informations et de connaissances qui permettront aux individus dans une firme d'exploiter une opportunité technologique.

De études sectorielles (J. Senker, 1995 ; D. Villavicencio, 2000) ont montré également que si les sources externes contribuaient pour une partie de la connaissance utilisée dans le processus d'innovation, la majeure partie était obtenue de manière interne générée par les activités de R&D mais également détenue par le personnel et résultant d'apprentissages antérieurs. Les compétences dans l'entreprise sont distribuées et partagées entre divers individus. Aucun individu ne contrôle l'ensemble de la compétence organisationnelle. Chaque entreprise possède des compétences spécifiques, c'est-à-dire qu'elle détient certaines compétences de base que ces concurrents ne possèdent pas, obtenant ainsi un avantage concurrentiel. La maîtrise d'une compétence nécessite l'assimilation de connaissances codifiées et tacites, que ce soit au niveau individuel ou collectif, chaque entreprise cherchant à préserver voire à renforcer cet avantage.

Le partage des connaissances au sein d'une organisation pose la question de l'équilibre entre les connaissances des individus et la connaissance collective. Toutes les entreprises sont confrontées à la nécessité de faire circuler les connaissances au sein de l'organisation et de les sauvegarder au-delà du départ de certains individus. Cette capacité de transfert et de collectivisation des connaissances est variable dans les deux catégories d'entreprises que nous avons pu mentionner précédemment. En effet dans ces deux catégories nous retrouvons :

1) un niveau plus ou moins important des connaissances tacites

Dans certaines entreprises, les connaissances tacites continuent de jouer un rôle prépondérant. Ces entreprises qui à l'origine sont de type « artisanal » possèdent une compétence organisationnelle fondée essentiellement sur la possession et la transmission de connaissances tacites, ceci même si on observe une transformation progressive des modes d'organisation dans les PME agroalimentaires qui subissent les contraintes liées au renforcement des normes sanitaires et à la volonté des clients d'imposer des contraintes de plus en plus fortes en termes de qualité et de traçabilité. L'une des conséquences de ce développement des normalisations a été d'inciter les PME à expliciter et à formaliser leurs pratiques et leurs savoirs. Cependant il n'en demeure pas moins que la majeure partie des salariés est formée à un métier (charcutier, boulanger, fromager) et le transfert des connaissances entre le niveau individuel et collectif se fait naturellement grâce à la maîtrise d'une culture commune acquise dans les mêmes écoles professionnelles.

La formation des salariés de l'entreprise dans les mêmes écoles professionnelles afin d'acquérir les savoir-faire et les tours de main du métier est alors un atout pour partager les connaissances tacites. La question des connaissances centrales foncières (souvent tacites) repose dans les très petites entreprises sur les compétences individuelles du chef d'entreprise et/ou sur un noyau réduit de personnes. Dans le cadre de la création ou de la préservation d'une niche de marché, le caractère tacite de certains savoir-faire clés est un moyen de créer des barrières à l'entrée et de conserver les avantages concurrentiels ainsi crées. La clé de l'avantage concurrentiel des PME n'est-il pas justement d'établir un compromis codifié/tacite qui réduise les risques de fuites de savoir sachant que la protection industrielle de ces entreprises est faible, voire inexistante ?

2) un souci plus ou moins grand quant à la mise en place d'outils, de procédures, de dispositifs pour codifier et collectiviser les connaissances

Dans le cadre de l'automatisation des processus de production, les entreprises tentent de mettre en place des outils (souvent informatisés) qui cherchent à socialiser les savoirs individuels. Par exemple, nous avons pu constater que certaines entreprises agroalimentaires cherchaient à stocker l'ensemble des recettes dans une base de données, des paramètres de plus en plus nombreux étant contrôlés lors de la production grâce à l'installation de capteurs.

Dans les petites entreprises, les compétences foncières revêtent nécessairement un caractère plus tacite et collectif, reposant plus sur des routines de l'organisation. Au-delà d'une certaine taille, les dirigeants cherchent dans la mesure du possible à faciliter la répartition des compétences et la codification des savoirs afin de rendre le départ d'un individu moins problématique pour l'entreprise. Pour ces entreprises, la place des fonctions R&D et qualité est centrale car la fonction R&D principalement, et la fonction qualité à un degré moindre, possèdent une double fonction : elles rendent capables d'assimiler des connaissances extérieures et de produire de nouvelles connaissances codifiées et tacites.

En résumé, si le niveau du compromis tacite/codifié au sein d'une entreprise ne semble pas influencer le niveau de son activité d'innovation, il en modifie par contre sa nature. Ainsi la première catégorie met en place essentiellement des innovations incrémentales voire « routinières » alors que l'activité d'innovation de la seconde est plus radicale.

CONCLUSION

La capacité des entreprises agroalimentaires bourguignonnes à se mettre en relation avec d'autres entreprises ou organismes dans la perspective d'innover est déterminée avant tout par leur potentiel interne (R&D et qualité) et leur organisation. Nous avons distingué, parmi ces entreprises, deux types de comportement en termes de constitution de réseaux : 1) Les entreprises qui disposent d'un très faible potentiel interne d'innovation ; 2) Les entreprises qui disposent d'un potentiel interne moyen ou fort.

Nos résultats montrent que l'une des différences essentielles entre ces deux catégories d'entreprises réside dans leur capacité distincte à s'insérer dans des réseaux, à s'organiser pour absorber les connaissances externes. Les entreprises de la première catégorie collaborent peu et de manière ponctuelle avec des partenaires proches « organisationnellement » et localisés majoritairement dans la région. Les entreprises de la seconde catégorie sont capables d'identifier les compétences complémentaires extérieures indispensables pour mener à bien et commercialiser leurs innovations. Elles collaborent avec de nombreuses entreprises et organismes localisés principalement hors de la région avec lesquels elles établissent souvent un véritable partenariat. Elles sont capables de mettre en place des formes organisationnelles permettant de gérer cette complémentarité sous forme d'une association de compétences.

Si les entreprises adoptent un comportement différent en termes de mode d'insertion dans les réseaux (type de partenaires, formalisation plus ou moins intense de la relation, proximité plus ou moins grande des partenaires) nous avons vu également que la capacité de transfert, de partage et de codification des connaissances en interne était variable selon la catégorie d'entreprise. Une des sources de la performance d'une entreprise, de son « avantage concurrentiel » réside dans l'articulation et le compromis instauré entre les connaissances tacites et codifiées, compromis qui dépend étroitement de la taille de l'entreprise. Une grande entreprise aura tendance à mettre en place des mécanismes de coordination intra et inter-firme plus formalisés, plus propices a priori à l'acquisition de connaissances génériques et au développement de projets d'innovation de grande ampleur. Cependant une lecture dichotomique opposant les entreprises innovantes et les entreprises non innovantes nous semble par trop partielle. On peut se demander en effet si, pour les PME, le maintien de leur avantage concurrentiel ne se situe pas dans la création de niches de marché sur des produits de qualité et fabriqués encore selon un processus en partie artisanal. L'intérêt pour ces entreprises peut alors être de réduire les risques de fuite de savoirs et savoir-faire dans un secteur dans lequel la protection industrielle est faible, voire inexistante. À l'inverse les grandes entreprises et les groupes tendraient à une plus grande codification des connaissances pour des raisons de communication en interne, pour bénéficier/exploiter au mieux les ressources de leur environnement et pour innover plus radicalement.

BIBLIOGRAPHIE

Azoulay N., Weinstein O., Les compétences de la firme, *Revue d'Economie Industrielle*, n°93, 4 trimestre, 2000, pp. 117-154.

COMITE NATIONAL D'EVALUATION DE LA RECHERCHE, *De nouveaux espaces pour l'évaluation de la recherche,* Paris, la Documentation Française, 1997, 398p.

Cohen W. M., Levinthal D. A., Innovation and learning: the two faces of R&D, *Economic Journal,* 99, September 1989, pp. 569-596.

Cohen W. M., Levinthal D. A., Absorptive capacity: a new perspective on learning and innovation, *Administrative Science Quaterly,* (35), 1990, pp 128-152.

Cyert R. M., March J. G., A behavioral theory of the firm, New-Jersey, Prentice Hall, 1963. Traduction française : Processus de décision dans l'entreprise, Paris, Dunod, 1970.

Dosi G., Sources, procedures and microeconomics effects of innovation, *Journal of Economic Literature,* 26, Septembre 1988, pp 1120-1171.

Dosi G., Freeman C., Nelson R., Silverberg G., Soete L. (ed.), *Technical change and economic theory*, London and New-York, Pinter Publishers, 1988.

Dosi G., Teece D., Winter S., Les frontières des entreprises vers une théorie de la cohérence de la grande entreprise, *Revue d'Economie Industrielle*, 51, premier trimestre 1990, pp. 238-254.

Dubuisson S., Kabla I., Innovations et compétences. Compte-rendu d'une réflexion collective, in *Innovations et performances. Approches interdisciplinaires*, 1999. Foray D., Mairesse J. (sous la direction de), Paris, Editions de l'Ecole des Hautes Etudes en Sciences Sociales, 1999, pp. 213-225.

Guilhon B., Technologie, organisation et performances - le cas de la firme-réseau, *Revue d'Economie Politique*, 102, Juillet-Août 1992, pp. 563-592.

Huet F., Lazaric N., Apprentissage coopératif et complémentarité des mécanismes de coordination : une étude empirique,

Economies et Sociétés, Série « Dynamique technologique et organisation », n°8, 12/2004, pp 2073-2103.
Kline S., Rosenberg N., An overview of innovation In The positive sum strategy, Landau R., Rosenberg N.(eds), Washington, The National Academy Press, 1986, pp. 275-305.
LundvalL B., Innovation as an interactive process, in G. Dosi and al. (sous la direction de), *Technogical Change and Economic Theory*, London, Pinter Publishers, 1988, pp. 349-369.
Martin M., Tanguy C. Capacité d'innovation des entreprises agro-alimentaires et insertion dans les réseaux : le rôle de la proximité organisationnelle, *Economie rurale* n°292, mars-avril 2006, pp 6-20.
Martin M., Tanguy C., Albert P., Le rôle des écoles laitières dans le processus d'innovation des entreprises laitières ; réseaux et proximité, *Espaces et Sociétés* 124-125, n°1-2, 2006, pp. 111-129.
Nelson R., Winter S., *An evolutionary theory of economic change*, Cambridge, Massachusetts and London, The Belknap Press of Havard University Press, 1982.
Penrose E. T., *The theory of the growth of the firm*, Oxford, Basil Blackwell, 1959.
Pecqueur B., Zimmermann J. B., *Les fondements d'une économie de proximités*, Document de travail n° 02A26, GREQAM, UMR- CNRS 6579, EHESS, Université Aix-Marseille Il et III, 2002, 23p.
Polanyi M., *The tacit dimension*, New-York, Doubleday, Anchor, 1967.
Prahalad C. K., Hamel G., The core competence of the corporation, *Harvard Business Review,* May-June 1990, pp. 79-91.
Rallet A, Torre A., Proximité géographique ou proximité organisationnelle? Une analyse spatiale des coopérations technologiques dans les réseaux localisés d'innovation, *Economie Appliquée,* tome LIV, n°l, 2001, pp 147-171.
Rosenberg N., *Inside the black box: Technology and Economics*, Cambridge, Cambridge University Press, 1982.
Senker J., Tacit knowledge and models of innovation, *Industrial and Corporate Change*, volume 4, n°2, 1995, pp. 425-447.
Simon H.A., A behavioral model of rational choice, *The Quarterly Journal of Economics*, 69, 1955, pp. 99-118.

Simon H. A., March J. G., *Organizations*, New-York, John Wisley and Sons, 1958. Traduction française: *Les organisations*, 2ème édition, Paris, Dunod, 1974.
Teece D. J., Profiting from technological innovation: implication for integration, collaboration, licencing and public policy, *Research Policy*, 15, December 1986, pp. 285-305.
Villavicencio D., Le rôle des connaissances tacites dans la maîtrise des systèmes productifs, dans *Technologies, Idéologies, Pratiques. Revue d'Anthropologie des connaissances,* coordonné par Tanguy C. et Villavicencio D., Apprentissage et innovation dans l'entreprise. Une approche socio-économique des connaissances, volume XIV, n°1, 2000, pp. 71-91.
Von Hippel E, *The sources of innovation*, Oxford University Press, Oxford et New-York, 1988.
Williamson O. E. 1985. *The economic institutions of capitalism, firms, markets, relation contracting*, New York, The Free Press, Mac Millan.

CHAPITRE VII

Valorisation des activités de R&D sur les marchés financiers. Etude empirique de la norme IAS 38

Jérôme JARRET
Richard PIRAS
Estelle JOA
Miranda NALLY
Emmanuel DEJEAN

La faillite d'Enron symbolise l'importance capitale de l'information financière donnée par une entreprise et de la valeur ainsi reflétée.

Les données comptables sont la matière première de la communication financière à destination des gouvernants de l'entreprise. Elles visent en particulier à mesurer le patrimoine, les cash flow présents et futurs de celle-ci. La mise en place des I.F.R.S (International Financial Reporting Standards) traduit une gouvernance par des marchés financiers en demande d'information permettant de mesurer le risque et d'évaluer la valeur future des entreprises. La mise en avant de la juste valeur comme objectif de reporting comptable répond à ce besoin.

Pour bien comprendre les entreprises de la « nouvelle économie » qui est principalement marquée par la dématérialisation des échanges et de la production (Drucker, 1993), il est nécessaire d'en mesurer le capital immatériel. L'économie actuelle est caractérisée par un déclin de la production industrielle et une part croissante de l'immatériel dans la richesse produite par les entreprises. Plus une entreprise se distingue par son capital immatériel, plus elle est enclin à produire de l'immatériel c'est-à-dire à innover, que l'on peut définir comme l'introduction d'un produit, d'un équipement ou d'un procédé nouveau dans le processus de production et/ou de vente. En effet, seul le capital intellectuel, c'est-à-dire l'intelligence humaine et sa capacité à créer et organiser, est source de nouveauté.

L'innovation est la richesse première de nos économies car elle offre des productions à plus forte valeur ajoutée et permet de se protéger de la concurrence (*lead time*). Mais l'activité inventive est mal valorisée d'un point de vue comptable et on constate souvent une grande distance entre la valeur comptable d'une entreprise technologique et sa valeur de marché. On assiste alors à un découplage de la valeur donnée par les états financiers et de celle donnée par les marchés boursiers. Cette distance entre valeur comptable et valeur boursière appelée « market to book ratio » n'a cessé d'augmenter depuis les années 1980 (Lev, 2001).

L'I.A.S 38 qui traite des immobilisations incorporelles, les définit comme étant des actifs non monétaire identifiables, c'est-à-dire séparables ou résultant de droits contractuels, et sans substance physique. Une immobilisation ne doit être comptabilisée que s'il est probable que les avantages économiques futurs attribuables à l'actif iront à l'entité, et si le coût de cet actif peut être évalué de façon fiable. On distingue l'immobilisation incorporelle acquise séparément et celle générée en interne. Pour apprécier si cette dernière satisfait aux critères de comptabilisation, l'entité doit déterminer si elle correspond à une phase de recherche ou une phase de développement. C'est seulement dans ce deuxième cas, et si 6 critères sont remplis que l'inscription à l'actif aura lieu.

En prescrivant l'inscription des frais de développement en immobilisation incorporelle plutôt qu'en charge à l'actif du bilan, la norme I.A.S 38 poursuit l'objectif nécessaire de meilleure évaluation comptable de l'immatériel, et donc de meilleure communication financière auprès des investisseurs.

Mais cette norme rencontre de puissants freins à son application.

Elle correspond tout d'abord à un saut conceptuel dans les modes de perception et de représentation de la richesse, puisque le cadre de reporting est « principle based » et non plus « rule based », c'est-à-dire soumis à interprétation.

Ensuite, elle exige une production de données comptables que les outils de reporting ne sont pas en mesure de générer, et que les utilisateurs de l'information financière ne savent pas appréhender (outils d'analyse financière). Chaque acteur participe ainsi de facto à une certaine inertie en restant dans des schémas de pensée acquis.

Ces difficultés ajoutées à la méconnaissance de la part des dirigeants des opportunités offertes par l'activation pour la valorisation de l'entreprise aboutissent à une position de défiance vis-à-vis de la norme.

Ainsi, ce n'est pas une simple question d'inscription comptable que la norme I.A.S 38 induit, mais c'est bien une adaptation de la chaîne du traitement de l'information financière adaptée à la question de l'immatériel. Son application soulève nombre de questions puisque s'y retrouvent à la fois les difficultés propres au passage aux I.F.R.S et celles relatives à la valorisation de l'immatériel.

Nous aborderons tout d'abord l'état des connaissances en sciences de gestion sur les relations entre l'information comptable et financière et la valorisation de l'entreprise. Ainsi nous verrons la question spécifique du traitement des frais de Recherche et Développement et des conséquences sur la valorisation. Ensuite, nous analyserons les enjeux de la valorisation de l'immatériel dans le référentiel I.F.R.S. Une fois posée la toile de fond que sont le changement de gouvernance et l'évolution conceptuelle amenés par les I.F.R.S, nous présenterons les résultats de l'étude Alma Consulting Group sur les pratiques relatives à l'application de la norme I.A.S 38 lors de sa première année d'application. Ces résultats nous permettront de mieux comprendre les freins existants à une meilleure valorisation de l'immatériel. Enfin, nous mettrons en lumière la réelle portée de l'I.A.S 38 et le chemin qui reste à parcourir pour atteindre les objectifs assignés.

ETAT DE L'ART

Les données comptables produites par les Directeurs Comptables et/ou Directeurs Administratif et Financier (D.A.F) sont le premier stade de la chaîne de l'information financière. Elles sont ensuite augmentées d'information financière puis validées par un Commissaire aux Comptes (C.A.C).

Ensuite, ce corps d'information comptable et financier est utilisé par les Analystes Financiers pour évaluer l'entreprise, effectuer des comparaisons intra et inter-sectorielles et surtout pour projeter sa valeur à venir.

Ces données sont censées répondre à différents principes et doivent donner une image fidèle de l'entreprise, afin qu'une personne de l'extérieur puisse en avoir une perception exacte.

Dans les faits, il existe une réelle latéralité dans le choix des enregistrements comptables. Ceci est d'autant plus vrai dans le référentiel I.F.R.S qui est récent et laisse une large place à l'interprétation des normes.

Les choix comptables emportent donc des conséquences sur l'image de la société donnée au marché. Ce sont les conséquences de ces choix sur la valorisation boursière qu'ont étudié nombre de chercheurs en science de gestion. Nous allons ici faire un état des lieux des enseignements majeurs qu'il faut retenir. Nous verrons ensuite le poids de l'information non-comptable sur la valorisation boursière. Enfin, nous ferons le point sur le débat et les enjeux du traitement comptable des frais de R&D.

On peut retenir les données suivantes comme base de réflexion :

- La réaction du marché à l'annonce des résultats annuels est d'autant plus forte que les capitalisations boursières sont petites (Rippington et Taffler, 1995 ; Gajewski et Queré, 1998).
- La rentabilité boursière est fonction de la persistance du résultat comptable (Collins et Khotari, 1989).
- Le résultat des firmes déficitaires est moins pertinent que celui des entreprises bénéficiaires (Liu et Thomas, 2000).
- La valorisation boursière des résultats comptables de l'entreprise est visible sur le moyen ou long terme (Amir et Lev, 1996 ; Dumontier et Labelle, 1999 ; Easton *et al.*, 1992).

Malgré tout, l'utilité des données financières s'est dégradée depuis une vingtaine d'années :

- Le résultat net contribuait à expliquer 30 % de la valeur des entreprises étudiées entre 1953 et 1962, il n'explique plus que 7% de cette valeur entre 1983 et 1992 (Collins *et al.*, 1997).
- Le taux de croissance annuel des investissements en R&D entre 1970 et 1997 aux USA atteint 8%. Le taux de croissance annualisé des investissements en immobilisations incorporels n'a été que de 6,8% (Aboody et Lev, 2000).
- Les activités d'Innovation, qui prennent une part de plus en plus importante dans l'économie des entreprises, sont mal prises en compte par la comptabilité (Lev et Zarowin, 1999 ; Dumontier, 2003).

Ensuite, on constate que l'information non-comptable influe aussi sur les performances boursières.

Le moment du cycle de vie où se trouve l'entreprise est une donnée essentielle de perception de sa valeur :

- La valeur de l'entreprise dépend fortement des actifs en place pour les dernières phases du cycle alors qu'elle provient des opportunités de croissance dans les premières phases (Myers, 1977).
- La qualité d'association est meilleure pour les entreprises croissantes ou matures que pour les entreprises en phase de démarrage et de déclin (Anthony et Ramesh, 1992 ; Black, 1998).
- Moins d'informations financières sont produites pour les entreprises de petite taille (ATI.A.SE, 1980 ; Grossman et Stiglitz, 1976).

On peut donc en déduire que les entreprises de croissance ont un besoin plus important de mettre les chiffres comptables en adéquation avec les résultats futurs.

De plus, des études sont venues confirmer que des différences sectorielles affectent les contenus informatifs de la valeur comptable du fait de différences concernant le risque, la croissance, la persistance du résultat spécifiques à chaque secteur (Barth, Beaver et Landsman, 1998 ; Al Debie et Walker, 1999).

Plus spécifiquement, le traitement des frais de R&D en charge ou en immobilisation fait débat autour de deux notions : la pertinence et la fiabilité des données produites.

Les partisans de l'activation avancent qu'elle rend plus pertinente l'information comptable étant donné que les actifs issus des activités R&D sont stratégiques pour l'économie actuelle et qu'ils sont précurseurs de revenus futurs pour l'entreprise.

Les partisans du passage en charge veulent éviter une utilisation opportuniste de l'inscription à l'actif pour « doper » le bilan, et parce qu'elle est conforme au principe de prudence. C'est donc la fiabilité de l'information comptable qui est ici mise en avant.

Le champ de ce débat a fait l'objet de différentes études dont il ressort que :

- Si les dépenses sont enregistrées en charge, l'entreprise supporte immédiatement une charge, et les bénéfices sous-jacents aux éléments incorporels seront enregistrés plus tard, (Amir et Lev, 1996 ; Healy *et al.*, 2002 ; Chan *et al.*, 2001).
- Si l'immobilisation des éléments incorporels est justifiée, elle permet une meilleure prise en compte des résultats futurs (Amir et Lev, 1996).
- L'influence des dépenses en incorporels sur la pertinence des chiffres comptables dépend de leur poids dans les états financiers. Le résultat est plus pertinent quand il est ajusté aux dépenses moyennes du secteur de l'entreprise. Le phénomène est d'autant plus marqué que l'entreprise engage de fortes dépenses de R&D (Lev et Sougiannis, 1996).

On constate principalement que les actifs immatériels donnent une valeur accrue à l'entreprise :

- Les entreprises pharmaceutiques, informatiques et de télécommunications se caractérisent par un ratio valeur de marché sur valeur comptable des fonds propres supérieur aux autres entreprises (Francis et Schipper, 1999).
- L'intensité des dépenses en R&D et le niveau technologique influencent de façon significative la réaction du prix des titres (Chan *et al.*, 1990).
- La relation entre cotation, résultat et valeur comptable est améliorée lorsque la R&D est amortie (Hoegl-Krohn et Knivsfla, 1998).

METHODOLOGIE

Nous avons mené des entretiens qualitatifs auprès de 52 Directeurs Administratif et Financier d'entreprises technologiques cotées sur l'Eurolist C (étude en cours).

En complément, nous avons également interviewé des responsables d'institutions :

- S.F.A.F : Société Française des Analystes Financiers,
- A.M.F : Autorité des Marchés Financiers,

C.E.S.R : Comité Européen des régulateurs de marchés de valeurs mobilières (Committee of European Securities Regulators).

L'échantillon

Les entreprises composant l'échantillon ont été sélectionnées selon différents critères :

- L'exposition potentielle à l'I.A.S38 en fonction de la composante R&D

Bien que la norme vise les dépenses de développement au sens large, nous avons décidé d'explorer notre sujet du point de vue de la R&D, étant donné que cet aspect est le seul qui soit culturellement reconnu comme actif incorporel.

o Une activité technologique induit que les entreprises sont en concurrence sur des questions d'innovation, et donc connaissent des investissements dans le développement.

o Une forte intensité de R&D (pourcentage des frais de R&D par rapport au chiffre d'affaires).

o Le fait d'être cotée sur un marché financier induit un certain niveau de communication financière et surtout l'obligation de publier en I.F.R.S et donc de souscrire à l'I.A.S 38.

- La taille de l'entreprise

Pour des raisons pratiques, nous avons choisi de cibler des entreprises cotées sur l'EurolistC dont la capitalisation n'excède pas 150 millions d'euros. Ce compartiment est le marché des PME sur Euronext Paris.

En effet, de telles entreprises sont d'accès moins difficile pour pouvoir administrer le questionnaire.

D'autre part, un éventuel audit suite à l'enquête serait plus aisé à conduire.

Caractéristiques de l'échantillon

	CA	**Budget R&D (k€)**	**Intensité de R&D (%)**	**Montant annuel activé (k€)**	**Ratio incorporels activés / budget de R&D (%)**
Min k€	3 575	444	1,40%	0	0,00%
Max k€	259 340	35 000	33,05%	3 500	90,49%
Moyenne k€	67 163	5 723	11,22%	387	7,53%

Les premiers tests basés sur des données 2004 ne montrent pas de réelle association entre les principales données relatives au débat à l'activation des frais de R&D.

Par ailleurs, 75% des entreprises de l'échantillon n'activaient pas en 2004, rendant ainsi non pertinent le calcul des critères « Montant annuel activé » et « Ratio incorporels activés/ budget de R&D ».

Comme ces résultats ne sont pas suffisamment significatifs, la même approche est en cours sur les données 2005. En effet, l'application de l'I.A.S 38 devrait conduire à une augmentation des entreprises activant leur frais de développement, et rendre ainsi le critère d'activation plus significatif.

La faible corrélation entre les données essentielles, ajoutée à la complexité du sujet nous a conduit à explorer notre problématique auprès des D.A.F à travers un questionnaire.

Ces entretiens ont été conduits sur la base d'un questionnaire de 41 questions balayant :

- la communication financière : type de communication, mise en place de l'I.A.S 38, données du secteur, opportunités et contraintes,
- le reporting et pilotage de la performance,
- l'accompagnement dans la mise en place du process I.A.S 38.

ANALYSE : VALORISATION DE L'IMMATERIEL ET ACTIVATION DES FRAIS DE DEVELOPPEMENT

I.F.R.S et gouvernance d'entreprise

Historiquement, le modèle de gouvernance des entreprises françaises est caractérisé par un droit boursier moyennement développé, notamment en comparaison avec le modèle américain. Le droit des sociétés ne donnait qu'un seul type d'entreprises jusqu'en 1966, correspondant à une tradition « monarchique ». Enfin, le droit français du travail ne prévoit pas de cogestion.

Par conséquent, on a abouti traditionnellement en France à un mode de gouvernance caractérisé par beaucoup de liberté accordée au chef d'entreprise mais tempérée par une forte notion d'intérêt social. Au final, une vision relativement éloignée du marché (Colasse, 2006).

Le cadre conceptuel de l'I.A.SB (International Accounting Standard Board) affirme quant à lui la primauté de l'investisseur et explicite ce que doit être la gouvernance d'entreprise (Règlement CE 1606/2002 du 19 juillet 2002, Art10). L'accent est mis sur la valeur de l'entreprise et reflète le souci de faire de la comptabilité un instrument d'aide à la décision plutôt qu'un instrument de réédition des comptes.

Le passage au référentiel I.F.R.S constitue donc un changement culturel profond pour les dirigeants d'entreprises français.

D'un point de vue conceptuel, les normes nécessitent une part d'interprétation pour être déclinées dans les processus comptables et financiers des entreprises. C'est un changement radical pour des acteurs français qui étaient jusqu'à présent dans une logique d'application assez strict des règles du Plan Comptable Général (P.C.G). Il faut donc passer d'une logique « juridique » à une logique « économique ».

De même, le recours à la juste valeur de marché (« fair value ») chaque fois que c'est possible peut être assimilé à une remise en cause du principe de prudence. Malgré tout, c'est une conception dont l'application pure est restreinte aux instruments financiers ; il ne s'agit donc pas ici de chiffrer la juste valeur de l'entreprise.

L'I.A.S 38 est donc bien adaptée au but recherché par les I.F.R.S puisque sa pertinence au regard de l'information donnée à l'investisseur est supérieure.

Mais on comprend aussi que la révolution conceptuelle que représente le passage au nouveau référentiel comptable est l'objet d'une appropriation difficile par les acteurs majeurs de la communication financière (D.A.F, C.A.C/Experts-Comptables). L'inertie que nous rencontrons dans l'application « vertueuse » de l'I.A.S 38 est alors « justifiée » par le principe de prudence tant au niveau des Experts-Comptables que des C.A.C.

Application de la norme I.A.S 38

– Ce que prescrit la norme :

L'I.A.S 38 s'applique aux actifs incorporels « identifiables », et notamment ceux relatifs à la R&D développée en interne. Ils connaissent deux modalités de suivi de la valeur :

- L'amortissement quand la durée d'utilité est déterminée,
- Le test de dépréciation selon la norme I.A.S 36 sur les « dépréciations d'actifs » quand la durée d'utilité est indéterminée.

Pour entrer dans le cadre de cette norme, l'actif doit être contrôlé par l'entreprise du fait d'évènements passés, et être représentatif d'avantages économiques futurs probables.

Par ailleurs, il doit être identifiable (i.e. séparable ou naître de droits légaux ou contractuels) et mesurable de manière fiable.

Au sein des frais de R&D, la Recherche et le Développement connaît des définitions précises qui emportent des traitements comptables différents :

- Recherche : investigation menée dans le but de découvrir de nouvelles connaissances qui pourront éventuellement être utiles dans le développement d'un nouveau produit ou d'une nouvelle technique ou apporter des améliorations significatives à un produit/service déjà existant.
- Développement : application de ces recherches pour un nouveau produit/service ou pour améliorer un produit existant.

L'inscription à l'actif des frais de développement a alors lieu lorsque 6 critères donnés par I.A.S 38 sont remplis :

- Faisabilité technique,
- Intention d'utiliser ou de vendre l'actif incorporel,
- Capacité d'utiliser ou de vendre l'actif incorporel,
- Capacité de l'actif incorporel à générer des bénéfices économiques,
- Disponibilité des ressources pour achever et utiliser ou vendre l'actif incorporel,
- Capacité à mesurer le coût de manière fiable.

L'I.A.S 38 prescrit d'amortir les frais de développement enregistrés à l'actif sur la durée de vie utile, et de réaliser un test de validité (« test d'impairment ») annuel si la durée de vie est supérieure à 20 ans. Ce test permet de valider la cohérence entre la valeur nette comptable des actifs incorporels et leur valeur de récupération (soit valeur d'usage, soit valeur de marché). Si la valeur d'usage apparaît inférieure à la valeur comptable, l'entreprise doit alors passer une provision.

– L'application effective de la norme

Notre enquête auprès des D.A.F de 52 PME technologiques cotées à l'Eurolist C nous a permis de connaître le niveau d'activation des frais de développement, et d'en comprendre les principaux mécanismes.

a) Activation et le critère de l'avantage économique futur

On constate tout d'abord que les frais de développement sont majoritairement passés en charge.

Malgré tout, les D.A.F disent appliquer la norme correctement puisque la non-activation est une conséquence du non-respect de un ou plusieurs critères. Et c'est en premier lieu le critère de « l'avantage économique futur » qui est le plus souvent cité comme non respecté (50% des D.A.F interrogés).

Mais ce critère est alternatif : soit l'actif générera un avantage économique, soit il n'en générera pas. Alors que la lecture qui en est faite est « je ne sais pas quel sera le niveau de l'avantage économique ».

Les D.A.F expriment en fait ici la difficulté qu'ils rencontrent pour établir des prévisions de revenus associés à l'immobilisation incorporelle.

b) Activation et relation au C.A.C

Les D.A.F souhaitent que leurs comptes soient certifiés par le C.A.C. Ce dernier, guidé par le principe de prudence, n'a en général pas de notion de l'impact économique de l'I.A.S 38. Le C.A.C a donc tendance à confirmer son client dans l'interprétation de lecture et d'application de la norme.

On sait par ailleurs que le C.A.C est souvent la principale aide aux D.A.F lors de la mise en place des I.F.R.S.

c) Activation et évaluation postérieure à la comptabilisation initiale

La nature immatérielle des immobilisations incorporelles induit une certaine volatilité dans l'évaluation qui en est faite puisque c'est la « fair value » qui prévaut souvent.

Les immobilisations incorporelles à durée de vie indéterminée sont soumises à une évaluation à la juste valeur annuellement prescrite par la norme I.A.S 36 « Dépréciations d'actifs ».

Les immobilisations incorporelles à durée de vie déterminée sont quant à elles sujettes à « pertes de valeurs » qui doivent être évaluées en comparaison avec un marché actif. Mais il est rare qu'un tel actif existe pour ce type d'immobilisations (I.A.S 38, Art 78). C'est pourquoi la méthode alors utilisée pour comptabiliser les pertes de valeur est celle explicitée par la norme I.A.S 36.

De plus, comme la comptabilisation initiale est faite au coût historique, il est fort probable qu'il y ait variation de la valeur de N à N+1 puisqu'on passe d'une logique (coût historique) à une autre (juste valeur).

Ainsi il existe un risque fort de décalage d'évaluation d'une année sur l'autre nécessitant des jeux d'écritures fréquents et complexes. On peut légitimement se demander si un frein à l'activation vient du fait de cette volatilité. De plus, la provision pour dépréciation d'actif viendra donc dégrader les résultats, et ce l'année où les ventes auront justement été faibles, aggravant la situation nette comptable.

d) Activation et reporting :

Pour appliquer correctement l'I.A.S 38, il est nécessaire d'avoir des outils de suivi des projets très performants. 75% des personnes interrogées reconnaissent ne pas avoir mis en place de processus spécifique pour tracer et identifier toutes les dépenses de développement. Et près de 40% ne sont pas en mesure d'identifier les dépenses de R&D par projet et de réaliser un tri entre projets de Recherche et projets de Développement.

I.A.S 38 : une applicabilité plus large que les seuls frais de R&D

En effet, les frais de développement selon la norme I.A.S 38, concernent « l'application des découvertes issues de la Recherche ou de toute autre connaissance, à la production de nouveaux matériaux, systèmes, produits, processus ou services, préalablement à la production commerciale ou à leur utilisation » (I.A.S 38 - §8 de la norme). Ainsi, la définition des frais de développement donnée par l'I.A.S 38 n'est pas restrictive aux dépenses identifiées comme R&D technologique. On peut donc considérer des dépenses de communication, de développement commercial par exemple comme des immobilisations incorporelles. Dès le §5 de la norme, il est dit que l'I.A.S 38 s'applique « entre autres choses aux activités de publicité, de formation, de démarrage d'activité, de Recherche et de Développement. Les activités de Recherche et de Développement visent à développer des connaissances. Par conséquent, même si ces activités peuvent aboutir à une immobilisation ayant une réalité physique (par exemple un prototype), l'élément physique de l'actif est secondaire par rapport à sa composante incontrôlable, à savoir les connaissances qu'elle renferme ».

Cette vision est d'autant plus cohérente lorsqu'on se souvient de l'objectif premier qui a présidé à la création de l'I.A.S 38 : donner aux marchés financiers une vision pertinente de la richesse immatérielle produite par les entreprises.

C'est donc bien le capital immatériel que la norme vise à mesurer :

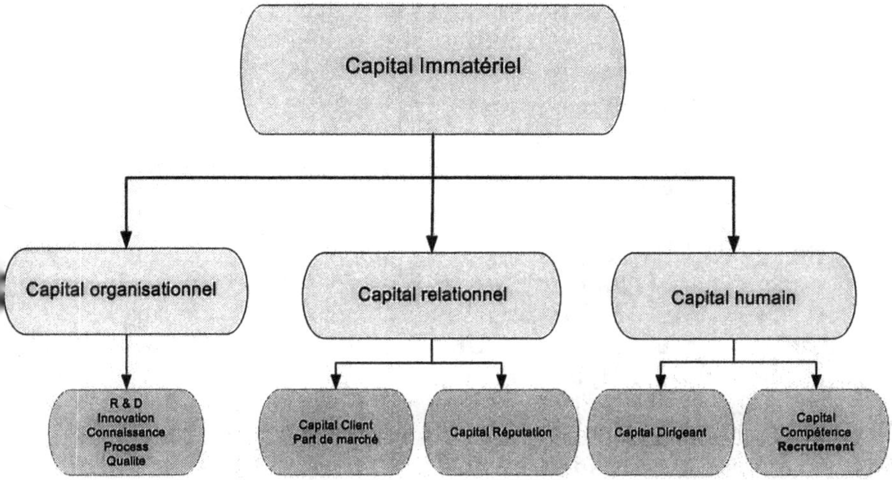

Source : [ESCAFFRE, 2002]

Cette lecture de la norme n'est pas excessivement exégétique. Elle correspond à l'esprit dans lequel le normalisateur l'a produite. D'autre part, elle répond au besoin de valorisation de l'immatériel.

Quand on connaît les freins psychologiques rencontrés pour l'application de l'I.A.S 38 aux seuls frais de développement technologique, on réalise qu'il est nécessaire de réaliser un vrai travail de pédagogie et d'accompagnement pour que les acteurs économiques perçoivent la pleine portée de l'I.A.S 38.

CONCLUSION

La norme I.A.S 38 est une opportunité nouvelle et son étendue n'est pas perçue par ceux qui doivent s'en saisir.

Mais il faut comprendre que la révolution induite est récente et historique. Une telle évolution nécessite un temps d'adaptation et d'appropriation. Mais surtout il est nécessaire d'accompagner et de faire évoluer les pratiques des acteurs de la chaine de l'information financière autant que la norme elle-même évolue.

Ce sont donc les outils de reporting qui doivent évoluer pour savoir capter l'essence des incorporels, et les outils d'analyse financière qui permettront en aval de valoriser justement les entreprises a fort capital immatériel.

Ce sont ceux qui sauront très tôt allier appropriation de l'I.A.S 38, application, reporting et communication financière optimale qui feront de leurs entreprises, les champions des marches des demain.

BIBLIOGRAPHIE

Aboody D., B. Lev, 2000 Information Asymetry, R&D and Insider Gains, *Journal Of Finance*, Vol. 55, n°6, pp. 2747-2766.

Al Debie M., M. Walker, 1999, Fundamental Information Analysis: an extension and UK evidence, *British Accounting Review*, vol. 31, n°3, pp. 26-280.

Amir E., B. Lev, 1996, Value relevance of non-financial information: the wireless communication industry, *Journal of Accounting and economics*, vol. 22, n°1-3, pp 3-30.

Anthony J. H., K. Ramesh, 1992, Association between accounting performance measures and stock prices: a test of the life-cycle hypthesis, *Journal of Accounting and Economics*, vol. 15, n°2-3, pp 203-227.

ATI.A.SE, 1980, Predisclosure Informational Asymmetries, Firm Capitalization, Earnings, Reports, and Security Price Behavior, Unspublished Ph. D. Thesis, University Of California, Berkeley, Ca.

Barth M., W. H. Beaver, W. Landsman, 1998, The relevance of the value relevance literature for financial accounting standard setting: another view, *Journal of Accounting and Economics*, vol. 31, n°1-3, pp 77-105.

Black E. L., 1998, Life-cycle impacts on the incremental value relevance of earnings and cash flow measures, *The Journal of Financial Statement Analysis*, vol. 4, n°1, pp 40-57.

Chan, S. H., J. Martin, J. Kensinger, 1990, Corporate research and development expenditures and share value, *Journal Of Financial Economics*, vol. 26, n°2, pp.255-276.

Chan L. K. C., J. Lakonishok and T. Sougiannis, 2001, The stock market valuation of research and development expenditures, *Journal of Finance*, vol. 56, n° 6, pp. 2431-2456.

Colasse B., 2006, Conference « Le passage aux normes I.A.S/I.F.R.S : Quelle révolution ? », Reims, 1er juin 2006.

Collins D. W., E. Maydew and I. Weis, 1997, Changes in the value relevance of earnings and book values over the past forty years, *Journal of Accounting and Economics*, vol. 24, n°1, pp. 39–67.

Collins D., S. Kothari, 1989, An analysis of the cross-sectional and intertemporal determinants of earnings response coefficients", *Journal of Accounting and Economics* 11, pp. 143-181.

DISLE C., 2004, Pertinence des chiffres comptables et valeur de l'entreprise : une approche contextuelle, thèse de doctorat, Université Pierre Mendès-France, Grenoble.

P. Dumontier P., 2003, Chiffres comptables, investisseurs et cours de bourse, *Agefi*, 28 mai 2003.

Dumontier P., R. Labelle, 1998, Accounting earnings and firm valuation: The French case, *The European Accounting Review*, vol. 7, pp. 163-183.

Drucker P., 1993, *Post-Capitalist Society*, Harper-Business, New York.

Easton P., T. Harris, J. Ohlson, 1992, Aggregate accounting earnings can explain most of security returns: the case of long return intervals, *Journal of Accounting and Economics*, vol. 15, pp. 119-142.

Escaffre L., 2002, Contribution à l'analyse de l'offre d'information sur le capital intellectuel, Thèse de doctorat, L'université Paris IX Dauphine.

Francis J., K. Schipper, 1999, Have financial statements lost their relevance?, *Journal of Accounting Research*, 37, pp. 319-352.

Gajewski J. F., Queré B., 1998, A differential analysis of the stock market reaction to the publication of interim and final accounting figures: evidence from the French case, *Cahiers de recherche du CERAG*, n°98-14, Université Pierre Mendès-France, Grenoble, juin 1998, pp.1-20.

Grossman S. J., J. E. Stiglitz, 1976, Information and competitive price systems », *American Economic Review*, vol. 66, n° 2, pp. 246-253.

Healy P. M., S. C. Myers, C. D. Howe, 2002, R&D accounting and the trade-off between relevance and objectivity », *Journal of Accounting Research*, vol. 40, n° 3, pp. 677-702.

Hoegl-Krohn N. E., J., K. H. Knivsfla, 1998, Accounting for intangible assets: challenges and some solutions, Working Paper.
Lev B., 2001, *Intangibles: Management, Measurement and Reporting*, The Brookings Institution Press, Washington Dc.
Lev B., T. Sougiannis, 1996, The capitalization, amortization, and value-relevance of R&D », *Journal of Accounting and Economics*, vol. 21, n°1, pp. 107-134.
Lev B., P. Zarowin, 1999, The boundaries of financial reporting and how to extend them, *Journal of Accounting Research*, n°37(2).
Liu J., J. Thomas, 2000, Stock return and accounting earnings, *Journal of Accounting Research*, vol.38, n°1, pp.71-126.
Myers S. C., 1977, Determinants of Corporate Borrowing, *Journal of Financial Economics*, vol. 5, n°2, pp. 147-175.
Reglement Ce 1606/2002 Du 19 Juillet 2002, Art10.
Rippington F., R. Taffler, 1995, The information content of firm financial disclosures, *Journal of Business Finance and Accounting*, March, pp. 345-362.

GLOSSAIRE

I.A.S.: International Accounting Standards
I.A.S.B.: International Accounting Standards Board
I.F.R.S.: International Financial Reporting Standards
D.A.F.: Directeur Administratif et Financier
C.A.C : Commissaire Aux Comptes
S.F.A.F : Société Française des Analystes Financiers
A.M.F : Autorité des Marches Financiers
C.E.S.R : Comite Européen des Régulateurs De Marches de Valeurs Mobilières (Committee of European Securities Regulators)
P.C.G : Plan Comptable Général

TROISIEME PARTIE

L'ATTRAIT DE LA NOUVEAUTE OU COMMENT CREER LA DEMANDE

CHAPITRE VIII

Quand la culture soutient l'innovation industrielle. Le cas du design industriel en France

Bérangère SZOSTAK-TAPON

Ce chapitre considère l'innovation comme le résultat soit d'un processus d'amélioration constante appelé *innovation incrémentale*, soit de modifications radicales des règles du jeu sur le marché nommées *innovation de rupture* (Atamer *et al.*, 2005). De surcroît, l'innovation se situe au niveau du marché (Schumpeter, 1947). Son introduction suppose donc sa sélection et sa rétention par les acteurs dudit marché, comme les consommateurs et les institutions (Ford, 1996 ; Durand, 2000). Par suite, l'innovation est reconnue comme légitime, désirée et adaptée. La légitimité dépend, en revanche, de normes dites institutionnelles, car soutenues par les acteurs eux-mêmes légitimes dans le champ (Suchman, 1995). Pourtant, le cas du design industriel en France laisse supposer *a priori* un paradoxe. Par « design industriel », nous entendons « activité créatrice dont le but est de déterminer les multiples facettes des objets, processus, services » (ICSID[1], 2000), mais aussi une discipline créative en charge de la production en série des signes émis par une organisation[2] (Borja de Mozota 2002 ; Guidot, 2000). Or, à travers la littérature sur le développement du design, nous remarquons l'importance de la culture, alors que l'objet concerne le monde *industriel* et *économique*. Cette situation pose alors la question de l'intégration légitime de la culture dans les projets d'innovation des entreprises en France. Interviennent alors les institutions qui sont à même de légitimer une telle intégration (Scott, 2001 ; Farjoun, 2002 ; Szostak Tapon, 2005).

Même s'il est ardu de proposer un référentiel incontestable aux vocables « culture » et « industrie », nous en choisissons un pour cadrer la suite de la discussion. Par « culture », nous entendons l'ensemble du patrimoine architectural et artistique promu, en France, à travers la politique culturelle du Ministère de la Culture (Urfalino, 2004). « L'industrie » est définie comme la forme d'organisation la plus évoluée de la troisième révolution industrielle lors de la seconde moitié du 20e siècle : utilisation intensive de moyens de production (machines), uniformisation et simplification de la qualité du travail, et homogénéisation de la production par des séries longues.

Ainsi, ce chapitre discute de la question suivante à travers le cas du design industriel en France : comment la culture favorise le développement de l'innovation au sein des industries ? Dans ce sens, nous nous appuyons sur une étude qualitative réalisée en 2003 et 2004 auprès de 25 experts français du design industriel[3], et enrichie par l'analyse de la littérature traitant du design et des actions culturelles en France. Le thème des entretiens concernait l'histoire du développement du design en

---

[1] ICSID = International Council of Societies of Industrial Design. Il s'agit d'un organisme qui regroupe sur le plan international les différents syndicats professionnels de designers.

[2] On parle du « Design graphique » pour les signes en 2D comme les couleurs, le graphisme sur un packaging, le logo, la signalétique etc. ; puis du « Design produit » pour les signes en 3D comme le travail sur le volume, les formes ; et, enfin, du « Design environnement » pour les signes architecturaux comme l'aménagement d'un linéaire, d'un stand, d'un magasin etc.

[3] Les « experts » regroupent des designers indépendants et intégrés, des historiens, des journalistes, des politiciens, des représentants d'associations de promotion du design, de syndicats, d'écoles… Les entretiens ont duré en moyenne 1h30. Ils ont été enregistrés puis dactylographiés. Les personnes rencontrées ont eu un droit de regard sur les entretiens pour préserver leur intégrité dans les citations. Ils ont fait, enfin, l'objet d'une analyse thématique.

France et les actions de leur institution en vue de promouvoir le design depuis leur création. Ces experts interviennent dans ce papier sous forme de citation.

Dans une première partie, nous explicitons les normes institutionnelles du design industriel pour mieux appréhender (1) le rôle de la culture comme une source d'inspiration pour les designers et (2) la place de cette activité créatrice dans les projets d'innovations des industries. Dans une seconde partie, nous illustrons, à travers des actions institutionnelles axées sur le design industriel, deux manières de favoriser les innovations grâce à des aspects culturels, à savoir la légitimation de l'intelligence sensible et l'entraînement à la pratique du design.

LA CONSUBSTANTIALITE DE LA CULTURE ET DU DESIGN AU SERVICE DE L'INNOVATION INDUSTRIELLE

Dans cette partie, nous avançons l'idée selon laquelle, dans le cas du design industriel, la culture permet d'explorer des pistes en dehors de la sphère industrielle pour, ensuite, intégrer les résultats des recherches dans les industries.

Le design industriel : coexistence de logiques institutionnelles

Comprendre comment la culture favorise le développement de l'innovation industrielle suppose de déterminer les normes institutionnelles rendant légitimes une telle innovation. Selon Suchman (1995), la légitimité est « la perception ou présomption généralisée que les actions d'une entité sont désirables, correctes et appropriées à l'intérieur d'un système de normes, de valeurs, de croyances et de définitions socialement construites ». Les organisations ont donc à charge de signaler leur légitimité, en démontrant leur conformité aux normes, aux valeurs et aux attentes des groupes concernés par leurs activités. Mais, pour y parvenir, il est nécessaire d'identifier la *logique institutionnelle ;* elle est définie comme un système de croyances, de normes, de lois et de valeurs cohérentes entre elles (Scott, 2001). Des « principes organisationnels » s'en dégagent et donnent une ligne de conduite aux participants du champ (DiMaggio et Powell, 1983). En revanche, plusieurs logiques peuvent coexister. Dans le cas du design industriel, une analyse historique de l'institutionnalisation de cette discipline créative nous amène à proposer trois logiques institutionnelles porteuses de normes différentes (Szostak-Tapon, 2006).

Une première logique s'intitule « le fonctionnalisme » (Guidot, 2000 ; De Noblet, 1988). Lors de l'essor de la consommation de masse, les professions mobilisées en premier ont été les architectes et les ingénieurs. De ce fait, le design industriel est influencé par l'utilisation rationnelle des matériaux nouveaux (Lucie-Smith, 1983). La rationalisation de la forme est fondée sur une étude ergonomique poussée, sur le choix des matériaux en fonction de leurs capacités et sur les techniques industrielles de leur mise en œuvre. La sobriété est de mise (Ayral 1994). Comme l'exprime le designer Raymond Loewy (1963) : *« Je suis partisan de la théorie : « la beauté par la fonction ». J'y ferai seulement cette modification : « la Beauté par la Fonction ET la simplification » »*[1]. Un des cas les plus illustres du fonctionnalisme est celui de Braun (Landry, 1987). En 1955, Hans Gugelot a été l'un des premiers designers à travailler pour cette entreprise. Les designers simplifient les volumes et réduisent la gamme de couleur, où dominent le noir et le blanc. Nous retrouvons les valeurs du fonctionnalisme dans des entreprises encore aujourd'hui, comme IKEA ou FLY.

Nous appelons « le Formalisme » la logique basée sur les Formes Libres. Nous trouvons des designers dans la mouvance formaliste depuis les années 30. Les peintres ont donné le ton, comme Wassily Kandinski, qui a participé activement au Bauhaus (Whitford, 1989). En 1981, en compagnie de l'industriel Ernesto Gismondi[2], Ettore Sottsass fonde le groupe Memphis. Ce groupe est le fruit de l'histoire du mouvement radical italien à caractère contestataire et il a débuté dans les années 60 (Fayolle, 2005). Les designers adeptes des Formes Libres critiquent les conséquences du fonctionnalisme et créent une nouvelle logique institutionnelle (De Noblet, 1988), où la vision de la réalité est plus colorée, expressive, ludique... Les couleurs ne sont pas uniquement un vernis sur les objets, mais elles font l'objet et lui confèrent sa dimension « affective » (Fayolle, 2005). Philippe Starck s'inscrit dans cette logique : il explique ne pas être passionné par le design et l'architecture en tant que tels, mais par le fait *« de créer des signes forts, des surprises »*. Dans le cas de sa célèbre brosse à dent, il s'attaque

[1] R. Loewy, 1963, La laideur se vend mal, p. 220-221.
[2] PDG d'Artemide, fabriquant de luminaires.

à un objet courant, dont la forme est identique depuis sa création. Sa brosse devient l'interprétation de l'oiseau de Brancusi plantée dans un support perforé en forme de tronc conique (Guerrand, 2002). Ainsi, les objets deviennent des œuvres et séduisent l'Homme par des symboles (Jeudy, 1975).

Une troisième logique institutionnelle est nommée « le stratégique ». Elle soutient que le design industriel a une valeur stratégique, c'est-à-dire que le résultat du travail concourt à la réussite de l'organisation, à sa compétitivité et accroît sa pérennité face aux concurrents. Dans ce sens, plusieurs corps de métier sont intégrés au cours du processus créatif, comme des designers industriels, des sociologues, des psychologues, des marketers, des ingénieurs, des stratèges etc. (Quarante, 1990). La logique du design stratégique place le designer industriel au centre de la conception : il joue un rôle de médiateur entre la R&D, le marketing, l'ingénierie, la communication (Endt, 1990 ; Gorb, 1990). Le design industriel soutient les ventes, en rendant les produits plus attractifs et compréhensibles par les consommateurs, et en fidélisant les clients à la firme par un packaging et un logo significatif (O.E.C.E., 1959 ; Aubert et Hetzel, 1993). Le designer doit avoir en plus de son savoir technique, un savoir transversal en design industriel (Borja de Mozota, 2002). Cette approche est relayée dans le monde entier par des associations de promotion du design industriel, comme, en France, le Centre de Design du Rhône-Alpes (CDRA)[1] ou l'Agence de Promotion de la Création Industrielle (APCI)[2].

L'identification de ces trois logiques institutionnelles permet ainsi aux industriels faisant appel au design dans leur projet d'innovation de repérer les normes vis-à-vis desquelles ils sont légitimes. Par suite, le champ organisationnel du design industriel en France propose un visage poly-logique, où se retrouvent les professionnels du design (en agence ou intégrés en entreprise), les clients des agences de design, les associations de promotion du design industriel, les institutions éducatives, les partenaires professionnels... (Hoffman, 1999 ; Powell et DiMaggio, 1991 ; Meyer, 2001 ; Szostak Tapon, 2005). Toutefois, force est de reconnaître que ces trois logiques comprennent une part de culture plus ou moins importante. Josyane Franc, directrice de la communication de l'Ecole des Beaux-Arts de Saint-Etienne, explique : *« On ne peut pas faire*

---

[1] www.cdra.asso.fr
[2] www.apci.asso.fr

de design sans les aspects culturels. Le culturel est très important, mais il a, pour vocation, le rôle de sensibiliser le grand public et les industriels venant aux expositions ». Christophe Rebours, designer industriel de produit et fondateur de « In Process », dit : *« Il y a chez nous, au-delà de nos fréquentations entrepreneuriales, une dimension propre à la sphère culturelle »*. Le design industriel génère en fait de nouvelles formes et discours sur la société de consommation de masse, ce qui nourrit la sphère culturelle. Par exemple, lorsque l'entreprise Braun a intégré le design industriel, les produits simples, rationnels, monochromes ont modifié l'approche de la domestique par les consommateurs et les autres industries. Certains des produits ont même été exposés dans des lieux culturels, comme le Centre de Création Industrielle en France. Un cercle vertueux a été dés lors en place entre les innovations industrielles grâce au design et la culture. Mais, quelle est aujourd'hui la place de la culture dans la créativité des designers ?

La culture : une source d'exploration pour les designers

Dans ce chapitre, nous avons retenu une définition de la culture volontairement restreinte et adaptée à la France par souci premier de clarté. Il s'agit de l'ensemble du patrimoine architectural et artistique promu par la politique culturelle du Ministère de la Culture et de la Communication. Plusieurs limites méritent d'être soulignées à défaut d'être effacées. Son lien fort avec la France restreint l'étendu de nos analyses. Aussi, nous n'incluons dans la culture que les résultats des démarches des architectes, peintres, musiciens, écrivains etc. Sont mis de côté les processus conduisant ces auteurs à constituer le patrimoine. Une autre limite réside dans l'unique prise en compte du patrimoine officiel, car reconnu par l'institution de référence : le Ministère de la Culture et de la Communication.

En revanche, cette définition prend en compte l'importance du jugement extérieur des résultats créatifs : seuls des experts habilités par l'institution peuvent intégrer un nouvel objet dans le patrimoine architectural et artistique. Elle suppose également un enrichissement régulier du patrimoine : les œuvres reconnus hier, aujourd'hui et demain font/feront parties de la culture. Enfin, la prise en compte de la politique culturelle dans notre définition correspond à notre conception du champ organisationnel du design, où les institutions étatiques participent à la création et au maintien des logiques institutionnelles en présence.

Ainsi, de nos jours, le Ministère de la Culture et de la Communication soutient différents corps de métiers artistiques et culturels : l'architecture, la musique, le livre, les arts plastiques (comprenant le design industriel), la cinématographique, la danse, le théâtre, les spectacles, les musées, la langue française... Ces constitutifs de la culture reconnus par l'institution influencent les designers et les industriels.

Philippe Starck ne s'est-il pas inspiré de l'oiseau de Brancusi ? Le Centre Pompidou relate la recherche de la forme pure par Constantin Brancusi (1876-1957). Ce sculpteur sur bois d'origine roumaine rejoint, dans sa démarche artistique, Gaston Bachelard pour qui « le corps de l'oiseau est fait de l'air qui l'entoure, sa vie est faite du mouvement qui l'emporte ». La forme se retrouve aujourd'hui dans un objet commun, à savoir une brosse à dent. Jocelyn de Noblet, historien du design, déclare ainsi : *« Si on me demande qui a fait le design de cette brosse à dent, je réponds : 1/3 Brancusi, 1/3 Stark et 1/3 le marketing FluoCaril[1] ».*

S'inspirer de produits culturels pour concevoir des innovations n'est pas nouveau. Emile Gallé (1846-1904) était un manufacturier entreprenant, mais aussi un sculpteur sur verre et sur bois (Giacomotti, 2005). D'ailleurs, certaines de ses œuvres sont aujourd'hui exposées au Musée d'Orsay et au Musée des Arts Décoratifs à Paris. Ses recherches artistiques sur la nature lui ont offert l'opportunité de proposer des produits conjuguant l'esthétique et les impératifs industriels. Par exemple, il a choisi d'utiliser le procédé technique de la gravure à l'acide fluorhydrique, notamment, pour des raisons économiques : cela lui a permis de produire en longues séries à moindres coûts pour amortir les investissements en recherche esthétique (Thiébaut, 2004).

En outre, la sphère culturelle permet d'accueillir les réflexions des designers qui ne sont pas commandités par les industriels. En effet, les designers investissent de leurs ressources dans l'exploration matérielle de concepts, ce qui nourrit leur capital créatif. Cela leur offre ensuite la possibilité de concevoir des produits empreints d'une dimension culturelle. Christophe Rebours, designer produit, relate : *« Notre métier est*

[1] Fluocaril est une marque du groupe Sanofi-Synthelabo.

nourri d'un peu de subjectivité, mais surtout de richesse culturelle, et il ne faut pas l'enlever. Un produit qui fonctionne bien est un produit qui est pertinent dans sa dimension culturelle ».

L'approche de la culture en tant que source d'exploration correspond finalement à des caractéristiques des environnements propices à l'expression de la créativité des individus, comme les designers industriels. La psychologue Teresa Amabile (1988) a identifié des facteurs contextuels favorisant la créativité : la liberté, l'autonomie, l'absence de sanction du résultat comme étant bon ou mauvais. Explorer des concepts sans tenir compte dans l'immédiat des contraintes productiques, financières, organisationnels etc. permet, en somme, aux créatifs de creuser leurs idées et de tendre vers l'impossible sur le plan industriel. La sphère culturelle n'attend pas des résultats commercialisables à court/moyen terme avec un rapide retour sur investissement. Cette démarche les incite donc à exprimer pleinement leur créativité tout en étant légitimés par les institutions qui exposent leurs œuvres ou qui financent leurs recherches par exemple. Ainsi, des designers peuvent s'inspirer des explorations de leurs pairs ou d'artistes comme Brancusi, Gallé et d'autres. La culture joue donc un rôle dans la sphère industrielle comme source de créativité et donc d'innovation (Woodman *et al.* 1993). Néanmoins, si la sphère culturelle est légitime aux yeux des designers, qu'en est-il pour les industriels ?

Le design face aux industriels

Il existe trois manières d'injecter du design dans un projet d'innovation : l'industrie accueille en son sein un designer intégré, elle collabore avec une agence de design extérieur ou elle combine ces deux situations (Borja de Mozota, 2002). Quand le designer est salarié de l'industrie, cela favorise la confidentialité des idées émises, la cohérence esthétique entre les projets et la mémoire organisationnelle de l'ensemble des idées formulées au cours du temps. Mais, le risque est de limiter la créativité des designers internes. Certaines industries ont choisi alors d'associer à leur service de design interne une agence externe. En effet, Antoine Fenoglio, fondateur de l'agence de design SISMO, explique : *« L'entreprise a besoin que l'extérieur lui dise : « Vous pouvez progresser par là ». En interne, les gens qui ont les ressources pour être créatifs sont tellement organisés qu'ils ne trouvent pas d'innovations. »*

En outre, la combinaison d'un designer interne et un autre externe permet un gain de temps dans le projet : le designer intégré traduit les propositions du designer externe auprès des décideurs industriels. J.-P. Vitrac précise : *« Avoir un design intégré, c'est la possibilité d'une interface entre l'extérieur et l'entreprise. Il n'y aucune contradiction entre un design intégré et extérieur. Les rôles sont différents et complémentaires. On parle un certain langage et les designers intégrés peuvent faire le relais. »*

Cependant, la collaboration de l'industriel avec un designer n'est pas encore « naturelle » selon les experts rencontrés. Christophe Rebours déclare : *« Le problème vient de la sacralisation de l'univers artistique dans notre pays. On n'a pas eu le pragmatisme anglais qui considérait le design comme du business »*. Paul Schmitt, ex-PDG de Le Creuset[1], ajoute : *« Beaucoup d'industriels considèrent encore aujourd'hui le design sous deux points de vue destructeurs : (1) une opération artistique destinée à rendre les produits plus modernes : ils habillent le bossu ; (2) une opération de relation publique : les produits paraîtront dans la presse »*. Aussi, de nombreux industriels imaginent le design industriel comme un métier d'artiste appartenant à la sphère culturelle et non industrielle. Les institutions impliquées en France dans le développement de cette discipline créative corroborent d'ailleurs leur point de vue : le Ministère de la Culture attribue des bourses de recherche aux designers, les écoles des Beaux-arts forment des designers, les Musées exposent des « œuvres » de designers… Pourtant, le design concerne l'industrie !

En fait, même si le design comprend une dimension culturelle, il ne s'agit pas d'un art, car il est une créativité dédiée à la production en série. Eric Fache, designer et Président du syndicat FEDI, analyse cette différence ainsi : *« Le design est une création d'arts appliqués à un contexte précis, à un sujet précis et à une question précise. C'est une passerelle entre l'art et l'industrie. Une passerelle, où il y a pleins de choses qui arrivent, innovations technologiques, innovations sociales... Le designer va les mettre en forme en vue d'industrialiser le résultat et de le commercialiser. Le designer ne produit pas une œuvre, mais un travail. Sinon, il bascule*

[1] Industrie d'articles de cuisine en fonte émaillée.

dans l'artistique ». Dans la même veine, J-P. Vitrac, designer et fondateur de Design Pool, dit : « *La création artistique vise un individu qui s'implique dans son propre discours et communique ce qu'il veut. Le design est un investissement créatif au profit de l'entreprise, d'une collectivité locale etc.* ». Le design vise donc les industries.

Or, les industries actuelles doivent, d'un côté, rentabiliser leur outil de production, ce que permet notamment la standardisation des produits, et de l'autre côté, être créatives et proposer des innovations sur le marché. Elles doivent *exploiter* et *explorer* (March, 1991). Et le design est une manière de concilier ces deux réalités. Chantal Riols de l'APCI explique : « *La créativité n'est pas la libération de toutes les contraintes. Le designer peut innover en intégrant les contraintes techniques, organisationnelles, etc. La contrainte ne tue pas la créativité. Comment bien intégrer les contraintes pour mieux les anticiper : voilà l'objet du design* ».

Les industriels français commencent à assimiler une telle approche du design : une étude du Ministère de l'Economie, des Finances et de l'Industrie (2002) montre que plus d'un tiers des PME françaises ont déjà fait appel aux agences de design. Dans 43% des cas, l'objectif était d'être plus créatif dans les méthodes de conception, objectif atteint selon elles (tableau 1). Tout en tenant compte des contraintes organisationnelles, techniques, productiques etc., les PME retirent ainsi de l'intégration du design une stimulation de leur créativité et de leur innovation (Woodman, Sawyer et Griffin, 1993).

Tableau 1 - Effets de l'intégration du design sur l'entreprise

Effets sur…	% / Total
La stimulation de la créativité	60
La stimulation des équipes internes	30
Le développement d'une culture qualité	24
La pratique de la veille technologique	18
La mise en place de nouvelles méthodes	15
Le décloisonnement des services	9
Le changement d'organisation	3
Autres effets	3

Remarque 1 - Adapté de l'Etude du Ministère de l'Industrie, 2002, p. 61.

Cette première section nous a conduits à souligner l'importance des références culturelles inhérentes au design industriel. Néanmoins, l'appréhension positive de la Culture dans le design industriel par les industriels a nécessité - et nécessite encore - le soutien des institutions, y compris celles de la sphère culturelle.

LEÇONS TIREES DES ACTIONS CULTURELLES AUTOUR DU DESIGN

Héritée de la monarchie et portée par la volonté républicaine de l'égalité des français devant la culture, les institutions culturelles jouent une fonction régalienne d'encouragement des artistes (Monnier, 1995). Dans le cas du design industriel, le Ministère de la Culture a contribué au soutien des designers en créant notamment l'Ecole Nationale Supérieure de Création Industrielle (ENSCI) en 1983 et en la finançant jusqu'à aujourd'hui, mais aussi en soutenant des manifestations comme la Biennale Internationale du Design à Saint-Étienne, des concours comme l'Observer de l'APCI... (Meyer, 2001).

C'est pourquoi, nous pouvons nous demander : qu'est-ce qu'une institution culturelle ? Comment la dimension culturelle du design industriel est-elle concrètement soutenue par les institutions ? Quelles leçons tirées des actions institutionnelles ? Quels en ont été les résultats pour les industriels ? Les paragraphes suivants se proposent de répondre à ces questions de manière à mieux comprendre en quoi la culture favorise le développement des projets d'innovations des industriels intégrant le design industriel.

Définitions des institutions culturelles en France

Eu égard à la définition proposée de la culture dans ce chapitre, les institutions culturelles en France regroupent d'abord le Ministère de la Culture et de la Communication depuis sa création par André Malraux en 1959, mais aussi les structures impliquées dans la politique culturelle. Philippe Urfalino, chercheur CNRS, rappelle qu'à sa création, la politique culturelle n'incluait pas les actions éducatives. Ainsi, A. Malraux affirme : *« Il appartient à l'Université de faire connaître Racine, mais il appartient seulement à ceux qui jouent ses pièces de les faire aimer. (...) La connaissance est à l'Université ; l'amour, peut-être, à nous »* (Discours au Sénat, le 8 décembre 1959).

Cette position a largement évolué au fil du temps avec pour signe évident les actions entreprises par Jack Lang, alors Ministre de la Culture, en 1981. Lors de son discours prononcé à Mexico en 1982 au sein d'une conférence de l'Unesco, le Ministre condamne l'impérialisme américain culturel par le slogan *« Economie et culture, même combat »*. Selon lui, *« la création culturelle et artistique est victime d'un système de domination financière multinationale et (...) paradoxalement, c'est la création, l'innovation artistique et scientifique, qui permettront de vaincre la crise internationale »*.

Son appel à la créativité dans le cadre économique autorise le rapprochement entre création, invention et innovation et relativise les frontières entre arts, sciences et techniques (Urfalino, 2004). La création de l'ENSCI devient alors légitime par le Ministère de la Culture : *« Vous allez me dire : « Mais voilà un ministre de la Culture qui ne parle que d'industrie, de rendements, de productivité ! » Mais nous le savons bien, aujourd'hui la substance même de la création est une et indivisible, quand bien même ses modalités diffèrent »* (Discours pour l'inauguration de l'ENSCI, 17 mai 1983). La politique culturelle s'attache donc désormais à l'éducation. Ce lien a renforcé sa lisibilité depuis le lancement du plan « Les arts à l'école » en 2000 par Jack Lang, Ministre de l'Education Nationale, et Catherine Tasca, Ministre de la Culture (Lismonde, 2002). Ainsi, les institutions culturelles françaises réunissent les structures et les projets où le Ministère de la Culture est partie prenante. En outre, dans le domaine de la créativité, Lubart (1999) explique qu'il est possible d'enseigner la créativité en travaillant sur les aspects cognitifs et non-cognitifs, mais aussi en apprenant aux individus à utiliser au mieux leurs ressources. Nous incluons alors dans les institutions culturelles les programmes institutionnels enseignant la créativité par le design.

Par conséquent, les paragraphes suivants se proposent d'analyser en quoi la culture favorise le développement de l'innovation des industries à travers les actions des institutions culturelles axées autour du design industriel. Deux grandes leçons sont mises en avant : ces institutions légitiment l'intelligence du sensible et elles donnent l'occasion aux acteurs du champ organisationnel du design de s'entraîner à la pratique du design.

Leçon n°1 - L'intelligence du sensible intégrée aux innovations industrielles

L'intelligence du sensible complète l'intelligence dite rationnelle. Si la seconde fait appel à des notions cartésiennes et aux sciences de l'ingénieur, la première se réfère à l'utilisation du corps, de la voix, du toucher, de l'ouïe, de la vue et du goût, et aux considérations artistiques (Lismonde, 2002). Nous retrouvons ces caractéristiques dans l'apprentissage du théâtre, du chant, de la poésie, du cinéma... L'intuition est aussi un aspect de l'intelligence du sensible : Simon (1983) explique que le choix d'un homme fait appel, certes, à son analyse cartésienne, mais également à son jugement, à son invention et à son intuition.

Dans le cas du design industriel, l'intelligence du sensible ressort dans la volonté des designers de voir leur objet toucher une personne, lui raconter une histoire, l'émouvoir... Yo Kaminagai, design manager de la RATP[1], précise : *« Il faut toucher les personnes qui sommeillent dans chaque voyageur. Or, le terme même « voyageur » est une activité fonctionnelle. Mais le mot « personne » suppose une âme, des sensations. Pendant le transport, la vie continue ! Si l'on veut s'adresser à la personne, il faut s'adresser à* toute *la personne : à ses besoins, à ses sensations, à son cerveau gauche et à son cerveau droit. »*

Les expositions permettent de légitimer l'intelligence du sensible, car elles modifient les conceptions culturelles des objets, et elles mettent en évidence les artefacts du monde créés par l'homme (Simon, 1991). En effet, comme le précise Scott (2001), les cadres culturels leur donnent un sens : ils seront compris et reconnus grâce à leurs référents culturels et cognitifs. De plus, la production d'objets transforme l'environnement en créant de nouveaux cadres culturels. Par exemple, à la Biennale Internationale du Design à Saint-Etienne, les exposants proposent le fruit de leurs recherches permettant d'appréhender des fonctionnalités classiques, comme boire, manger, dormir, s'asseoir, se coucher etc., d'une manière différente. Pourquoi ne pas s'asseoir sur une chaise sans pied ?

Des associations de promotion du design industriel exposent également des produits industriels. Par exemple, avec le soutien

[1] Entreprise de transport de la région parisienne.

du Ministère de la Culture, l'APCI organise un concours « L'Observer » depuis 1998. Chaque année, sont alors sélectionnés des réalisations dites « innovantes grâce au design ». Cette manifestation a pour objectif de sensibiliser les industriels et les consommateurs français : l'exposition dure trois mois à la Cité des Sciences à Paris, ce qui permet un « travail de pédagogie vers les différents publics »[1]. Or, comme le souligne Raymond Guidot, historien du design industriel : *« Si les industriels sont sensibles à la beauté, il faut qu'ils voient des expositions et lisent des revues spécialisées pour se rendre compte que le design n'est pas que du « replâtrage » ».*

Cette mise à l'honneur de l'intelligence du sensible dans des lieux officiels et légitimes, comme des musées, des manifestations culturelles, assure le bien-fondé d'une telle approche. De plus, l'intelligence du sensible inhérente au métier de designer est reconnue : ces professionnels créatifs communiquent de nouvelles formes d'objets et exposent leurs recherches non commercialisées. L'agence Sismo explique : *« Les expositions nous permettent d'être visibles et de faire reconnaître la qualité de notre design ».* Ainsi, le cas du design industriel montre que la culture offre l'opportunité aux designers d'être reconnus pour leurs qualités culturelles, ce qui est ardu dans la culture française marquée par l'intelligence rationnelle (Calori *et al.*, 1997). En revanche, est-ce pour autant que les industriels vont intégrer l'intelligence du sensible dans leurs innovations ? D'autres actions institutionnelles peuvent favoriser plus concrètement cette intégration : sensibiliser les industriels par *l'action* encadrée institutionnellement.

Leçon n°2 - L'entraînement à la pratique du design industriel

Un entraînement est défini comme « (1) une action d'entraîner, de s'entraîner, en vue d'une compétition sportive et (2) une préparation méthodique, apprentissage par habitude » (Petit Robert 1990). En effet, si, lors d'une compétition, l'effort du patineur artistique semble être naturel, c'est le résultat d'un entraînement, parfois acharné, de ce sportif. Loin de nous l'idée qu'il faille s'entraîner comme ce patineur, mais cet apprentissage par habitude permet de développer les routines d'un individu. En raison de sa rationalité limitée (Simon, 1983), l'individu n'est pas capable d'évaluer les conséquences de

[1] cf. APCI, La Chronique du design, n°60, novembre 2003.

toutes les alternatives possibles face à un problème. En cas d'incertitude, il fera donc appel à ce qu'il maîtrise, mais aussi, par mimétisme, à ce que les autres individus font face à la même problématique. C'est pourquoi des actions institutionnelles culturelles ont pour objectif d'entraîner les industriels actuels et ceux de demain à la pratique de l'intelligence sensible par le design industriel.

Une première action concerne les enfants en âge de scolarité, à savoir les industriels de demain. Cette action mise sur le futur : la première socialisation des individus est la plus forte et elle est réalisée par la maternelle, le primaire et le collège (Calori *et al.*, 1997). Les connaissances de la seconde phase de socialisation apprises au lycée, à l'université, et lors des formations professionnelles seront interprétées par les premiers schémas et seront assimilées si elles sont en harmonie avec ces schémas. Par exemple, de nombreuses actions pédagogiques se sont structurées autour du plan « Les arts à l'école ». Ce projet national a pour mission depuis 2000 d'ouvrir l'école à de nouvelles pratiques et de sensibiliser les plus jeunes aux disciplines artistiques, dont le design, de manière à les transformer, entre autres, en consommateurs avertis et capables de décoder les messages de la société de consommation (Lismonde 2002).

Dans ce plan, a été organisé le projet « Mobi'Découverte » par le CNDP[1] et la Fédération de l'Ameublement en 2002. Il a associé l'enseignement primaire de la région parisienne aux réflexions sur le design, la création et le mobilier. La responsable d'alors de la section « Design, mode et art du quotidien » du CNDP, Marion Laporte, relate : *« Pendant un an, on a demandé aux enfants d'imaginer du mobilier, qui a été ensuite réalisé par des entreprises locales. Les enfants ont pu ainsi comprendre le processus de création et de production industrielle. (...) A travers les pratiques culturelles, les projets permettaient d'accéder à des savoirs fondamentaux d'une manière différente. Par exemple, les enfants faisaient des maquettes et ils apprenaient les notions d'échelle, le passage du 2D au 3D. En faisant un poème, ils travaillaient le vocabulaire et la grammaire.»* Les projets ont ensuite été exposés au VIA[2]. Le design industriel est alors intégré dès la première

---

[1] CNDP : Centre National de Documentation Pédagogique - *www.cndp.fr*
[2] VIA = Valorisation de l'Innovation dans l'Ameublement. www.via.fr

socialisation des individus (Calori *et al.* 1997) : les enfants construisent leurs cartes de représentations en en tenant compte.

Concernant les industriels actuels, nous pouvons nous pencher sur le cas du concours DesignCommerceSaintEtienne a créé en 2003 avec le soutien de l'Ecole des Beaux-arts stéphanoise, la Biennale du design soutenue par le Ministère de la Culture, le Ministère de l'Economie et des Finances... En fait, cette initiative est une copie du concours portant le même nom, mais à Montréal, où il existe depuis 1995. Marie-Josée Lacroix, la Commissaire au Design de Montréal, explique : *« Le concours a été mis sur pied par la Ville de Montréal pour encourager la collaboration entre les professionnels du design et les commençants montréalais. Désormais, ces commerçants constituent une joyeuse cohorte d'ambassadeurs aussi crédibles qu'influents auprès de leurs pairs pour les convaincre des évidents bénéfices du design*[1]*. »* Parmi les avantages, nous retrouvons : un accroissement de la clientèle (+57% en moyenne) et une augmentation du chiffre d'affaires (+45% en moyenne). L'objectif visé par la ville de Saint-Etienne est similaire. Un des lauréats du concours reconnaît : *« Les articles parus dans la presse nous ont permis de nous faire connaître. Les gens sont venus voir sur place. »*[2] Cette reconnaissance est une « performance sportive » pour cet entrepreneur. Ainsi, au vu des bénéfices retirés par les premiers participants au concours, les organisateurs espèrent inciter les autres magasins aux alentours à se lancer dans le design industriel par un simple effet de contagion.

Il ne suffit pas de donner l'envie de s'entraîner ; l'entraînement est aussi important. Dans ce sens, en France, des associations en charge de promouvoir le design industriel jouent le rôle d'entraîneur et imaginent des situations permettant aux entrepreneurs d'intégrer la dimension culturelle dans leurs innovations en minimisant le risque pris. Par exemple, l'APCI a été créée sur l'initiative des Ministères de la Culture et de l'Industrie en 1983 pour rapprocher les aspects économique, social et culturel. Cette Agence est devenue privée en 1993. Son ambition est de promouvoir le design industriel, notamment en organisant des concours et des compétitions. A.-M. Boutin, la

[1] Citation tirée du livre « 10+1 Designers – CommerceDesignMontréal », Canada, Bibliothèque Nationale du Québec, 2004, p.7.

[2] Citations tirées de l'article « Design-moi un commerce », *Aujourd'hui Saint-Etienne*, mai 2005, p. 12.

Présidente de l'APCI, reconnait : *« Les industriels disent : 'Ce que vous me dites, je l'oublie, ce que vous me montrez, je m'en souviens, et ce que vous me faites faire, je le sais.' »* Ainsi, l'APCI a organisé un concours sur le mobilier de la chambre d'hôpital et sur une lampe de bureau. Les équipes étaient composées d'un designer et d'un industriel, et le projet gagnant a fait l'objet d'une commande publique. Les professionnels, les entreprises et l'Etat travaillent alors ensemble dans une même direction. L'objectif est de rendre la collaboration avec un designer naturelle, comme une habitude, un réflexe.

Dans une logique similaire, le Centre du Design du Rhône-Alpes soutenu par de nombreux partenaires, comprenant la Biennale du Design, le VIA, le Ministère de l'industrie etc., accompagne les entrepreneurs qui le souhaitent dans leur travail avec un designer. Cela évite certains impairs, comme une correspondance inadéquate entre le projet de l'entreprise et les compétences du designer. De ce fait, si la première collaboration est une réussite, il y a plus de chances que l'entrepreneur réitère son expérience. M.-M. Gabillard, la directrice, déclare : *« Le mieux est qu'elles se sentent en sécurité lors de leur première expérience. Ensuite, fort de leur réussite, elles auront envie de continuer et d'aller plus loin individuellement ou collectivement. »* Le CDRA encadre donc les actions d'intégration du design dans les projets industriels innovants.

Légitimer l'intelligence du sensible et entraîner les industriels à la pratique du design industriel dans la sphère culturelle illustrent comment la culture peut favoriser le développement de l'innovation au sein des industries en France. Ces deux leçons tirées des actions institutionnelles mettent également en avant l'intérêt pour les industriels de profiter de la culture : les résultats sont le fruit d'une réflexion de longue durée, ce qui est possible dans la sphère culturelle et qui l'est bien moins dans l'univers industriel. De plus, l'hétérogénéité de la culture offre aux industriels des ouvertures pour l'exploration. Enfin, la recherche formelle et narrative sur une œuvre est testée dans la sphère culturelle, ce dont peuvent bénéficier les industriels.

CONCLUSION

L'objectif de ce chapitre était de montrer comment la sphère culturelle du design industriel enrichit l'univers industriel, d'où leur consubstantialité. Imposer uniquement les normes économiques et industrielles aux designers s'avère donc être un non sens stratégique. Non seulement cela amputerait cette discipline créative d'une source d'exploration, mais cela nuirait aux industriels. La légitimité d'une innovation est aussi à étudier en fonction des normes culturelles, comme l'illustre la brosse à dent de P. Starck, FluoCaril et C. Brancusi.

Pour conclure, nous souhaitons soulever la nécessité d'atteindre un équilibre entre une absence d'intégration de la culture dans les projets d'innovation et, l'inverse, une assimilation totale de la culture à l'industrie. Jusqu'où ne pas aller trop loin ? Qui juge la réussite ou l'échec de la conjonction de ces deux univers ? Eu égard à notre définition de l'innovation, le marché peut indiquer, au cas par cas, si l'équilibre est atteint. Cela implique, par conséquent, d'être conscient de la difficulté d'atteindre cet objectif final. Mais, s'il est atteint, l'industrie en profite grandement.

BIBLIOGRAPHIE

Amabile T., A model of creativity and innovation in organizations, *Organizational Behavior*, vol. 10, 1988, p. 123-167.

Atamer T., Durand R., Reynaud E., Développer l'innovation, *Revue Française de Gestion,* n°155, 2005, p.13-21.

Aubert V., Hetzel P., Design d'environnement commercial et phénomène de mode: une approche sémiotique, *Design / Recherche*, n°4, juin, 1993, p.19-38.

Ayral S., *L'intégration du design dans les stratégies de développement des industries de matériaux polymères,* Thèse : Pottier P. (dir.), Montpellier I, 1994.

Borja De Mozota B., *Design management*, Editions d'Organisations, Paris, 2002.

Calori R., Lubatkin M., Veiga J. F., Modelling the origins of nationally-bound administrative heritages: a historical institutional analysis of French and British Firms, *Organization Science*, vol. 8, n°6, nov-dec, 1997, p. 681-696.

De Noblet J., *DESIGN Le Geste et le Compas*, éditions Aimery Somogy, 1988.
Dimaggio P. J., Powell W. W., The iron cage revisited: institutional isomorphism and collective rationality in organisational fields, *American Sociological Review,* vol. 48, 1983, 174-160.
Durand R., *Entreprise et évolution économique,* éditions Belin, Paris, 2000.
Endt E., Design : du « cosmétique » au stratégique, *Revue Française de Gestion*, sept-oct, 1990, p.94-100.
Farjoun M., The dialectics of institutional development in emerging and turbulent fields: the history of pricing conventions in the on-line database industry, *Academy of Management Journal*, vol. 45, n°5, 2002, 848-874.
Fayolle C., *Le design*, éditions Scala, Paris, 2005.
Ford C., A theory of individual action in multiple social domains, *Academy of Management Review*, vol. 21, n°4, 1996, p.1112-1142.
Giacometti J., Gallé Emile, *Encyclopedia Universalis version 10,* 2005.
Gorb P., Design-management et gestion des organisations, *Revue Française de Gestion*, sept-oct, 1990, p.66-72.
Guerrang R.-H., Starck Philippe, *Encyclopédie Universalis,* version8, 2002.
Guidot R., *L'histoire du design 1940-2000*, éditions Hazan, Paris, 2000 (ré-édition).
Hetzel P., Le rôle de la mode et du design dans la société de consommation postmoderne : quels enjeux pour les entreprises ?, *WP, URA CNRS 1257,* Université Jean Moulin Lyon 3, 1993.
Hoffman A., Institutional evolution and change: environment and the U.S. chemical industry, *Academy of Management Journal,* 42, 4, 1999, p. 351-371.
Jeudy H.-P., *Traverses n°2, Le design,* Ed. de Minuit, Paris, 1975.
Landry R., *Contributions du design industriel au processus d'innovation et de communication de l'entreprise*, Thèse Doctorat, Aix Marseille 3, 1987.
Lismonde P., *Les arts à l'école, Le plan de Jack Lang et Catherine Tasca*, éd. Gallimard, Paris, 2002.
Loewy R., *La laideur se vend mal,* édition Gallimard, Paris, 1963 (traduction française).

Lounsbury M., Glynn M.-A., Cultural entrepreneurship: stories, legitimacy and the acquisition of resources, *Strategic Management Journal,* 22, 2001, p. 545-564.
Lubart T., Componential Models, *Encyclopaedia of creativity*, vol. 1, 1999, p. 295-300.
Lucie-Smith E., *A history of industrial design,* Phaidon-Oxford, 1983.
March J., Exploration and Exploitation in Organizational Learning, *Organization Science*, vol. 2, n°1, February, 1991.
Meyer C., *La stratégie design de l'entreprise,* Les Echos-Etudes, collection Le Management stratégique, France, 2001.
MINISTERE DE L'ECONOMIE, DES FINANCES ET DE L'INDUSTRIE, *Les pratiques du design en PMI,* rapport réalisé par Design France et Tremplin Protocoles, novembre, 2002.
Monnier G., *L'art et ses institutions en France, De la révolution à nos jours*, éditions Gallimard, Paris, 1995.
O.E.C.E., AGENCE EUROPEENNE DE PRODUCTIVITE DE L'ORGANISATION EUROPEENNE DE COOPERATION ECONOMIQUE, *L'esthétique industrielle aux Etats-Unis*, Projet n°278, 1959.
Powell W., Dimaggio P., *The new institutionalism in organizational analysis*, The University of Chicago Press, 1991.
Quarante D., Former au design les gestionnaires et les ingénieurs, *Revue Française de Gestion,* sept-oct, 1990, p. 89-93.
Schumpeter J., traduit par G. Fain, *Capitalisme, socialisme et démocratie,* édition Payot, Paris, 1947.
Scott W. R., *Institutions and Organizations*, 2nd édition, Foundations for organizational science - A sage publications series, 2001.
Simon H., *Administration et processus de décision*, Economica, Paris, 1983.
Simon H., *Sciences des systèmes – Sciences de l'artificiel*, Dunod, Paris, 1991.
Suchman M., Managing legitimacy: strategic and institutional approaches, *Academy of Management Review*, vol. 20, n°3, 1995, p. 571-610.
Szostak Tapon B., Créativité industrielle et stratégie d'innovation, in *L'entreprise innovante et le marché. Lire Galbraith*, B. Laperche (dir.), L'Harmattan, 2005, p.199-221.
Szostak Tapon B., *L'impact des facteurs organisationnels sur l'image institutionnelle. Le cas des agences de design en*

France, R. Durand (directeur), Thèse de Doctorat, Université de Lyon3, 2006.
Thiebaut P., *Emile Gallé. Le magicien du verre,* Découvertes Gallimard, France, 2004.
Urfalino P., *L'invention de la politique culturelle,* Hachette Littératures, Paris, 2004.
Whitford F., *Le Bauhaus*, Thames and Hudson, Londres, 1989.
Woodman R., Sawyer J., Griffin R., Toward a theory of organizational creativity, *Academy of Management Review*, vol. 18, n°2, 1993, p. 293-321.

CHAPITRE IX

Cognition, information et décision : les consommateurs et les études de marketing

Maud HERBERT

Pour maintenir sa croissance, sa profitabilité et sa place au sein d'un marché concurrentiel, une entreprise se doit de développer sans cesse des produits ou des services nouveaux. L'innovation est donc une variable clé pour les managers en marketing dont le rôle est à la fois de développer la nouveauté mais aussi de transformer l'innovation en succès commercial. Dans ce contexte, une innovation marketing se définit comme toute idée, produit, service ou technologie qui est perçu par les consommateurs comme quelque chose de neuf, de nouveau sur le marché (Kotler, 2005). Une innovation marketing peut être le résultat d'un changement de contexte concurrentiel ou technologique, le produit d'une politique de management de renouvellement rapide ou provenir d'une évolution du comportement des consommateurs (changement d'habitudes ou modification de la consommation). Le processus de développement d'un nouveau produit ou service est souvent complexe mais peut se résumer par l'enchaînement de neuf grandes étapes (Kotler, 2005) comme présenté dans la figure 1 :

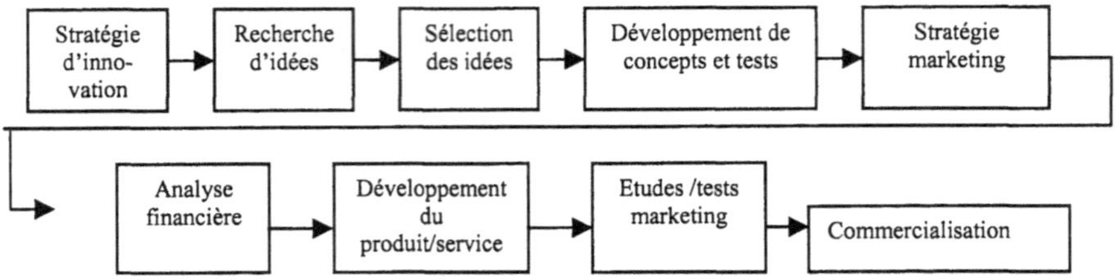

Fig. 1. Les neuf étapes du développement d'un nouveau produit/service (Kotler)

L'examen de ces différentes phases montre que le processus d'innovation ne repose pas uniquement sur l'entreprise et ses ressources internes mais aussi sur des ressources externes, à savoir ses propres clients ou des consommateurs lambda. Ainsi, si l'avant-dernière phase, celle des tests marketing leur est très clairement dédiée (il s'agit par exemple de test de packaging, test de produits, test de communication autour du produit sous forme de sondages, réunions de groupe ou entretiens individuels) ; les consommateurs peuvent aussi intervenir en amont du processus lors de la recherche d'idées (phase 2), par exemple lors de sessions créatives ou par le biais d'une enquête de satisfaction ou en phase 4, au moment de retenir les concepts les plus prometteurs. Une partie du processus d'innovation se fonde donc sur des données dites déclaratives puisque émanant des réponses produites par les consommateurs interrogés au cours des études marketing. Dès lors, il semble important de s'interroger sur le crédit à apporter à ce type de données en étudiant le comportement d'un consommateur lorsqu'il se trouve en situation de questionnement. Il s'agit de comprendre si le questionnement peut provoquer des réactions chez les individus interrogés et si ces dernières sont susceptibles de perturber les mesures collectées et *de facto* les décisions qui se fondent sur les résultats de l'étude.

LE COMPORTEMENT DE REPONSE : UN DEBAT RECURRENT EN SCIENCES SOCIALES

L'examen de l'activité de l'individu interrogé et la possibilité d'un impact direct sur les mesures est une problématique méthodologique qui a été étudiée très tôt et de façon récurrente dans de nombreuses disciplines en sciences sociales. Dès 1933, un article pionnier du psychologue Rosenzweig (1933) explique que le sujet humain « conçoit une ribambelle de pensées, essaye de découvrir le but de l'expérience et d'anticiper la manière dont on va l'évaluer ». A la même époque (1927-1933), des études sur la productivité au travail sont menées par Mayo et son équipe dans les usines de la Western Electric Company à Hawthorne, faubourg de Chicago. L'analyse des résultats montre qu'il existe ce qui fut appelé « l'effet Hawthorne » c'est-à-dire la production de résultats (en l'occurrence une hausse de productivité) qui ne seraient pas directement imputables aux facteurs testés, mais à l'effet psychologique que la conscience d'être sujet de recherche exerce sur le comportement de l'individu. Plus tard, fin des années soixante et soixante-dix, un courant de chercheurs en psychologie sociale et comportementale (les « artéfactologistes ») s'intéresse au sujet expérimental humain et à son impact sur les mesures collectées dans les conditions du laboratoire. Adair (1972, 1973), Boring (1969), Campbell (1963, 1979), Kelman (1967), Kruglanski (1975), Lana (1959, 1964, 1969), Masling (1966), McGuire (1969), Milgram (1963, 1974), Orne (1959, 1962, 1969, 1970), Riecken (1962), Rosenberg (1965, 1969), Rosenthal (1966, 1969, 1973), Rosnow (1969, 1973), Silverman (1968, 1977) étudient les caractéristiques de l'expérimentation (principe du contrôle, incidences du pré-test expérimental, emploi de techniques de dissimulation, création d'une situation anxiogène, demandes implicites de l'expérimentateur) ; le sujet humain et son rôle lors d'une expérimentation ; les erreurs de mesure artificielles qui peuvent menacer les mesures expérimentales (artéfacts comportementaux) ; les phénomènes de volontariat ou encore d'obéissance aveugle à l'autorité scientifique. En 1975, Sawyer explique que les recherches expérimentales en comportement du consommateur sont susceptibles d'être touchées par les « artéfacts du questionnement » (*demand artifacts*) c'est-à-dire l'erreur de mesure qui résulte de l'adoption d'un rôle par l'individu lorsqu'il est questionné.

Son travail se fonde sur une approche théorique procédant des travaux du psychologue Orne (1959, 1962, 1969, 1970). Si la communauté scientifique en marketing prend acte, elle se montre relativement frileuse à l'égard de ce phénomène méthodologique. Cette frilosité peut s'expliquer par trois raisons.

La première raison concerne le fait que la littérature sur les artéfacts du questionnement est confinée au contexte particulier de l'expérimentation et fait le plus souvent référence à des expérimentations en psychologie. Sous sa forme la plus stricte, l'expérimentation n'est pas la méthodologie la plus utilisée dans les recherches marketing et les situations expérimentales en psychologie, de par leur nature, font appel à des techniques plus agressives pour l'intime que les expérimentations sur la consommation. La seconde raison qui peut expliquer le défaut de reconnaissance du phénomène méthodologique concerne le manque de clarté théorique du concept. En effet, si le phénomène paraît évident, son mécanisme n'est pas clairement explicité. L'existence d'une réactivité de l'individu n'est pas remise en question, par contre, les modalités de cette réactivité, l'explication des mécanismes du comportement de réponse demeurent imprécises (Carliopo *et al.,* 1983). L'existence d'un nombre important de travaux de recherche en marketing qui cherchent à dissimuler l'objectif de recherche aux répondants sans faire d'allusion explicite aux artéfacts du questionnement témoigne de cette confusion conceptuelle (Perrien, 1997). Enfin, la troisième raison concerne le manque cruel de démonstration empirique des effets. Les travaux qui tentent de montrer qu'un effet artificiel peut exister dans les données (Shimp, Hyatt et Snyder, 1991, 1993 ; Darley et Lim, 1993) n'apportent pas de résultats convaincants et débouchent sur un *statu quo*.

Sur le premier point, il est tenu pour acquis que la réactivité du répondant au questionnement est quasiment instinctive (Christensen, 1977), mais les effets de cette réactivité ne se limiteraient pas uniquement à la méthodologie de l'expérimentation. Déjà en 1979, Cook et Campbell évoquent le fait que l'envie manifestée par les répondants de comprendre les hypothèses de recherche au moment d'une expérience *(hypothesis-guessing effect*), puisse conduire à « des conclusions erronées sur les effets d'un traitement dans le cadre des recherches de terrain ». Les effets du comportement des répondants ont été étudiés dans des situations de questionnement très différentes de l'expérimentation : dans les entretiens qualitatifs (Lincoln et Guba, 1985), dans les recherches ethnographiques (Wallendorf et Belk, 1989) même dans les méthodes d'observation (Kazdin, 1982). De plus, les travaux en comportement du consommateur sur l'influence des critères de la situation sur le comportement de réponse montrent que le mode de collecte fait varier le type de réponses à une même question (Peterson et Kerin, 1981) ; que la manière dont les questions sont formulées et le contexte dans lequel elles sont posées influencent les réponses aux questionnaires et aux entretiens (Sudman et Bradburn, 1982) ; que l'ordre des questions a aussi un impact sur les réponses (Bickart, 1993). A l'instar de Vrignaud (2002), il est possible de dire qu'un biais de réponse peut apparaître dès qu'une mesure est effectuée.

Avant d'avancer vers une clarification conceptuelle, il convient à ce point d'expliciter la terminologie au regard des travaux évoqués précédemment. L'acception du terme situation de questionnement se doit d'être large : elle se réfère à tout processus de recueil d'information auprès d'un individu conscient d'être sujet et objet du questionnement. En effet, c'est bien la conscience d'être questionné qui provoque toujours une réponse de la part de l'individu interrogé (Rosenzweig, 1933 ; Farber, 1963). La situation de questionnement est vécue comme une expérience inhabituelle voire inconnue qui déclenche des réactions « non naturelles » (Christensen, 1977). Le questionnement est aussi considéré comme une interaction sociale, appréhendée par le répondant comme une « conversation ayant un but » (Bingham et Moore, 1934). Elle conduit à un ensemble d'activités inférentielles et interprétatives de la part du répondant (Riecken, 1962), et se caractérise par une asymétrie d'information (Lorenzi-Cioldi, 1997) qui pèse sur l'individu interrogé. Ainsi, plus les conditions du questionnement sont ambiguës, plus le répondant utilisera tous les signes disponibles pour donner du sens à la situation dans laquelle il se trouve (Masling, 1966).

Les signes du questionnement se définissent alors comme tous les indices qu'un individu peut évaluer pendant le questionnement. Ces signes sont explicites (comme les informations dévoilées lors de la prise de contact ou tous les éléments de forme ou de contenu) ou implicites (comme les éléments environnementaux, la gestuelle de l'enquêteur, les intonations de voix, etc.), une liste exhaustive de ces signes ne peut être établie puisqu'il s'agit d'une analyse perceptuelle individuelle et subjective.

Le répondant est donc considéré comme un élément actif de la situation de questionnement (Adair, 1973). Toute situation de questionnement, *a fortiori* en marketing, à partir du moment où le répondant est conscient d'être objet d'une mesure, peut pousser cet individu à vouloir donner un sens à l'interaction (en essayant de discerner l'objectif du questionnement) et peut déclencher de sa part un effet de réponse comportementale : le biais du répondant. Il convient maintenant de clarifier ce phénomène méthodologique en expliquant ses mécanismes.

LE COMPORTEMENT DE REPONSE DU CONSOMMATEUR INTERROGE : UNE APPROCHE PAR LA COGNITION

Selon Bradburn (2004), les progrès récents dans la compréhension des sources d'erreurs de mesure tiennent en grande partie à l'application de modèles de traitements de l'information à ces problématiques (Tourangeau et Rasinski, 1988 ; Sudman *et al.*, 1996).

Pour attribuer un objectif au questionnement, le répondant s'appuie sur son analyse des signes du questionnement. L'objectif discerné est donc le fruit d'un processus perceptuel et le biais du répondant est en fait le résultat comportemental d'un processus de traitement cognitif de l'information apportée par les signes. En adoptant cette approche cognitive, le comportement du répondant et le biais qui en résulte peuvent être expliqués de façon holistique en le décomposant sous la forme d'un processus de médiation du biais du répondant.

Bien que la manière dont le cerveau traite l'information ne se déroule pas de manière figée, il est requis, pour étudier de manière compréhensible ce type de processus cognitif, de le considérer comme une séquence ordonnée d'étapes distinctes (Schwartz et Sudman, 1996). Le processus de médiation se décompose en cinq étapes dont trois principales, comme le montre la figure 2 :

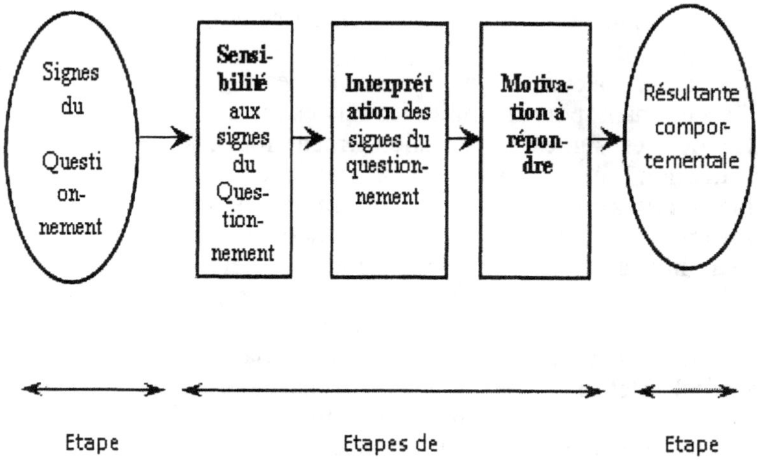

Figure 2 : Schéma du processus de médiation du biais du répondant

L'étape préliminaire est la mise en situation de questionnement (par exemple une étude marketing quantitative comme un questionnaire de sondage) et son corollaire, le fait que le répondant est conscient d'être au centre du questionnement.

La première étape de médiation, celle de la sensibilité aux signes du questionnement, se comprend comme une manifestation d'intérêt de la part du répondant envers les indices qui lui permettent d'attribuer un objectif à l'étude. La sensibilité aux signes peut s'apparenter à une étape d'encodage de l'information.

Il est tenu pour quasi-improbable qu'un individu ne démontre aucun intérêt à l'égard d'une situation de questionnement (Rosnow et Aiken, 1973 ; Shimp *et al.*, 1991). Toutefois, une étude exploratoire qualitative, menée sur quatorze consommateurs répondant à un sondage, a permis d'identifier des individus portant une attention accrue aux questions (lectures multiples, recherche de sens), au format de réponse (comptage du nombre de nuances proposées pour répondre), au lien logique d'enchaînement de ces questions (retour sur les questions précédentes) mais aussi des consommateurs ne manifestant pas une telle activité. Ces derniers peuvent être tenus pour des individus insensibles aux signes. Par conséquent, la sensibilité aux signes présente deux modalités : sensible ou insensible.

La deuxième étape de médiation est celle de l'interprétation des signes du questionnement, elle peut être considérée comme la phase de décodage des signes encodés à l'étape précédente. Un répondant, pour de multiples raisons, peut décider de ne pas décoder les signes du questionnement mais, s'il le fait, son évaluation peut l'amener à attribuer un objectif au questionnement qui est plus ou moins proche du véritable objectif testé. Il faut noter qu'une bonne interprétation n'est pas restreinte à une restitution rigoureuse et sophistiquée de l'objectif ou des hypothèses testées car un répondant s'exprime dans son langage et peut comprendre certains mécanismes du questionnement sans arriver à décrypter parfaitement l'objectif général. Des interprétations, même partielles mais proche de l'objectif testé doivent être jugées comme correctes et celles qui sont loin de la vérité comme erronées.

La troisième étape de médiation est la motivation à répondre qui correspond à la volonté manifestée par le répondant de s'appuyer sur son interprétation des signes pour adopter un comportement de réponse spécifique. Cette étape résulte d'une décision d'agir dans un sens précis, action prise de façon plus ou moins consciente par l'individu. D'après l'étude exploratoire, elle résulterait de l'interaction entre des dispositions personnelles et des variables contextuelles. Il existe trois sens possibles à l'action : l'individu peut être motivé à répondre de façon complaisante (sens positif), contradictoire (sens négatif) ou consciencieuse (sens neutre).

L'étape finale concerne la résultante comportementale à laquelle la médiation des signes aboutit. Les dix combinaisons possibles entre les différentes modalités des trois étapes de médiation résument les chemins comportementaux que les répondants peuvent emprunter, permettant d'identifier, lorsque c'est possible, le sens final du biais sur les mesures. Ainsi, si un individu se montre sensible aux signes, les interprète correctement et est motivé à répondre de façon complaisante, sa résultante comportementale est positive, c'est-à-dire que ses réponses iront dans le sens d'une validation artificielle de l'objectif testé. Par exemple, un individu ayant une telle résultante va, lors d'un sondage testant un nouveau packaging pour le produit de la marque X, donner des notes fortes à X et/ou dévaloriser les marques ou packaging concurrents Y ou Z.

L'encadré 1 présente les dix chemins comportementaux et les sens du biais du répondant.

Encadré 1. Les dix chemins comportementaux du processus de médiation du biais du répondant

Chemin 1. Si le répondant est sensible aux signes du questionnement et les interprète correctement et s'il est motivé à répondre de façon complaisante, alors sa résultante comportementale est positive. Ses réponses influeront les mesures dans le sens de la validation artificielle de l'objectif (hypothèses testées).

Chemin 2. Si le répondant est sensible aux signes du questionnement et les interprète correctement et s'il est motivé à répondre de façon contradictoire, alors sa résultante comportementale est négative. Ses réponses influeront dans le sens de l'invalidation artificielle de l'objectif (hypothèses testées).

Chemin 3. Si le répondant est sensible aux signes du questionnement et les interprète correctement mais s'il est motivé à répondre de façon consciencieuse, alors sa résultante comportementale est neutre. Ses réponses seront sincères et ne contamineront pas les mesures.

Chemin 4. Si le répondant est sensible aux signes du questionnement mais ne les interprète pas correctement tout en étant motivé à répondre de façon complaisante, sa résultante comportementale est dite perturbatrice. Le sens du biais n'est pas identifiable mais ses réponses vont introduire du bruit dans les mesures.

Chemin 5. Si le répondant est sensible aux signes du questionnement mais ne les interprète pas correctement tout en étant motivé à répondre de façon contradictoire, sa résultante comportementale est dite perturbatrice. Le sens du biais n'est pas identifiable mais ses réponses vont introduire du bruit dans les mesures.

Chemin 6. Si le répondant est sensible aux signes du questionnement mais ne les interprète pas correctement tout en étant motivé à répondre de façon consciencieuse, la résultante comportementale est neutre et les mesures ne sont pas contaminées par le biais du répondant.

Chemin 7. Chemin 8. Chemin 9. Si le répondant est sensible aux signes mais ne les interprète pas, quelle que soit sa motivation à répondre (complaisante, contradictoire ou consciencieuse), les mesures ne sont pas contaminées par le biais du répondant.

Chemin 10. Si l'individu n'est pas sensible aux signes du questionnement, les mesures ne seront pas contaminées par le biais du répondant.

Le processus de médiation du biais du répondant offre une vision théorique qui permet de comprendre comment le comportement de réponse d'un consommateur qui tente de discerner l'objectif de recherche peut biaiser les mesures.

Toutefois, il peut aussi être considéré comme un outil pratique qui décompose le comportement de réponse et permet de le mesurer de manière quantitative. Des instruments de mesure pour chaque étape du processus ont ainsi été développés et rigoureusement validés (par les méthodes d'analyse factorielle exploratoire et confirmatoire, d'équations structurelles et matrice MTMM) avant d'être assemblés dans un outil global : le questionnaire de détection du comportement de réponse (ci-après dénommé QDCR)*. Ce dernier, lorsqu'il est accolé à une situation de questionnement classique (de type questionnaire d'étude marketing quantitative) permet d'obtenir un score à chaque étape de médiation du biais pour *in fine*, catégoriser les individus selon leur résultante comportementale (négative, positive, neutre, perturbatrice).

Dès lors, il est devenu possible de tester empiriquement les effets du biais sur les mesures collectées au cours d'une étude marketing de type questionnaire de sondage.

LE BIAIS DU REPONDANT DANS LES MESURES D'ETUDE MARKETING QUANTITATIVE : UNE ETUDE EMPIRIQUE

L'étude des effets du biais du répondant a pour objectif d'examiner si le comportement de réponse a des incidences réelles (c'est-à-dire statistiquement significatives) au moment de l'analyse statistique des données. Pour comprendre ces effets, les stimuli initiaux ont été diversifiés en utilisant deux situations de sondage différentes.

La première situation est un questionnaire *ad hoc* qui teste les attitudes envers une publicité pour une brosse à dents lorsqu'il y a présence ou non sur l'affiche d'une mention précisant que ce produit a reçu le prix de l'innovation accordé par l'union française de la santé bucco-dentaire. La seconde situation de sondage est plus complexe et déjà utilisée lors

* Le Questionnaire de Détection du Comportement de Réponse est composé de :
Une échelle de mesure de la sensibilité aux signes (3 items)
Deux questions d'évaluation de l'interprétation des signes
Une échelle de mesure de la motivation à répondre (6 items)
Soit un total de 11 questions ; les deux échelles de mesures étant doublées par des questions formulées au style indirect, le QDCR complet est composé de 20 questions.

d'une recherche américaine (Raghubir, 1998). L'objectif de ce deuxième sondage est de montrer qu'un consommateur va évaluer le prix d'un produit en s'appuyant sur le montant de la promotion associée à ce produit (*i.e.* le consommateur voit un coupon de réduction et plus le montant du coupon est élevé, plus le répondant va estimer que le produit coûte cher).

945 répondants, affectés aléatoirement (par groupes) à l'un de ces stimuli, ont répondu à la situation de questionnement initiale puis complété le QDCR. Ce dernier a permis de constituer des groupes à chaque étape de médiation du biais puis de rassembler les individus qui avaient suivi le même chemin comportemental, aboutissant à des groupes présentant le même type de biais. L'analyse des données pour chaque situation de sondage a donc été menée sur ces groupes distincts. Pour vérifier s'il y avait un effet artificiel, les résultats de l'analyse statistique sur chaque groupe ont été comparés à l'analyse statistique sur la base de données brutes et à l'analyse sur la base de donnée de référence (groupe des neutres considérés comme exempts de biais).

Nous ne présenterons ici que les principaux résultats de cette étude empirique.

Il apparaît que les répondants catégorisés comme pouvant artificiellement valider certaines questions (biais positif, chemin 1) agissent comme tel en comparaison du groupe de référence. Ainsi, des questions sont statistiquement significatives dans l'analyse de données du groupe positif alors qu'elles ne le sont pas pour le groupe neutre. Par exemple, dans le cas de la recherche sur le prix de l'innovation, trois résultats établissant que la présence sur la publicité de la mention du prix accordé à la brosse à dents apporte une information intéressante, que la publicité plaît au répondant et qu'il trouve que cette brosse à dents propose une meilleure efficacité de brossage sont statistiquement significatives dans le groupe positif mais ne le sont pas dans le groupe neutre. Il faut noter que sur la base de données brute, ces artifices statistiques se retrouvent à nouveau, ce qui permet de conclure que le comportement de réponse d'un individu cherchant à donner un sens au questionnement peut significativement biaiser les résultats d'une étude de marché. En d'autres termes, le biais positif peut avoir une incidence « réelle » sur les mesures. Toutefois, il convient de rester prudent, cette étude empirique montre que le biais du répondant est capable de contaminer des données pas que celles-ci sont systématiquement biaisées, ce qui est très différent. De même, cette étude ne distingue pas l'importance des questions qui sont artificiellement validées, elle montre que, dans un sondage, certains résultats peuvent être faussés, pas que l'étude globale l'est.

Un autre résultat est particulièrement intéressant : la motivation à répondre semble, à elle seule, jouer un rôle déterminant dans la médiation du biais du répondant.

Dans les deux situations de sondage initiales, des répondants regroupés selon le critère de motivation à répondre avec complaisance valident artificiellement des questions que le groupe de référence ne valide pas. De même, dans le cas de l'expérience sur les prix, des individus qui n'ont pas correctement interprété les signes mais qui se caractérisent par une motivation à répondre de façon complaisante, valident statistiquement l'hypothèse (p=0,008) alors que les neutres ne la valident pas. Ensuite, dans les deux types de situations initiales, l'analyse des données sur les groupes de répondants motivés à répondre de façon contradictoire montre qu'ils ont une tendance à la suppression des effets statistiques. Par exemple, dans la recherche sur la brosse à dents, aucune question n'est statistiquement significative alors que l'analyse sur la base de données de référence indique que deux questions devraient être validées. Enfin, dans les deux situations de sondage, les analyses de données menées sur les groupes d'individus caractérisés par leur motivation à être consciencieux présente les mêmes résultats que la référence c'est-à-dire des réponses neutres et des résultats sains.

Ces résultats montrent que la motivation à répondre est une variable forte, qui se comporte statistiquement comme la théorie le prédit, ce qui fait d'elle un indicateur de l'expression du biais du répondant dans les mesures.

Suite à ces résultats, l'interprétation des signes a été étudiée plus en détail afin de mieux évaluer son rôle dans la médiation du biais. Une analyse détaillée, en scindant la mesure d'évaluation de l'interprétation, dévoile que la simple impression de reconnaissance de l'objectif au moment du questionnement peut indiquer une source potentielle de biais (c'est-à-dire un renversement de tendance dans les réponses mais insuffisant pour créer un effet statistiquement significatif). La perception du degré de clarté de l'objectif de recherche a ensuite été étudiée : les répondants qui obtiennent des scores importants d'impression de reconnaissance de l'objectif, tout en n'arrivant pas à restituer un objectif correctement, et qui ensuite, sont motivés à répondre de façon complaisante, valident des questions de façon artificielle. Cela permet de dire que le simple fait d'interpréter les signes révèle la propagation du biais mais surtout que ce n'est pas la justesse de reconnaissance de l'objectif testé qui prévaut mais la simple impression de comprendre « de quoi il s'agit ». Ce résultat corrobore l'hypothèse de phénomènes inconscients de la part des individus interrogés (Orne, 1969).

Outre la démonstration empirique de son existence dans les mesures, cette étude permet de mettre en évidence le rôle prépondérant de la motivation à répondre et de défendre l'approche cognitive par la décomposition séquentielle de la médiation du biais. Ces résultats empiriques vont dans les sens des derniers travaux théoriques sur les artéfacts du questionnement en expérimentation qui prônent un angle de compréhension nouveau du phénomène méthodologique par la mise au jour de ses mécanismes sous-jacents (Allen, 2004) ; travaux non encore publiés au moment où cette étude a été menée.

A l'issue de l'étude empirique, la motivation à répondre apparaît comme le concept clé qui explique le biais du répondant et son échelle de mesure comme l'outil incontournable pouvant diagnostiquer la présence du biais.

Une seconde étude permet de mieux comprendre la motivation à répondre.

MOTIVATION A REPONDRE : UNE VARIABLE STABLE EN LIEN AVEC LES CRITERES INDIVIDUELS

L'étude de la stabilité de la motivation à répondre s'est effectuée en deux temps. Dans un premier temps, les proportions de répondants classés selon leur motivation à répondre ont été observées sur trois situations de sondage différentes (sondage sur le prix de l'innovation attribué à la brosse à dents, enquête sur le prix d'un produit évalué à partir d'un coupon de réduction et test d'innovation packaging pour une bouteille d'eau minérale de grande marque). 1070 répondants répartis sur ces trois situations de questionnement ont complété le QDCR qui était accolé au questionnaire de sondage.

Quelle que soit la situation de sondage initiale, les proportions de répondants motivés à répondre de façon complaisante ou contradictoire ou neutre manifestent une relative invariance. Ainsi, pour chaque situation de sondage, il y avait entre 10 et 20% d'individus motivés à être consciencieux, entre 10 et 15% d'individus contradictoires et entre 65 et 75% d'individus motivés à se montrer complaisants. Ces proportions ne sont pas affectées par les critères de différenciation des situations (tests des effets statistiquement non significatifs). Ces résultats indiquent que la motivation à répondre présente une part de stabilité qui renforce son statut de variable forte et spécifique dans le processus de médiation.

Dans un second temps, 272 répondants ont répondu à une des situations de sondage et au QDCR puis ont été soumis, deux semaines plus tard, à la même procédure mais avec un changement de stimulus initial (une situation de sondage différente de la première vague). Cela permettait d'observer si les scores obtenus à la mesure de motivation à répondre restaient similaires ou non si la situation de questionnement changeait. Les résultats de ce test-retest indiquent que le coefficient de corrélation entre les scores de motivation de la première et de la seconde vague est significatif et considéré comme correct selon les tables de Cohen (1988). Un test de moyennes permet de montrer qu'il n'y a pas de variation significative du score moyen de motivation entre les deux prises de mesures, ce qui permet de conclure que la motivation à répondre présente une part de stabilité forte.

L'étude exploratoire qualitative menée sur les quatorze consommateurs permettait déjà de postuler que la motivation à répondre résultait, entre autres, des dispositions personnelles de l'individu. Les résultats quantitatifs sur la stabilité de cette variable encouragent l'exploration des liens entre la motivation à répondre et des critères caractérisant l'individu (variables individuelles ou de personnalité) qui permettraient d'expliquer la constance dans la motivation à répondre d'une situation de questionnement à l'autre.

Le test des liens avec des variables qui caractérisent l'individu s'est aussi déroulé en deux temps. Tout d'abord une variable conceptuellement liée au biais du répondant : l'anxiété d'être évalué a été testée. En effet, en situation de questionnement, un répondant peut se sentir anxieux d'être personnellement évalué et chercher à gagner une évaluation positive de la part de l'enquêteur en lui procurant des réponses complaisantes (Rosenberg, 1965, 1969). Une mesure de l'anxiété d'être évalué a été prise sur les 1070 observations réparties sur les trois sondages suscités. Le lien entre anxiété d'être évalué et motivation à répondre a été statistiquement étudié (corrélation, test de moyennes, analyse de variance). Il apparaît que les répondants anxieux d'être évalués sont motivés à répondre avec plus de complaisance que les répondants ne manifestant pas d'anxiété d'être évalué. De plus, les individus motivés à répondre avec complaisance sont plus anxieux que les répondants motivés à rester neutres. L'anxiété d'être évalué a donc une incidence directe sur la motivation à répondre et caractérise les répondants qui ont tendance à la complaisance.

Dans un second temps, l'étude se concentre sur l'exploration des liens qui peuvent exister entre le comportement de réponse et des traits de personnalité spécifiques, dans une optique exploratoire telle que préconisée par Chamorro-Premuzic et Furnham (2003).

Les traits de personnalité spécifiques choisis et mesurés sont l'ouverture aux idées, le trait consciencieux, le sens du devoir, l'autodiscipline, le trait amabilité et la coopération.

Bien que la plupart des tests statistiques montrent des effets dans le sens préconisé par les hypothèses, les résultats statistiquement significatifs permettent seulement de conclure que les répondants faisant preuve d'autodiscipline sont plus motivés à répondre de façon neutre tandis que les individus motivés à répondre avec complaisance manifeste un score d'amabilité élevé.

Ce manque de résultats significatifs est dû au caractère très exploratoire de cette phase et à des problèmes psychométriques rencontrés pour mesurer les traits spécifiques. Toutefois, ces résultats encouragent des recherches futures sur les liens entre le comportement de réponse et des traits stables spécifiques qui permettraient de mieux comprendre les sous-tendus psychologiques du comportement de réponse et de dresser des profils afin d'évaluer la présence du biais du répondant selon la population interrogée.

DISCUSSION

Ce travail sur le comportement de réponse des consommateurs avait pour premier objectif de clarifier la notion de biais du répondant sur deux points : en faisant référence au principe de la réactivité du répondant à tout type de questionnement en marketing et en proposant une approche cognitive qui permet d'expliquer le mécanisme du biais du répondant et d'en identifier les différents sens. Les résultats empiriques et leur concordance avec les derniers travaux (Allen, 2004) semblent consolider cette démarche de clarification. Toutefois, l'approche séquentielle par le processus de médiation du biais peut souffrir de cette volonté simplificatrice et sembler parfois schématique. La part faite à l'aspect cognitif du traitement de l'information est prépondérante et occulte le processus affectif qui existe sans doute dans l'interaction sociale qu'est la situation de questionnement. En tenant compte des liens entre la motivation à répondre est des variables individuelles et de personnalité, nous allons dans le sens d'une prise en compte des facteurs externes qui peuvent influencer le comportement de réponse. Cette démarche demande à être plus développée à l'avenir.

Un autre objectif de ce travail était de répondre à une interrogation fondamentale : le comportement de réponse d'un individu répondant à une étude marketing peut-il provoquer des incidences dommageables sur les mesures ? A la lumière des résultats empiriques, il est tentant de répondre oui. Toutefois, il serait trop hâtif de se précipiter sur le signal d'alarme. Les résultats montrent que le comportement de réponse peut avoir une incidence, il s'agit de la démonstration empirique d'un phénomène méthodologique pour l'instant principalement expliqué sous l'angle de la théorie. L'objectif n'était pas de démontrer que toutes les situations de questionnement sont touchées mais simplement de prévenir des dangers que le sujet humain, au centre de ce questionnement, peut représenter.

Notre propos n'est donc pas de condamner les études marketing mais plutôt d'attirer l'attention sur un phénomène méthodologique lié aux consommateurs qui y répondent afin de provoquer une réflexion sur ce point au moment des choix méthodologiques, de la conception de l'étude puis de l'analyse des résultats. Cette recherche va dans le sens d'une démarche de qualité accrue dans les études et recherches marketing.

A ce titre, le QDCR, parce qu'il propose une mesure concrète du comportement de réponse nous semble être un outil intéressant. Ce dernier ne peut être considéré comme un simple questionnaire post-étude, il ne se satisfait pas de mesurer uniquement la reconnaissance de l'objectif du questionnement. Au contraire, il multiplie les mesures du processus de médiation et permet d'identifier clairement le biais mais aussi sa progression.

Il est tout à fait possible d'envisager l'utilisation séparée de certains des outils du QDCR comme simples indicateurs de la qualité des mesures. Il n'est pas rare, lors de la phase d'analyse de données d'une étude marketing de trouver des résultats qui semblent « inexplicables » ou « trop bons », l'utilisation, par exemple, de la mesure de la motivation à répondre permettrait un éclairage nouveau qui pourrait expliquer certains résultats ou relativiser le crédit à leur accorder. Dans la même optique, le développement d'un outil de qualité, inspiré du QDCR mais plus managérial, est en cours avec un intervenant de la profession.

Par ailleurs, ce travail n'est pas exempt de limites. Ainsi, l'examen de décalages déclaratifs dans les mesures empiriques a permis d'identifier des phénomènes inconscients dans la médiation du biais. Ensuite, malgré un souci constant de rigueur et d'autoprotection (comme l'intégration de questions formulées de façon indirecte et la décomposition du comportement de réponse afin d'éviter une mesure unique peu crédible), nous ne pouvons pas nier qu'en utilisant des méthodes classiques comme l'entretien semi-directif et le questionnaire, nous avons soumis les répondants à des situations de questionnement pouvant provoquer les effets de leur réactivité sur nos propres mesures. Enfin, il existe une limite à la généralisabilité de nos résultats puisque les échantillons interrogés sont des étudiants en gestion, ce qui rend les résultats difficilement généralisables à d'autres types de populations.

Ces limites encouragent de futurs travaux. La priorité sera mise sur la réplication des résultats actuels en améliorant les mesures mais aussi en faisant appel à des méthodologies moins classiques. L'objectif étant d'asseoir les résultats par la triangulation des méthodes.

De même, une diversification des populations interrogées sera privilégiée. Dans cette logique, la constitution de listes de caractéristiques situationnelles et de profils psychologiques selon le type de population étudiée permettrait, *in fine,* d'établir des tables de références afin d'évaluer le biais du répondant avant la collecte des données de l'étude mais aussi après, au moment du traitement des données et de l'analyse des résultats. Ceci pourrait constituer une aide méthodologique précieuse pour les chercheurs et professionnels du marketing.

RÉFÉRENCES BIBLIOGRAPHIQUES

Adair J. G., 1973, *The human subject: the social psychology of the psychological experiment*, Boston, Little Brown.

Adair J. G., 1972, Demand characteristics or conformity? Suspiciousness of deception and experimenter bias in conformity research, *Canadian Journal of Behavioral Science*, 4, 3, 238-248.

Allen C. T., 2004, A theory-based approach for improving demand artifact assessment in advertising experiments, *Journal of Advertising*, 33, 2, 163-178.

Rosnow R. L., Aiken L. S., 1973, Role expectations for psychological research participation, *The volunteer subject*, eds Rosenthal R., Rosnow R.L. (1975), New York, Wiley, 25-46.

Bickart B. A., 1993, Carryover and backfire effects in marketing research, *Journal of Marketing Research,* 30, 1, 52-62.

Bingham W. V., Moore B. V., 1934, *How to interview*, New York, Harper Collins.

Boring E. G., 1969, Perspective: artifact and control, *Artifact in behavioral research,* eds. Rosenthal R., Rosnow R. L. (1969), New York, Academic Press, 1-10.

Bradburn N., 2004, Comprendre le processus de question-réponse, *Statistique Canada*, 30, 1, 5-16.

Carliopo J., Adair J. G., Lindsay R. C. L., Spinner B., 1983, Avoiding artifacts in the search for bias : the importance of assessing subjects' perceptions of the experiment, *Journal of Personality and Social Psychology*, 44, 3, 693-701.

Christensen L., 1977, *Experimental methodology*, Boston, Allynand Bacon.

Cook T. D., Campbell D. T., 1979, *Quasi-experimentation, design et analysis issues for field settings*. Boston, Houghton Mifflin.

Darley W. K., Lim J.-S., 1993, Assessing demand artifacts in consumer research: an alternative perspective, *Journal of Consumer Research*, 20, 4, 489-495.

Farber I. E., 1963, The things people say to themselves, *American Psychologist*, 18, 2, 185-197.

Fillenbaum S., 1966, Prior deception and subsequent experimental performance: the "faithful" subject, *Journal of Personality and Social Psychology*, 4, 5, 532-537.

Fillenbaum S., 1970, More on the "faithful" behavior of suspicious subjects, *Journal of Personality*, 38, 43-51.

Kazdin A. E., 1982, Observer effects: reactivity of direct observation, *Using observers to study behavior*, ed. Hartmann D.P., San Francisco, Joey-Bass, 5-19.
Kelman H. C., 1967, Human uses of human subjects: the problem of deception in social psychological experiments, *Psychological Bulletin*, 67, 1, 1-11.
Kruglanski A. W., 1975, The human subject in the psychology experiment: fact and artifact, *Advances in Experimental Social Psychology*, 8, 101-147.
Lana R. E., 1959, Pretest-treatment interaction effects in attitudinal Studies, *Psychological Bulletin*, 56, 4, 293-300.
Lana R. E., 1964, The influence of the pretest on order effects in persuasive communications, *Journal of Abnormal and Social Psychology*, 69, 3, 337-341.
Lana R. E., 1969, Pretest-sensitization, *Artifact in behavioral research,* eds. Rosenthal R., Rosnow R. L., New York, Academic Press, 119-141.
Lincoln Y. S., Guba E. G. (1985), *Naturalistic inquiry,* Beverly Hills, Sage.
Lorenzi-Cioldi F., 1997, *Questions de méthodologie en Sciences Sociales*, collection Actualités en Sciences Sociales, Editions Delachaux et Niestlé.
Masling J., 1966, Role-related behavior of the subject and psychologist and its effects upon psychological data, *Nebraska Symposium on Motivation,* University of Nebraska Press, 67-103.
McGuire W. J., 1969, Suspiciousness of experimenter's intent, *Artifact In Behavioral Research,* eds. Rosenthal R., Rosnow R. L., New York, Academic Press, 13-53.
Milgram S., 1963, Behavioral study of obedience, *Journal of Abnormal Psychology*, 67, 371-378.
Milgram S., 1974, *Soumission à l'autorité*, Collection "liberté d'esprit", Calmann-Lévy.
Orne M. T., 1959, The nature of hypnosis: artifact and essence. *Journal of Abnormal and Social Psychology*, 58, 277-299.
Orne M. T., 1962, On the social psychology of the psychological experiment: with particular reference to demand characteristics and their implications, *American Psychologist*, 17, 776-783.
Orne M. T., 1969, Demand characteristics and the concept of quasi-controls, *Artifact in behavioral research,* eds. Rosenthal R., Rosnow R. L., New York: Academic Press, 147-177.

Orne M. T., 1970, Hypnosis, motivation and the ecological validity of the psychological experiment, *Nebraska Symposium on Motivation,* University of Nebraska Press, 147-177.
Perrien J., 1997, Repositionning demand artifacts in consumer research, *Advances in Consumer Research*, 24, 267-271.
Peterson R. A., Kerin R. A., 1981, The quality of self-report data : review and synthesis, *Annual Review of Marketing*, AMA, Chicago, 5-20.
Raghubir P., 1998, Coupon value : a signal for price ?, *Journal of Marketing Research*, 35, 3, 316-324.
Riecken H. W., 1962, A program for research on experiments in social psychology, *Decisions, Values and Groups*. Ed. Washburne, W. F. New York, Pergamon, 25-41.
Rosenberg M. J., 1965, When dissonance fails: on eliminating evaluation apprehension from attitude measurement. *Journal of Personality and Social Psychology*, 1, 1, 28-42.
Rosenberg M. J., 1969, The conditions and consequences of evaluation apprehension, *Artifact In Behavioral Research*, eds. Rosenthal R., Rosnow R. L., New York, Academic Press, 280-348.
Rosenthal R., 1966, *Experimenter effects in behavioral research,* New York, Appleton-Century-Crofts.
Rosenthal R. (1973), *On the social psychology of the self-fulfilling prophecy: further evidence for Pygmalion effects*. New York, MSS Publication.
Rosenthal R., Rosnow R. L. (1997), *People studying people, artifacts and ethics in behavioral research*. W.H. New York, Freeman.
Rosenzweig S., 1933, The experimental situation as a psychological problem, *Psychological Review*, 40, 337-354.
Sawyer A. G., 1975, Demand artifacts in laboratory experiments in consumer research, *Journal of Consumer Research*, 1, 1, 20-30.
Schwartz N., Sudman S., 1996, *Answering questions: methodology of determining cognition and communication processes in survey research,* New York, Springer-Verlag.
Shimp T. A., Hyatt A. M., Snyder D. J., 1991, A critical appraisal of demand artifacts in consumer research, *Journal of Consumer Research*, 18, 4, 273-283.
Shimp T. A, Hyatt A. M., Snyder D. J., 1993, A critique of Darley and Lim's "alternative perspective", *Journal of Consumer Research*, 20, 4, 496-501.

Silverman I., 1968, Role-related behavior of subjects in laboratory studies of attitude change, *Journal of Personality and Social Psychology*, 8, 4, 343-348.
Silverman I., 1977, *The human subject in the psychological laboratory*. New York, Pergamon.
Sudman S., Bradburn N., 1982, *Asking questions: a practical guide to questionnaire design*, San Francisco, Jossey-Bass.
Sudman S., Bradburn N., Schwartz N., 1996, *Thinking about answers*, San Francisco, Jossey-Bass.
Tourangeau R., Rasinski K., 1988, Cognitive processes underlying context effects in attitude measurement, *Psychological Bulletin*, 103, 3, 299-314.
Vrignaud P., 2002, Les biais de mesure : savoir les identifier pour y remédier, *Bulletin de Psychologie*, 55, 6, 625-634.
Wallendorf M., Belk R. W., 1989, Assessing trustworthiness in interpretive consumer research, *Interpretive Consumer Research,* ed. Hirschman, E., Provo university, Association for Consumer Research, 69-84.

CHAPITRE X

La personnalisation de l'offre. Pratiques bancaires de fidélisation

Annabel SALERNO

Pour un certain nombre d'entreprises, les interrogations actuelles portent sur l'efficacité et sur la rentabilité des politiques, des programmes et des actions de fidélisation. Les pratiques de personnalisation/individualisation sont étroitement associées à ces questions. Pour les entreprises de services en relations d'échange assez personnalisées avec leurs clients (banque, assurance, services professionnels), une question importante est celle de l'équilibre entre les gains de productivité potentiels et les conséquences d'une baisse de l'interpersonnel et de l'individualisation de l'offre (conséquences sur l'attraction de nouveaux clients ou segments de clientèle, sur l'activité commerciale, la fidélité des clients). Le mot « personnalisation » est très souvent relié aux aspects tactiques du MD et du commerce électronique, mais la personnalisation est aussi présente, avec de nombreuses significations, dans plusieurs grands courants du marketing relationnel et en comportement du consommateur. Parmi les notions existantes (Salerno, 2001b), nous nous focaliserons ici sur la qualité des pratiques de personnalisation/individualisation de l'offre et des communications.

Les recherches sur ces pratiques de personnalisation se focalisent souvent sur l'une ou l'autre des dimensions de cette qualité alors que plusieurs contributions soulignent l'intérêt d'une approche plus complète. Ainsi, malgré les conceptualisations de la personnalisation comme contenu social des interactions (par exemple, attention individualisée, empathie) *et* comme individualisation des produits et services (Surprenant et Solomon, 1987), c'est la première de ces deux dimensions qui est généralement retenue en marketing relationnel, essentiellement dans le cadre des études sur la qualité de service. De plus, la personnalisation entendue comme traitement préférentiel ou spécial de certains clients est rarement intégrée. Les recherches les plus complètes sur les effets des pratiques de personnalisation restent essentiellement focalisées sur la satisfaction lors d'une interaction de service. Prise dans son ensemble, l'analyse de la littérature académique ou professionnelle va dans le sens de l'hypothèse selon laquelle les pratiques de personnalisation constituent un facteur de satisfaction et que ces programmes et comportements de l'entreprise doivent favoriser la fidélité. Un modèle général est par conséquent proposé et positionne la qualité des pratiques de personnalisation comme conducteur des comportements de fidélité. Ce modèle sera testé dans le contexte bancaire, contexte où les questions de personnalisation/individualisation constituent des aspects centraux de l'offre (Lovelock, 1983).

CADRE CONCEPTUEL

Dans le modèle général proposé (figure 1), la qualité perçue des pratiques de personnalisation de l'entreprise est positionnée comme conducteur de la fidélité du consommateur. Elle est située avec une influence directe sur la fidélité et/ou indirecte (via la valeur perçue et la satisfaction générale). En d'autres termes, la valeur pour le prix et la satisfaction sont posées comme médiateurs de la relation pratiques de personnalisation – comportements de fidélité. Dans cette perspective, outre l'impact des pratiques de personnalisation, le consommateur est fidèle à l'entreprise parce qu'il est satisfait globalement et/ou considère que le rapport qualité/prix est bon. Le modèle retient donc la notion de « valeur pour le prix » des produits ou services qui n'est jamais analysée de façon simultanée avec l'efficacité des pratiques de personnalisation. Ces pratiques sont situées dans un modèle de fidélité et influencent les construits de la séquence valeur - satisfaction - comportements de fidélité.

Figure 1 - Modèle général

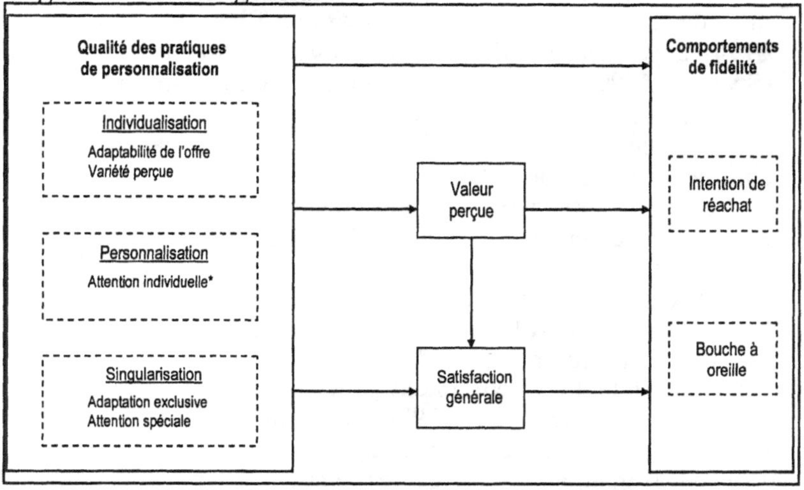

La séquence valeur - satisfaction - comportements de fidélité

Ainsi, deux grands types de comportements de fidélité sont retenus pour la construction du cadre de recherche sur le rôle de la qualité des pratiques de personnalisation : (1) l*es comportements de réachat ou de maintien de la relation* qui correspondent à l'augmentation ou à la stabilité de l'activité commerciale avec l'entreprise ou la marque (Fornell, 1992) ; (2) *le bouche à oreille favorable.* Cette forme d'influence sociale du consommateur est une tendance du consommateur à recommander une entreprise, une marque à d'autres consommateurs (Reynolds et Beatty, 1999).

Comme le soulignent Lam *et al.* (2002), alors que la satisfaction spécifique à une transaction peut fournir un diagnostic spécifique sur une rencontre de service ou un produit particulier, la satisfaction cumulative ou globale est un indicateur plus fondamental de la performance passée, présente et future de l'entreprise influençant la fidélité client à long terme. Cette recherche retient la notion de satisfaction générale définie comme « une évaluation générale de l'expérience totale d'achat et de consommation d'un produit ou service au cours du temps » (Anderson, Fornell et Lehmann, 1994).

Depuis peu, la littérature commence donc à se focaliser sur la valeur comme une variable fondamentale pour expliquer le comportement d'achat, la satisfaction et la fidélité à l'entreprise ou à la marque. Cependant, la valeur perçue est un concept difficile à définir et à mesurer (Woodruff, 1997 ; Holbrook, 1994) avec des significations qui varient selon les contextes (Sweeney, 1994). Parmi les nombreuses notions présentes dans la littérature, cette recherche retient la définition plus économique de Zeithaml (1988), c'est-à-dire la valeur perçue comme « ce que l'on obtient pour le prix payé ».

Le lien satisfaction-comportements de fidélité a été beaucoup plus étudié (Fornell, 1992 ; Cronin et Taylor, 1992 ; Mittal, Kumar et Tsiros, 1999) que l'influence de la valeur sur cette fidélité (Bolton et Drew, 1991 ; Parasuraman, Grewal et Voss, 2002). Le rôle médiateur de la satisfaction de cette relation reste rarement étudiée. Bien que plusieurs auteurs suggèrent que la valeur client joue un rôle majeur pour la satisfaction du client (Gale, 1994) et que la satisfaction du client soit une réaction du client par rapport à la valeur (Woodruff, 1997), l'examen empirique de ces relations a reçu une attention limitée (Lemmink, de Ruyter et Wetzels, 1998). Dans la littérature sur le management des services, la satisfaction client est le résultat de la perception de la valeur reçue et celle-ci est égale à la qualité de service perçue par rapport au prix (Hallowell, 1996).

Tout comme la satisfaction, la valeur est également positivement liée à la fidélité client (Bolton et Drew, 1991 ; Sirdeshmukh, Singh et Sabol, 2002). La littérature suggère que cette relation est *médiatisée* par la satisfaction générale. Dans leur étude, Patterson et Spreng (1997) concluent que la satisfaction est le seul antécédent des intentions futures des clients, l'influence de la valeur perçue s'exerçant exclusivement de manière indirecte, via la satisfaction. Cronin, Brady et Hult (2000) qui s'intéressent aux relations entre la valeur, la satisfaction et la fidélité justifient leurs interrelations mais ne testent pas formellement le rôle médiateur de la satisfaction générale dans la relation valeur - fidélité. Cependant, outre cet effet indirect, leurs résultats mettent en avant une influence directe importante de la valeur sur les intentions de comportement. Liu, Bernhardt et Leach (1999) montrent également le rôle de médiateur partiel de la satisfaction dans la relation valeur client et les intentions de comportements de fidélité. Ces recherches et nous incitent à poser :

H1 : La satisfaction générale joue un rôle médiateur dans (a) la relation valeur perçue - intention de réachat et (b) la relation valeur perçue - bouche à oreille.

La qualité des pratiques de personnalisation

L'analyse de la littérature et des recherches récentes (Salerno, 2001a, 2001b) permettent de distinguer la personnalisation qualifiée de non exclusive par rapport à des pratiques de personnalisation exclusive et de poser l'existence d'un regroupement de ces variables en deux grandes dimensions : l'individualisation et la personnalisation. La singularisation regroupera les dimensions de personnalisation et d'individualisation exclusives. Les dimensions des pratiques de personnalisation sont définies successivement avant d'analyser leur rôle dans la séquence valeur - satisfaction - fidélité.

a) Les dimensions liées à l'individualisation

La revue de littérature sur l'individualisation des produits et services nous permet de distinguer deux composantes :

- *Adaptabilité de l'offre.* La notion d'adaptation des produits et services aux besoins du client individuel correspond aux stratégies génériques de sur mesure (Surprenant et Solomon, 1987) et de sur mesure de masse (Lampel et Mintzberg, 1996). Elle se définit donc comme le degré d'adaptation de l'offre à la situation/aux besoins du client.
- *Variété perçue.* L'offre de variété est très souvent associée à celle de sur mesure et de sur mesure de masse (Kahn, 1998 ; Surprenant et Solomon, 1987 ; Hart, 1996). Une variété dans la ligne de produit permet au consommateur de trouver plus facilement l'option qu'il désire et aux vendeurs d'adopter plus facilement des présentations sur mesure dans leurs approches de « vente adaptative » (Weitz, Sujan et Sujan, 1986 ; Saxe et Weitz, 1982). Kahn (1998) distingue la variété réelle de la variété perçue qui repose sur le nombre d'options acceptables et la diversité souhaitée parmi ces options. La variété perçue est une dimension de l'individualisation définie comme la perception du client de l'étendue des produits, services, versions et options offerts par l'entreprise.

b) Les dimensions liées à la personnalisation

L'attention individuelle et la pseudo-personnalisation[1] peuvent être distinguées à ce niveau. L'attention individuelle

[1] La pseudo-personnalisation est liée à la communication via les médias de marketing direct (mailings/e-mails) qui permettent, à la différence des médias traditionnels, d'établir une relation personnelle privilégiée avec le client. Cette

peut se manifester par un large éventail de comportements (Mittal et Lassar, 1996). L'analyse de la littérature nous permet cependant de regrouper ces comportements liés à l'attention individuelle selon trois sous-dimensions brièvement développées ci-dessous :

- *Empathie cognitive.* Elle est définie comme la tendance d'un individu à adopter le point de vue d'une autre personne (Davis, 1983). Pour Parasuraman, Zeithaml et Berry (1988), c'est *« la prise en considération, l'attention individualisée que l'entreprise accorde à ses consommateurs ».* Cette notion a été rebaptisée « personnalisation » dans l'échelle Servqual-P développée par Mittal et Lassar (1996). La capacité du personnel en contact à identifier précisément ce que le client souhaite pour lui proposer un produit ou service adapté relève de cette empathie cognitive (Mayer et Greenberg, 1964). L'empathie cognitive (*perspective taking*) permettra donc une meilleure adaptation du personnel de contact - vendeur adaptatif qui utilise des présentations uniques pour chaque client et adapte son comportement à chaque interaction (Spiro et Weitz, 1990).
- *Personnalisation par apprentissage.* Berry et Gresham (1986) parlent de stratégie d'individualisation de la relation pour se référer à cette phase de compréhension parfaite du client et de ses besoins qui permet l'adaptation de l'offre. Cette forme est également très proche de la personnalisation sur mesure dans les rencontres de service (Surprenant et Solomon, 1987), du concept de vente adaptative (Weitz, Sujan et Sujan, 1986) ou encore du développement de la connaissance du client, de ses préférences et de l'évolution de ses besoins dans le cadre d'une relation (Gilmore et Pine, 1997). Les notions d'adaptation, d'adaptabilité des services ou du personnel de service grâce à la connaissance accumulée du client sont centrales. A travers ce processus d'apprentissage, il y a acquisition d'une capacité à anticiper les comportements des clients et à s'y adapter. Cette relation d'apprentissage permet au personnel de mieux anticiper les besoins et d'améliorer la pertinence des offres individualisées. Une relation d'apprentissage du client se développe aussi grâce aux bases de données alimentées par les informations individuelles associées aux multiples interactions. La personnalisation par apprentissage se

---

seconde dimension, déjà analysée dans le contexte bancaire (Salerno, 2001a) ne sera pas utilisée ici.

manifeste ainsi par des offres pertinentes à l'initiative de l'entreprise.

- *Humanisation / déshumanisation de la relation par le personnel.* Elle correspond à la manière avec laquelle les employés s'adressent aux clients comme à une personne de façon froide et impersonnelle pour certains et plus chaleureusement et personnellement pour d'autres (Mittal et Lassar, 1996).

c) Les dimensions liées à la singularisation

Les pratiques de personnalisation exclusive peuvent porter sur les éléments de processus (attention spéciale) ou sur l'offre (adaptation exclusive).

- *Attention spéciale.* Le traitement spécial ressort comme bénéfice relationnel dans l'étude de Gwinner, Gremler et Bitner (1998) sur les bénéfices attendus des clients ayant une relation à long terme avec une entreprise. Cette attention se réfère à la façon dont le personnel traite le client de façon spéciale par rapport aux autres clients.
- *Adaptation exclusive.* Contrairement à l'attention spéciale, l'adaptation exclusive relève d'une individualisation exclusive (pas le processus mais l'offre). Il s'agit des exceptions, des réponses aux demandes spéciales, à la flexibilité pour apporter du sur mesure, pour combiner des options. Berry (1995) parle de supplément de service. Cette adaptation relève de l'exclusif car elle peut être perçue comme privilégiée et « non disponible pour les autres ».

Le rôle des pratiques de personnalisation dans la séquence valeur - satisfaction - comportements de fidélité

a) Pratiques de personnalisation et satisfaction générale

L'influence de la qualité d'un produit ou d'un service sur la satisfaction a été largement mise en avant dans la littérature. Dans une approche d'évaluation par dimension de la qualité, cette satisfaction est généralement fonction des évaluations données sur ces dimensions (Mittal, Kumar et Tsiros, 1999 ; Spreng et Mackoy, 1996), en particulier dans le contexte bancaire (Caruana, 1999).

L'individualisation du produit ou du service ressort comme un facteur important de la satisfaction des clients (Surprenant et Solomon, 1987). Fornell *et al.* (1996) montrent que le sur mesure est important pour la satisfaction, que ce soit en termes de perceptions de la qualité ou d'attentes. Ils montrent également que l'individualisation est plus centrale dans le secteur des services que dans celui des produits. La variété des assortiments est également un déterminant important du choix du magasin, de la satisfaction et des ventes (Kahn et Lehmann, 1991 ; Kahn, 1998).

Quant au rôle de l'interaction interpersonnelle dans la satisfaction client, il est tout particulièrement reconnu dans la littérature (Crosby, Evans et Cowles, 1990 ; Narver et Slater, 1990). Les conclusions de l'étude de Humphreys et Williams (1996) confirment que les processus interpersonnels peuvent être des déterminants significatifs de la satisfaction et mettent en avant l'importance de la flexibilité du vendeur, de l'attention individualisée de celui-ci pour ces clients et de la nécessité de développer la connaissance clients.

Price, Arnould et Tierney (1995) mettent en avant que l'apport d'extra influence la satisfaction pour les rencontres de services à forte composante affective. Rust, Zahorik et Keiningham (1995) affirment que cela fait passer les clients de la satisfaction au plaisir même dans les services fonctionnels.

b) Pratiques de personnalisation et valeur perçue

Comme le souligne Anderson (1997), « la plupart des clients sont capables de payer plus cher simplement parce que les produits sur mesure ont plus de valeur que les produits standardisés – ils correspondent de façon plus proche aux besoins de chaque individu ». Le fait que dans le domaine des services, les acheteurs et les vendeurs co-créent de la valeur dans le processus d'individualisation souligne l'intérêt d'étudier la valeur lorsque l'on parle de sur mesure :

Les recherches suggèrent une relation positive entre les perceptions de la qualité du produit et la valeur (Dodds, Monroe et Grewal, 1991 ; Parasuraman, Grewal et Voss, 2002). Bolton et Drew (1991) montrent que la qualité du service influence la valeur perçue. Hoch, Bradlow et Wansink (1999) soulignent que les clients accordent de la valeur à la variété disponible.

Ostrom et Iacobucci (1995) soulignent l'importance des relations interpersonnelles sur la valeur. Précisément, ils montrent que le caractère amical semble être un attribut plus important pour les jugements de valeur que dans les jugements de satisfaction et de probabilité d'achat. De même, l'exclusivité des offres et l'attention spéciale perçue peuvent favoriser les perceptions de valeur.

c) Pratiques de personnalisation et comportements de fidélité

Plusieurs études ont trouvé un lien direct entre la qualité de service et les intentions de fidélité (par exemple, Parasuraman, Grewal et Voss, 2002) mais rares sont les recherches qui traitent de l'effet de la personnalisation sur ces intentions (Mittal et Lassar, 1996 ; Bhattacharya et Bolton, 1999 ; Gwinner, Gremler et Bitner, 1998). Une question majeure n'y est pas traitée :

L'influence de la qualité des pratiques de personnalisation sur les comportements de fidélité est-elle directe et/ou totalement indirecte via son influence sur la valeur et la satisfaction ?

Les études sur la relation qualité-fidélité s'intéressent, soit au rôle de médiateur de la satisfaction (Cronin et Taylor, 1994 ; Fullerton et Taylor, 2002), soit au rôle de médiateur de la valeur (Dodds, Monroe et Grewal, 1991 ; Sirohi, McLaughlin et Wittink, 1998) mais n'incorporent pas simultanément ces deux construits. La prise en compte simultanée de la qualité, de la valeur et de la satisfaction est pourtant fondamentale pour comprendre les intentions de fidélité des consommateurs (Cronin, Brady et Hult, 2000).

Parmi les quelques études qui considèrent *simultanément* l'ensemble de ces variables, celle de Patterson et Spreng (1997) montre que seule la satisfaction influence les intentions futures des clients : la valeur est influencée par la qualité perçue, cette dernière ayant également un impact sur la satisfaction mais pas sur la fidélité. De même, l'étude de Butcher, Sparks et O'Callaghan (2001) montre que la qualité perçue du service central (*core*) influence la satisfaction (de la rencontre) directement et indirectement via la valeur et la satisfaction est un médiateur total de la relation qualité-fidélité. Cronin, Brady et Hult (2000) montrent empiriquement que même lorsque ces variables sont considérées simultanément, la qualité de service, la valeur du service et la satisfaction peuvent toutes directement influencer les intentions. Leurs résultats font ressortir que la valeur perçue est la variable explicative essentielle des comportements de fidélité ; elle est la conséquence de la qualité principalement, et, du sacrifice ; les relations directes de la qualité de service et de la satisfaction sur les comportements sont confirmées, de même que les relations indirectes de la qualité et de la valeur via la satisfaction.

Compte tenu des résultats des études antérieures, la médiation de la valeur et de la satisfaction générale semble importante dans l'étude de l'influence de la qualité perçue des pratiques de personnalisation sur les intentions de comportement de fidélité. Quoiqu'il en soit, les résultats controversés et le manque de justification théorique ne permettent pas de préciser le caractère total ou partiel de cette médiation dans cette première étude des effets des pratiques de personnalisation sur la fidélité des clients. Sur ces bases[1],

H2 : La valeur perçue et la satisfaction générale ont un rôle de médiateur dans (a) la relation qualité des pratiques de personnalisation - intention de réachat, (b) la relation qualité des pratiques de personnalisation - bouche à oreille.

METHODOLOGIE ET RESULTATS

La méthodologie utilisée est d'abord présentée, puis les résultats relatifs aux instruments de mesure suivis de ceux liés aux tests des hypothèses sont examinés.

Méthodologie

a) Procédure de recueil des données

Les données ont été recueillies par questionnaires auto-administrés qui ont été présentés et déposés chez les habitants de zones géographiques et de quartiers aux profils sociodémographiques identifiés. 3 000 questionnaires ont ainsi été distribués. Ils ont été remis en mains propres aux habitants de maisons individuelles de zones résidentielles de niveau moyen. Les objectifs et le caractère général de l'étude étaient donnés en insistant sur l'absence de demande d'information confidentielle. Les questionnaires étaient récupérés quelques jours après. Pour les questionnaires non rendus, un second passage était effectué environ une semaine après. Le manque de temps ou l'oubli ont été invoqués par les personnes n'ayant restitué le questionnaire qu'à la deuxième visite (110 questionnaires exploitables) ainsi que par les non-répondants. Les répondants devaient répondre aux questions pour leur banque principale.

---

[1] Certaines pratiques de personnalisation peuvent ne pas influencer la perception de valeur des produits/services. Dans ce type de situation, il est donc possible que ces pratiques influencent directement les comportements de fidélité ou indirectement via la satisfaction. Cette médiation éventuelle sera vérifiée lors des analyses.

Parmi les 510 questionnaires retournés (taux de retour : 17%), 423 (soit, 14,1%) se sont révélés exploitables en totalité. Les questionnaires éliminés l'ont été en raison d'un nombre trop important de données manquantes[1]. Des tests montrent qu'il ne semble pas y avoir de biais de non-réponse. Sur les 423 personnes de l'échantillon définitif, 48% sont des hommes et 52% sont des femmes. La diversité est présente en termes socioprofessionnels et toutes les tranches sont bien représentées dans l'échantillon.

b) Mesures des construits

Une fois les mesures identifiées, un prétest de ces mesures a été réalisé auprès d'un échantillon de convenance de 100 personnes et a permis de supprimer/modifier certains items. Dans le questionnaire final, les items sont présentés de façon aléatoire et une échelle de Likert à 7 points a été utilisée pour la plupart des mesures. Les mesures liées à la qualité des pratiques de personnalisation sont d'abord présentées, suivies de celles liées aux variables de la séquence centrale du modèle.

- Dimensions liées à l'individualisation. Pour l'adaptabilité de l'offre, trois items ont été développés et testés dans le contexte bancaire dans le cadre de l'étude de Salerno (2001a). Un de ces items a été raccourci et amélioré (« Cette banque permet de construire des solutions bien personnalisées »). Pour la variété perçue, 3 items ont aussi été utilisés pour capturer les deux notions sous-jacentes de variété perçue (Kahn, 1998) : le nombre d'options acceptables (« offre une trop faible variété de produits et services ») et la diversité souhaitée parmi ces options (« propose des produits et services trop identiques »).
- Dimensions liées à la personnalisation. Malgré la diversité des mesures et la confusion autour de la notion d'attention individuelle, l'analyse de la littérature nous a permis de regrouper les comportements liés à l'attention individuelle selon trois sous-dimensions : l'empathie cognitive, la personnalisation par apprentissage et l'humanisation/déshumanisation de la relation. Pour chacune de ces dimensions, trois items ont été utilisés.

---

[1] Cette étude ne traite pas des situations d'insatisfaction majeure, de conflit avec la banque qui peut créer une situation de rupture. Les questionnaires qui présentaient à l'évidence les signes d'une telle situation (phrases ajoutées, allusions au conflit, réponses négatives partout) ont été éliminés.

- Dimensions liées à la singularisation. Concernant l'attention spéciale, l'item « Le personnel me traite mieux que les autres clients » a été ajouté aux deux items de Salerno (2001a) pour capturer le construit d'attention spéciale. Pour l'adaptation exclusive, trois items relatifs aux exceptions, aux réponses aux demandes inhabituelles ou spéciales (Bitner, Booms et Mohr, 1994) et à la flexibilité pour apporter du sur mesure ont été utilisés.

Satisfaction générale et valeur perçue. Trois items validés dans le contexte bancaire par Salerno (2001a) ont été utilisés pour la satisfaction générale. S'inspirant principalement des items de Grewal, Monroe et Krishnan (1998) et de ceux de Petrick (2002), trois items ont été utilisés sur une échelle de sémantique différentielle à 7 points avec par exemple : « les produits et services de ma banque ne valent vraiment pas le prix payé / valent vraiment le prix payé ».

Comportements de fidélité. Afin de mesurer l'intention de réachat, une échelle de sémantique différentielle (très improbable/très probable ; très peu vraisemblable/très vraisemblable ; pas du tout envisageable/tout à fait envisageable) a été utilisée (Boulding *et al.*, 1993). Les répondants devaient indiquer dans quelle mesure ils feraient appel à cette banque s'ils avaient besoin de nouveaux produits ou services bancaires (placement, emprunt). Dans l'étude de Salerno (2002), le bouche à oreille est mesuré par deux items : « Si mes amis me demandaient de les conseiller, je recommanderais X » et « J'encouragerais volontiers d'autres personnes à choisir X ». Le premier item a été légèrement modifié en remplaçant « si mes amis » par « si quelqu'un » pour être plus général et un troisième item a été ajouté pour mesurer ce construit (« En règle générale, j'aurais plutôt tendance à dire du bien de cette banque »).

Résultats des modèles de mesure

Des analyses factorielles exploratoires et des analyses confirmatoires de premier ordre et de second ordre (pour les pratiques de personnalisation) ont été réalisées. Pour ces pratiques, le Rhô de Jöreskog va de 0,75 à 0,89. Les fortes corrélations significatives entre les trois dimensions d'attention individuelle laissent supposer que conformément à l'analyse théorique et à la structure factorielle de l'analyse exploratoire, les réponses pour l'attention individuelle semblent être perçues à un niveau supérieur, plus abstrait. L'analyse factorielle confirmatoire avec un facteur de second ordre regroupant ces trois dimensions montre que ce modèle présente un bon ajustement des mesures[1] et ces résultats soutiennent la validité convergente et discriminante de ce modèle. Les analyses confirmatoires réalisées sur les autres variables de l'étude présentent également de bons ajustements.

Résultats du modèle conceptuel

La séquence valeur perçue - satisfaction générale - comportements de fidélité (H1). Toutes les corrélations entre valeur, satisfaction et comportements de fidélité sont importantes et statistiquement significatives à p = 0,01.

Pour appréhender le rôle médiateur de la satisfaction dans la relation valeur - comportements de fidélité, la procédure de Baron et Kenny (1986) a été suivie.

[1] La régression linéaire de la satisfaction sur la valeur, conforme à la corrélation (bêta = 0,506, p < 0,01) indique que la satisfaction est restituée à 25,6% par la valeur.

[2] Les résultats des régressions des comportements de fidélité en fonction de la valeur montrent que pour l'intention de réachat, l'influence de cette valeur est significative à p = 0,01 (bêta = 0,367). Cette relation est également significative pour le bouche à oreille (bêta = 0,519). Les valeurs de R^2 sont respectivement de 0,135 et 0,269.

[3] Des régressions hiérarchiques sont ensuite réalisées pour lesquelles la satisfaction est d'abord entrée dans l'équation (Etape 1 - tableau 1). La valeur perçue est ensuite entrée dans l'équation (Etape 2) pour estimer l'augmentation dans la proportion de variance des comportements de fidélité. Les valeurs du VIF n'indiquent pas de présence de multicolinéarité. Ces analyses sont présentées pour le réachat puis pour le bouche à oreille :

[3a] La régression de l'intention de réachat sur la satisfaction (Etape 1) montre que l'influence de cette satisfaction est significative à p = 0,01 (bêta = 0,689). La valeur est ensuite ajoutée à l'équation (Etape 2). Les résultats montrent que lorsqu'elle est considérée simultanément avec la satisfaction, la valeur n'a plus d'influence significative sur l'intention de réachat (bêta = 0,024 ; p > 0,05 *versus* bêta =

[1] $\chi^2_{(139)} = 316{,}010$; $p < 0.01$, GFI = 0,929, AGFI = 0,903, RMSEA = 0,055.

0,367 ; p < 0,01). L'intention de réachat étant influencée uniquement par la satisfaction (bêta = 0,677, p < 0,01). La variation de R^2 n'est pas significative alors que la valeur expliquait 13,5% de la variance de l'intention de réachat lorsqu'elle était entrée seule dans la régression. Le test de Sobel (1982) montre que l'effet indirect de la valeur sur le réachat via la satisfaction est significatif (z = 9,71 ; p < 0,01).

[3b] La régression du bouche à oreille sur la satisfaction générale montre que l'influence de cette satisfaction est significative à p = 0,01 (bêta = 0,779). Une fois la valeur perçue ajoutée à l'équation, les résultats montrent que cette valeur a une influence significative sur le bouche à oreille à p = 0,01 (bêta = 0,168), l'influence de la satisfaction étant toujours significative et forte. Cet effet de la valeur est moins important que dans l'équation où seule la valeur est entrée (bêta = 0,519), ainsi que la variation de R^2 (ΔR^2 = 2,1%, p < 0,01 *versus* 26,9%). Le test de Sobel (1982) montre que l'effet indirect de la valeur sur le bouche à oreille via la satisfaction est significatif à p = 0,01 (z = 10,31).

Tableau 1 - Influence de la satisfaction générale et de la valeur perçue sur les comportements de fidélité

	Intention de réachat		Bouche à oreille	
	Etape 1	Etape 2	Etape 1	Etape 2
Satisfaction générale	0,689**	0,677**	0,779**	0,694**
Valeur perçue		0,024		0,168**
F	380,815**	190,293**	648,035**	353,118*
R^2	0,475	0,475	0,606	0,627
R^2 ajusté	0,474	0,473	0,605	0,625
ΔR^2		0,000		0,021**

* *p < 0,05 ; ** p < 0,01 - Les coefficients standardisés sont présentés.*

Ces résultats valident la médiation de la satisfaction générale dans la relation valeur perçue - comportements de fidélité (H1). Dans ce contexte, les résultats précisent que cette médiation est totale pour le réachat et partielle pour le bouche à oreille.

Médiation de valeur et de la satisfaction dans la relation qualité des pratiques de personnalisation - comportements de fidélité (H2). Les corrélations de Pearson (tableau 2) montrent que toutes les pratiques de personnalisation sont corrélées positivement avec les quatre variables de la séquence centrale.

La procédure de Baron et Kenny (1986) est également utilisée pour étudier la médiation de la valeur et de la satisfaction de l'hypothèse H2.

Tableau 2 - Corrélations : pratiques de personnalisation, valeur, satisfaction, comportements de fidélité

	Adaptabilité de l'offre	Variété perçue	Attention individuelle	Adaptation exclusive	Attention spéciale
Valeur perçue	0,368**	0,345**	0,459**	0,382**	0,215**
Satisfaction générale	0,627**	0,397**	0,675**	0,566**	0,181**
Intention de réachat	0,463**	0,306**	0,514**	0,431**	0,133**
Bouche à oreille	0,527**	0,371**	0,589**	0,426**	0,188**

** $p < 0,01$

[1] Régressions de la valeur et de la satisfaction sur les pratiques de personnalisation. Ces pratiques doivent influencer significativement la valeur *et* la satisfaction. Les résultats montrent des influences communes de *l'attention individuelle* et de *l'adaptation exclusive.*

[2] Régressions des comportements de fidélité sur les pratiques de personnalisation. Ces pratiques doivent influencer de façon significative les comportements de fidélité (tableau 3). Les valeurs du VIF n'indiquent pas de présence de multicolinéarité. Le bouche à oreille est influencé significativement par l'adaptabilité de l'offre (bêta = 0,238) et l'attention individuelle (bêta = 0,380). La qualité de ces deux pratiques influencent également le réachat (bêta = 0,200 pour l'adaptabilité de l'offre ; bêta = 0,309 pour l'attention individuelle), ainsi que l'adaptation exclusive (bêta = 0,151).

Compte tenu de ces résultats, la médiation de la valeur et de la satisfaction dans la relation pratiques de personnalisation – intention de réachat sera examinée pour *l'attention individuelle et l'adaptation exclusive*. La médiation de ces deux variables pour la relation pratiques de personnalisation - bouche à oreille sera étudiée pour *l'attention individuelle.*

Tableau 3 - Influence des pratiques de personnalisation sur la valeur, la satisfaction et les comportements de fidélité

	Valeur perçue	Satisfaction générale	Intention de réachat	Bouche à oreille
Adaptabilité de l'offre	0,073	0,299**	0,200**	0,238**
Variété perçue	0,121*	- 0,040	- 0,021	0,045
Attention individuelle	0,254**	0,391**	0,309**	0,380**
Adaptation exclusive	0,113*	0,195**	0,151**	0,045
Attention spéciale	0,125**	0,008	0,003	0,047
F	28,580**	100,875**	37,592**	54,098**
R^2	0,255	0,547	0,311	0,393
R^2 ajusté	0,246	0,542	0,302	0,386

** p < 0,05 ; ** p < 0,01 - Les coefficients standardisés sont présentés.*

[3] Régressions des comportements de fidélité sur la satisfaction générale, la valeur perçue et la qualité des pratiques de personnalisation. Les analyses de régression des comportements de fidélité sur la satisfaction et la valeur (Etape 1 - tableau 4), permettent d'estimer lors de l'introduction des pratiques de personnalisation (Etape 2 - tableau 4), l'augmentation dans la proportion de variance de ces comportements. Les résultats pour les deux comportements de fidélité sont discutés successivement.

[3a] Pour l'intention de réachat, la variation de R^2 n'est pas significative ($p > 0,05$). Lorsque la satisfaction et la valeur ne sont pas entrées dans l'équation, la valeur de R^2 s'élevait à 31,1%. Aucune des dimensions des pratiques de personnalisation n'a d'influence significative à cette seconde étape. Rappelons que la médiation est examinée ici pour l'attention individuelle et l'adaptation exclusive. Le test de Sobel montre que les effets indirects de l'attention individuelle ($z = 3,14$; $p < 0,01$) et de l'adaptation exclusive ($z = 1,82$; $p < 0,10$) via la valeur et la satisfaction sont significatifs.

[3b] Pour le bouche à oreille, la variation de R^2 n'est pas significative également. La valeur de R^2 était de 39,3% lorsque seules ces pratiques de personnalisation étaient entrées dans

l'équation. Aucune des dimensions des pratiques de personnalisation n'a d'influence significative à cette étape. La médiation est examinée ici pour l'attention individuelle. Le test de Sobel montre que l'effet indirect de l'attention individuelle (z = 3,20 ; p < 0,01) sur le bouche à oreille via la valeur et la satisfaction est significatif.

Tableau 4 - Influence de la satisfaction, la valeur et les pratiques sur les comportements de fidélité

	Intention de réachat		Bouche à oreille	
	Etape 1	Etape 2	Etape 1	Etape 2
Satisfaction générale	0,677**	0,609**	0,694**	0,658**
Valeur perçue	0,024	0,008	0,168**	0,151**
Adaptabilité de l'offre		0,017		0,030
Variété perçue		0,002		0,053
Attention individuelle		0,069		0,084
Adaptation exclusive		0,032		- 0,100
Attention spéciale		- 0,003		0,023
F	190,293**	54,798**	353,118**	104,145**
R^2	0,475	0,480	0,627	0,637
R^2 ajusté	0,473	0,472	0,625	0,631
ΔR^2		0,005		0,010

** p < 0,05 ; ** p < 0,01 - Les coefficients standardisés sont présentés.*

Pour la médiation de la valeur perçue et de la satisfaction dans la relation qualité des pratiques de personnalisation - *intention de réachat*, l'hypothèse est validée pour l'attention individuelle et l'adaptation exclusive (médiation totale pour ces deux dimensions). Pour la médiation de la valeur et de la satisfaction dans la relation qualité des pratiques de personnalisation - *bouche à oreille*, l'hypothèse est validée pour l'attention individuelle (médiation totale). Des analyses supplémentaires montrent la médiation de la satisfaction générale dans la relation adaptabilité de l'offre - comportements de fidélité (rappelons que l'adaptabilité n'influence pas significativement la valeur perçue).

DISCUSSION

Les résultats confirment le bien-fondé des hypothèses et permettent tout d'abord de confirmer le rôle majeur de la valeur perçue des produits et services dans la satisfaction générale et l'intérêt de retenir simultanément cette valeur et cette satisfaction pour expliquer les comportements de fidélité. Ils permettent de préciser que le caractère total ou partiel de la médiation de la satisfaction dans la relation valeur - comportements de fidélité dépend, ici, du comportement de fidélité: total pour le réachat et partiel pour le bouche à oreille.

Ces résultats confirment également l'intérêt d'utiliser le construit qualité des pratiques de personnalisation plutôt que de se limiter à l'étude de l'influence des dimensions de la qualité de service (dont certaines dimensions sont proches de l'attention individuelle) sans tenir compte de l'individualisation (adaptabilité de l'offre, variété perçue). Cela confirme la pertinence de l'orientation adoptée par la première conceptualisation multidimensionnelle de la personnalisation développée par Surprenant et Solomon (1987) comprenant des éléments d'attention individuelle et d'individualisation des produits ou services. Cette conception de la personnalisation est aussi à rapprocher de l'évolution récente des travaux de marketing relationnel qui soulignent la nécessité d'examiner simultanément les aspects de processus (ou qualité fonctionnelle) et l'output (qualité technique) (Humphreys et Williams, 1996).

Dans le contexte bancaire étudié, toutes les dimensions de la qualité des pratiques de personnalisation sont associées positivement aux comportements de fidélité (intention de réachat, bouche à oreille), ainsi qu'à la valeur perçue et à la satisfaction générale. Les résultats font ressortir également que l'influence des pratiques de personnalisation sur les comportements de fidélité se fait uniquement par l'intermédiaire de la satisfaction et/ou de la valeur. L'influence directe de ces pratiques sur les comportements de fidélité ne se produit pas dans ce contexte. Parmi les différentes pratiques de personnalisation étudiées, l'attention individuelle joue un rôle essentiel pour prédire l'intention de réachat et le bouche à oreille. Cette dimension semble primordiale dans ce contexte car elle influence fortement toutes les variables de la séquence valeur - satisfaction - comportements de fidélité. L'influence positive et indirecte (via la valeur et la satisfaction) de l'adaptation exclusive sur l'intention de réachat de produits et services bancaires est également à souligner. L'adaptabilité de l'offre n'influence pas la valeur perçue dans le contexte bancaire mais permet de prédire les comportements de fidélité via son impact sur la satisfaction. Les deux autres dimensions (la variété perçue et l'attention spéciale) n'influencent que la valeur perçue, elles n'influencent ni la satisfaction, ni les comportements de fidélité lorsqu'elles sont considérées simultanément avec les autres pratiques. Ces résultats sont à ajouter aux éléments de débat récent sur l'efficacité des pratiques de « traitement spécial ». D'abord pré-supposée par Gwinner, Gremler et Bitner (1998) puis très nuancée par les études empiriques (Hennig-Thurau, Gwinner et Gremler, 2002 ; De Wulf, 1999), cette efficacité mérite des analyses complémentaires. La prise en compte de variables liées à l'individualité du consommateur ou encore à l'identité de la marque/entreprise/banque étudiée est sans doute susceptible d'améliorer l'efficacité des pratiques de traitement spécial. Globalement, l'analyse des relations posées dans le modèle général nécessite un examen attentif dans d'autres activités de service ou dans le contexte des produits afin de mettre en évidence les influences communes mais aussi les spécificités contextuelles.

Analyse complémentaire : path analysis

Une analyse complémentaire (*path analysis*) est réalisée après que les hypothèses de médiation aient été testées selon la méthode de Baron et Kenny (1986). Cela permet d'éviter d'identifier des relations indirectes significatives qui ne sont pas forcément caractérisées par des médiations. La méthode des pistes causales est particulièrement adaptée à ce stade de l'analyse puisqu'elle permet de présenter globalement le système des principales relations théoriques composé de plusieurs variables dépendantes et de disposer d'un certain nombre d'indicateurs pour juger de l'ajustement du modèle[1].

[1] Les résultats et indices d'ajustement indiquent un bon ajustement : $\chi^2(15) = 71,886$, $p = 0,000$; GFI = 0,965 ; AGFI = 0,895. La valeur du RMSEA

Les valeurs de R^2 des quatre variables dépendantes et les relations directes significatives sont présentées en figure 2.

Figure 2 - Influence des pratiques de personnalisation sur les comportements de fidélité : *path analysis*

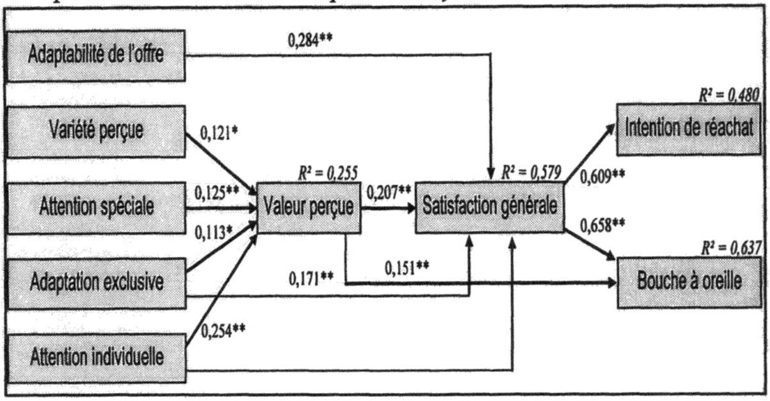

** p < 0,05 ; ** p < 0,01 - Les coefficients standardisés sont présentés. Les coefficients non significatifs ne figurent par sur ce schéma.*

Ces derniers résultats permettent d'insister sur le rôle majeur de la qualité des pratiques de personnalisation pour la fidélité du consommateur et de préciser les pratiques centrales dans le contexte bancaire : l'intention de réachat est très bien expliquée par le modèle (R^2 = 0,48), les pratiques influençant cette intention étant l'attention individuelle (effet total = 0,309), l'adaptabilité de l'offre (effet total = 0,200) et l'adaptation exclusive (effet total = 0,151). Le bouche à oreille est également bien expliqué par le modèle (R^2 = 0,64). Les pratiques ayant une influence sur celui-ci sont l'adaptabilité de l'offre (effet total = 0,238) et l'attention individuelle (effet total = 0,380), dimension par conséquent centrale dans cette activité de service.

Implications pour l'entreprise

Les résultats conduisent ainsi à donner la priorité (au sein des pratiques de personnalisation, d'individualisation et de singularisation) dans le contexte bancaire aux programmes et

(0,095) est cependant un peu juste mais ne dépasse pas la valeur de 1 qui induirait un rejet du modèle.

aux actions de l'entreprise destinés à accroître (1) la qualité perçue de *la personnalisation* entendue comme une attention individuelle composée d'empathie cognitive, de personnalisation par apprentissage et d'humanisation ainsi que (2) la qualité perçue de *l'individualisation* entendue principalement comme adaptation des produits. L'influence de la *singularisation*, troisième grande composante de la qualité des pratiques de personnalisation, joue favorablement mais son influence est nettement moins importante que celles de l'une ou l'autre des composantes précédentes. Une étude identique réalisée, non pas dans le contexte des services, mais dans celui des vêtements (Salerno, 2005) montre qu'à la différence du domaine bancaire, ces pratiques de singularisation n'ont pas du tout d'influence sur la valeur, la satisfaction générale et les comportements de fidélité lorsqu'elles sont considérées simultanément avec les autres dimensions de la qualité des pratiques de personnalisation. Ces résultats conduisent par conséquent à suggérer la prudence et l'analyse approfondie du contexte (relationnel et moins relationnel ; symbolique et moins symbolique ; fréquence d'achats élevée ou non) pour les décisions d'investissements ou de dépenses affectées aux attentions spéciales et privilèges, ou encore pour le développement de comportements et de communications positionnés comme tels.

Parmi les pratiques de personnalisation, *l'empathie cognitive, la personnalisation par apprentissage et l'humanisation des contacts,* c'est-à-dire les éléments qui se regroupent sous l'expression *« attention individuelle »,* exercent une forte influence sur la satisfaction, sur la valeur et sur les comportements de fidélité. L'amélioration de « l'écoute relationnelle » est donc recommandée et constitue aussi bien entendu un facteur à prendre en compte dans les politiques de recrutement, d'affectation et de formation de ce personnel. La personnalisation par apprentissage peut s'appuyer sur les bases de données clients. Dans des contextes de face-à-face tel que celui étudié ici, une contribution essentielle des bases de données et des systèmes d'aide à la gestion de la relation client est par conséquent d'aider le personnel à se souvenir des caractéristiques du consommateur/client, de son historique d'achat et de ses préférences. C'est avant tout la conjonction du comportement du personnel en contact et de sa connaissance client qui est déterminante dans le comportement de fidélité du consommateur. L'utilisation des bases de données par le personnel est susceptible de contribuer à l'amélioration de la qualité de la personnalisation en termes d'empathie et de connaissances individuelles.

L'affectation d'un conseiller à chacun des clients importants va aussi dans ce sens. Toutefois, la tendance à la dépersonnalisation par l'adoption des technologies de banque à distance et la nécessité d'améliorer la productivité commerciale dans de nombreuses banques ne sont pas des facteurs favorables aux comportements de fidélité puisqu'ils limitent les opportunités de développement d'une proximité avec le personnel. Pour les consommateurs dont les besoins d'interdépendance et de relationnel sont importants, les comportements de fidélité risquent d'être affectés par cette dépersonnalisation et il convient par conséquent de rechercher à développer d'autres barrières au départ ou d'autres incitations à la fidélité. Cela conduit à recommander le développement d'une approche segmentée de l'incitation à l'adoption de ces modes relationnels dépersonnalisés.

BIBLIOGRAPHIE

Anderson D. M., *Agile product development for mass customization*, Irwin, Chicago, 1997.

Anderson E. W., Fornell C., Lehmann D. R., Customer satisfaction, market share, and profitability: findings from Sweden, *Journal of Marketing*, vol. 58, n°3, 1994, pp.53-66.

Anderson J. C., Narus J. A., A model of distributor firm and manufacturer firm working partnerships, *Journal of Marketing*, vol. 54, n°1, 1990, pp.42-58.

Armstrong J. S., Overton T. S., Estimating non response bias in mail surveys, *Journal of Marketing Research*, vol. 14, n°3, 1977, pp.396-402.

Avkiran N. K., Developing an instrument to measure customer service quality in branch banking, *International Journal of Bank Marketing*, vol. 12, n°6, 1994, pp.10-18.

Baron R. M., Kenny D. A., The moderator-mediator variable distinction in social psychological research: Conceptual, strategic, and statistical considerations, *Journal of Personality and Social Psychology*, vol. 51, 1986, pp.1173-1182.

Berry L. L., Relationship marketing of services: Growing interest, emerging perspectives, *Journal of the Academy of Marketing Science*, vol. 23, n°4, 1995, pp.236-245.

Berry L. L., L. G. Gresham, Relationship retailing: Transforming customers into clients, *Business Horizons*, vol. 29, n°6, 1986, pp.43-47.
Bhattacharya C. B., Bolton R. N., Relationship marketing in mass Markets, in J. N. Sheth et A. Parvatiyar, *Handbook of Relationship Marketing*, Sage Publications, Thousand Oaks, 1999, pp.327-354.
Bitner M. J., Booms B. H., Mohr L. A., Critical service encounters: The employee's viewpoint, *Journal of Marketing*, vol. 58, n°4, 1994, pp.95-106.
Bolton R. N., Drew J. H., A multistage model of customer's assessment of service quality and value, *Journal of Consumer Research*, vol.17, n°4, mars 1991, pp.375-384.
Boulding W., Kalra A., Staelin R. Et Zeithaml V. A., A dynamic process model of service quality: From expectations to behavioral intentions, *Journal of Marketing Research*, vol. 30, n°1, 1993, pp.7-27.
Butcher K., Sparks B., O'Callaghan F., Evaluative and relational influences on service loyalty, *International Journal of Service Industry Management*, vol. 12, n°4, 2001, pp.310-327.
Caruana A., The role of service quality and satisfaction on customer loyalty, in S. P. Brown et D. Sudharshan, *Enhancing Knowledge Development in Marketing*, vol.10, American Marketing Association, Chicago, 1999, pp.139-145.
Cronin J. J., Taylor S. A., Measuring service quality: A reexamination and extension, *Journal of Marketing*, vol. 56, n°3, 1992, pp.55-68.
Cronin J. J., Taylor S. A., SERVPERF versus SERVQUAL: Reconciling performance based and perceptions-minus-expectations measurement of service quality, *Journal of Marketing*, vol. 58, n°1, 1994, pp.125-131.
Cronin J. J., Brady M. K., Hult G. T. M., Assessing the effects of quality, value and customer satisfaction on consumer behavioral intentions in service environments, *Journal of Retailing*, vol. 76, n°2, 2000, pp.193-218.
Crosby L. A., Evans K. R., Cowles D., Relationship quality in services selling: An interpersonal perspective, *Journal of Marketing*, vol. 54, n°3, 1990, pp. 68-81.
Davis M. H., Measuring individual differences in empathy: Evidence for a multidimensional approach, *Journal of Personality and Social Psychology*, vol.44, n°1, 1983, pp.113-126.

De Wulf K., *The role of the seller in enhancing buyer-seller relationships: Empirical studies in a retail context*, Econoom B.V, Université de Gand, 1999.
Dodds W. B., Monroe K. B., Grewal D., Effects of price, brand, and store information on buyers' product evaluations, *Advances in Consumer Research*, vol.12, n°1, 1991, pp.85-90.
Doll W. J., Xia W., Torkzadeh G., A confirmatory factor analysis of the end-user computing satisfaction instrument, *MIS Quarterly*, vol. 18, n°4, December 1994, pp.453-461.
Fornell C., A national customer satisfaction barometer: The swedish experience, *Journal of Marketing*, vol. 56, n°1, 1992, pp.6-21.
Fornell C., Johnson M. D., Anderson E. W., Cha J., Bryant B. E., The American customer satisfaction Index: Nature, purpose, and findings, *Journal of Marketing*, vol.60, n°4, 1996, pp. 7-18.
Fullerton G., Taylor S., Mediating, interactive, and non-linear effects in service quality and satisfaction with services research, *Canadian Journal of Administrative Sciences*, vol. 19, n°2, 2002, pp.124-136.
Gale B. T., *Managing customer value*, The Free Press, New York, 1994.
Gilmore J. H., Pine B. J., The four faces of mass customization, *Harvard Business Review*, vol. 75, n°1, 1997, pp.91-101.
Gwinner K. P., Gremler D. D., Bitner M. J., Relational benefits in services industries: The customer's perspective, *Journal of the Academy of Marketing Science*, vol. 26, n°2, 1998, pp.101-114.
Hallowell R., The relationship of customer satisfaction, customer loyalty and profitability: An empirical study, *The International Journal of Service Industry Management*, vol. 7, n°4, 1996, pp.27-42.
Hart C. W., Made to Order, *Marketing Management*, vol. 5, n°2, 1996, pp.11-22.
Hennig-Thurau T., Gwinner K. P., Gremler D. D., Understanding relationship marketing outcomes: An integration of relational benefits and relationship quality, *Journal of Service Research*, vol. 4, n°3, 2002, pp.230-247.
Hoch S. J., Bradlow E. T., Wansink B., The variety of an assortment, *Marketing Science*, vol. 18, n°4, 1999, pp.527-546.
Holbrook M. B., The nature of customer value: An axiology of services in the consumption experience, in R. T. Rust, R. L. Oliver, *Service quality: New directions in theory and practice*, CA: Sage Publications, Thousand Oaks, 1994, pp.21-71.

Humphreys M. A., Williams M. R., Exploring the relative effects of salesperson Interpersonal process attributes and technical product attributes on customer satisfaction, *Journal of Personal Selling & Sales Management*, vol. 16, n°3, 1996, pp. 47-57.
Jap S. D., The strategic role of the sales force in developing customer satisfaction across the relationship lifecycle, *Journal of Personal Selling & Sales Management*, vol. 21, n°2, 2001, pp.95-108.
Kahn B. E., Dynamic relationships with customers: High variety strategies, *Journal of the Academy of Marketing Science*, vol. 26, n°1, 1998, pp.45-53.
Kahn B. E., Lehmann D. R., Modeling choice among assortments, *Journal of Retailing*, vol. 67, Fall 1991, pp.274-299.
Lam S. Y., Shankar V., Erramilli M. K., Murthy B., Investigating the interrelationships among customer value, customer satisfaction, switching costs and customer loyalty, *Papier de recherche*, 2002.
Lampel J.,Mintzberg H., Customizing customization, *Sloan Management Review*, vol. 38, n°1, 1996, pp.21-30.
Lemmink J., De Ruyter K., Wetzel S., The role of the value in the delivery process of hospitality services, *Journal of Economic Psychology*, vol. 19, 1998, pp.159-177.
Liu A. H., Bernhardt K. L., Leach M. P., Examining customer value, satisfaction, and switching costs in multiple-sourcing purchase Decisions for business services, *Papier de recherche*, Department of Consumer Sciences and Retailing Purdue Unversity, 1999.
Lovelock C. H., Classifying services to gain strategic marketing insight, *Journal of Marketing*, vol. 47, n°3, 1983, pp.9-20.
Mayer D., Greenberg H. M., What makes a good salesman? *Harvard Business Review*, vol. 42, n°4, 1964, pp.119-125.
Mittal B., Lassar W. M., The role of personalization in service encounter, *Journal of Retailing*, vol. 72, n°1, 1996, pp.95-109.
Mittal V., Katrichis J. M., Distinction between new and loyal customers, *Marketing Research*, vol. 1, 2000, pp.26-32.
Mittal V., Kumar P., Tsiros M., Attribute-level performance satisfaction, and behavior intentions over time: A consumption-system approach, *Journal of Marketing*, vol. 63, n°2, 1999, pp.88-101.

Narver J. C., Slater S. F., The effect of a market orientation on business profitability, *Journal of Marketing,* vol. 54, n°4, 1990, pp.20-35.
Ostrom A., Iacobucci D., Consumer trade-offs and the evaluation of services, *Journal of Marketing,* vol. 59, n°1, 1995, pp.17-28.
Parasuraman J. B. A., Grewal D., Voss G. B., The influence of multiple store environment cues on perceived merchandise value and patronage intentions, *Journal of Marketing*, vol. 66, n°2, 2002, pp.120-141.
Parasuraman A., Zeithaml V. A., Berry L. L., SERVQUAL: A multiple-item scale for measuring consumer perceptions of service quality, *Journal of Retailing*, vol. 64, n°1, 1988, pp.12-40.
Patterson P. G., Spreng R. A., Modelling the relationship between perceived value, satisfaction and repurchase intentions in a business-to-business, Services Context: An empirical examination, *International Journal of Service Industry Management*, vol. 8, n°5, 1997, pp.414-434.
Petrick J. F., Development of a multi-dimensional scale for measuring the perceived value of a service, *Journal of Leisure Research*, vol. 34, n°2, 2002, pp.119-134.
Price L. L., Arnould E. J., Commercial friendships: Service provider-client relationships in context, *Journal of Marketing*, vol. 63, n°4, 1999, pp.38-56.
Price L. L., Arnould E. J., Tierney P., Going to extremes: Managing service encounters and assessing provider performance, *Journal of Marketing*, vol. 59, n°2, 1995, pp.83-97.
Reynolds K. E., Beatty S. E., Customer benefits and company consequences of customer-salesperson relationships in retailing, *Journal of Retailing*, vol. 75, n°1, 1999, pp.11-32.
Rust R. T., Zahorik A. J., Keiningham T. L., Return on quality (ROQ): Making service quality financially accountable, *Journal of Marketing*, vol. 59, n°2, 1995, pp.58-70.
Salerno A., Personnalisation et connexion identitaire dans la relation du consommateur à l'organisation de service, *XVII Congrès International de l'Association Française du Marketing*, mai 2001a.
Salerno A., Une étude empirique des relations entre personnalisation, proximité dyadique et identité de clientèle, *Recherche et Applications en Marketing*, vol. 16, n°4, 2001b, pp.25-46.

Salerno A., Le rôle de la congruence des valeurs marque-consommateur et des identifications sociales de clientèle dans l'identification à la marque, *XVIII Congrès International de l'Association Française du Marketing*, mai 2002.
Salerno A., Le rôle de la qualité des pratiques de personnalisation dans la séquence valeur - satisfaction - fidélité à la marque de vêtements", *4th International Congress Marketing Trends*, ESCP - EAP, Paris - 21-22 janvier 2005.
Saxe R., Weitz B. A. The SOCO Scale: A measure of the customer orientation of salespeople, *Journal of Marketing Research*, vol. 19, n°3, 1982, pp.343-351.
Sirdeshmukh D., Singh J., Sabol B., Customer trust, value and loyalty in relational exchanges, *Journal of Marketing*, vol. 66, n°1, 2002, pp.15-37.
Sirohi N., Mclaughlin E. W., Wittink D. R., A model of consumer perceptions and store loyalty intentions for a supermarket retailer, *Journal of Retailing*, vol. 74, n°2, 1998, pp.223-245.
Sobel M. E., Asymptotic intervals for indirect effects in structural equations models, in S. Leinhart, *Sociological methodology,* San Francisco, Jossey-Bass, 1982, pp.290-312
Spiro R. L., Weitz B. A., Adaptive selling: Conceptualization, measurement, and nomological validity, *Journal of Marketing Research*, vol. 27, n°1, 1990, pp.61-69.
Spreng R. A., Mackoy R. D., An empirical examination of a model of perceived service quality and satisfaction, *Journal of Retailing*, vol. 72, n°2, 1996, pp.201-214.
Surprenant C. F., Solomon M. R., Predictability and personalization in the service encounter, *Journal of Marketing*, vol. 51, n°2, 1987, pp.86-96.
Sweeney J. C., An investigation of a theoretical model of consumer perceptions of value, *doctoral dissertation*, School of Management and Marketing, Curtain University of Technology, Perth, Australia, 1994.
Weitz B. A., Sujan H., Sujan M., Knowledge, motivation, and adaptive behaviour : A framework for improving selling effectiveness, *Journal of Marketing*, vol. 50, n°4, 1986, pp.174-191.
Wilson D. T., An integrated model of buyer-seller relationships, *Journal of the Academy of Marketing Science*, vol. 23, n°4, 1995, pp.335-345.

Woodruff R. B., Customer value: The next source for competitive advantage, *Journal of the Academy of Marketing Science*, vol. 25, n°2, 1997, pp.139-153.
Zeithaml V. A., Consumer perceptions of price, quality, and value: A means-end model and synthesis of Evidence, *Journal of Marketing*, vol. 52, n°3, 1988, pp.2-22.

LES AUTEURS

Jean-Jacques BERNARDINI : Pôle Innovation – Département R&D – ALMA Consulting Group, Lyon.

Marie-Pierre BES : Centre Interdisciplinaire de Recherches Urbaines et Sociologiques CNRS/UTM & Ecole Nationale Supérieure d'Ingénieurs de Constructions Aéronautiques (ENSICA), Toulouse. Maître de conférences et directrice des recherches, spécialisée sur l'innovation, le progrès technique et la science.

Lisa BESNARD : Pôle Innovation – Département R&D – ALMA Consulting Group, Lyon.

Sophie BOUTILLIER : Maître de conférences, directrice des recherches, à l'Université du Littoral Côte d'Opale. Responsable du Centre de Recherche sur l'Economie en Mutation et l'Entreprise (CREME) du Laboratoire de Recherche sur l'Industrie et l'Innovation (EA 3604). Directrice du Département Economie-Gestion de l'Université du Littoral Côte d'Opale. Professeure associée à l'Université de Yucatan, Mexique. Spécialiste en économie et sociologie du travail et de l'entrepreneur.

Emmanuel DEJEAN : Pôle Innovation – Département R&D – ALMA Consulting Group, Lyon.

Maud HERBERT : Docteur en sciences de gestion de l'université Paris-Dauphine, spécialisée en marketing. Maître de conférences à l'Université du Littoral Côte d'Opale et membre du Centre d'Etudes et de Recherche sur le Management et l'Entrepreneuriat (CERME) du Laboratoire de Recherche sur l'Industrie et l'Innovation (EA 3604). Membre de l'Association Française du Marketing.

Jérôme JARRET : Pôle Innovation – Département R&D – ALMA Consulting Group, Lyon.

Estelle JOA : Pôle Innovation – Département R&D – ALMA Consulting Group, Lyon.

Jean-Noël LHUILLIER : ancien élève de l'Ecole Polytechnique (Paris), a été responsable de la R&D, puis des études de réacteur, et des méthodes, à la société Framatome (maintenant Areva). Il est actuellement consultant en management de l'information à BB&J Consulting.

Michel MARTIN : Ingénieur d'études à l'Institut National de la Recherche Agronomique, Centre d'Economie et Sociologie Appliquées à l'Agriculture et aux Espaces Ruraux (CESAER), UMR INRA-ENESAD, Dijon.

Miranda NALLY : Pôle Innovation – Département R&D – ALMA Consulting Group, Lyon.

Richard PIRAS : Pôle Innovation – Département R&D – ALMA Consulting Group, Lyon.

Annabel SALERNO : Maître de Conférences à l'IAE de Lille, Université de Lille 1. Thèmes de recherche : co-design, marketing relationnel, qualité de la relation à la marque, pratiques de personnalisation/individualisation, identité (consommateur et marque), fidélité.

Bérangère SZOSTAK-TAPON : Maître de Conférences à l'Université de Lyon 2 au sein de l'équipe COACTIS. Ses travaux portent principalement sur la prise en compte des institutions dans l'élaboration des stratégies des organisations, notamment en matière de créativité.

Corinne TANGUY : Maître de conférences à L'Etablissement National d'Enseignement Supérieur Agronomique de Dijon, Centre d'Economie et Sociologie Appliquées à l'Agriculture et aux Espaces Ruraux (CESAER), UMR INRA-ENESAD, Dijon.

Dimitri UZUNIDIS : Professeur de sciences économiques à l'Université Technologique de Crète (Grèce). Maître de conférences et directeur des recherches en économie à l'Université du Littoral Côte d'Opale. Directeur du Laboratoire de Recherche sur l'Industrie et l'Innovation (EA 3604) (France). Spécialiste en économie internationale et en économie de l'innovation.

TABLE DES MATIERES

Marché et Organisations

Cahiers d'Economie et de Gestion de la Côte d'Opale (MOCEGCO)

Avec le concours de L'Association pour la Promotion de la Société de l'Innovation et de la Connaissance / Knowledge and Innovation Society

L'Harmattan

Cahiers d'économie et de gestion thématiques dont le but est de promouvoir la recherche originale sur les relations de plus en plus étroites qui se tissent entre le marché et les organisations. Les acteurs économiques de taille, de puissance et de pouvoir différents dont les intérêts peuvent être convergents, complémentaires ou, le plus souvent, antagoniques, ont tendance à organiser les marchés. La raison du marché, pourtant, est la référence stratégique pour l'entreprise ainsi que pour les institutions publiques de décision économique.

Numéros parus :

N°1 : Artisanat. La modernité réinventée, 2006

N°2 : La petite entreprise, elle a tout d'une grande. De l'accompagnement aux choix stratégiques, 2006

N°3 : Tourisme et Innovation. La force créative des loisirs, 2007

N°4 : Le travail. Formes récentes et nouvelles questions, 2007

http://riifr.univ-littoral.fr/?page_id=40
contact : Dimitri Uzunidis, uzunidis@univ-littoral.fr

Collection « L'esprit économique »

fondée par Sophie Boutillier et Dimitri Uzunidis en 1996
dirigée par Sophie Boutillier, Blandine Laperche, Dimitri Uzunidis

Dernières parutions

► ***Série Economie et Innovation***

B. YANNOU, P. DESHAYES (éd.), *Intelligence et Innovation en conception de produits et services*, 2006.
D. UZUNIDIS (éd.), *Pépinière d'entrepreneurs. Le capitalisme*, 2006.
S. AÏT-EL-HADJ, O. BRETTE (éd.), *Innovation, management des processus et création de valeur*, 2006.
N. RICHEZ-BATTESTI, P. GIANFALDONI, *Les Banques coopératives en France. Le défi de la performance et de la solidarité*, 2006.
C. MERLIN, *Les services publics en mutation. La Poste innove*, 2006.
L. DOLIQUE, *Risques globaux et développement durable. Fausses pistes et vraies solutions*, 2007.
C. ROCHET, *L'innovation, une affaire d'Etat. Gagnants et perdants de la troisième révolution industrielle*, 2007.
T. POUPARD, *Service attitude. Pour que les commerçants prennent du plaisir dans la vente et les clients dans l'achat*, 2007.

► ***Série Le Monde en Questions***

F. TALONTO, *Union africaine et développement, entre espoirs et illusions*, 2004.
D. LAWSON, *Le Club de Paris, sortir de l'engrenage de la dette*, 2004.
H. SAADI, *L'économie des matières premières*, 2005.
F. LAYER, *La gouvernance économique de l'Europe*, 2005.
E. NYAMBAL, *Créer la prospérité en Afrique. Dix clés pour sortir de la pauvreté*, 2006.
H. KRIFA-SCHNEIDER (éd.), *L'Élargissement de l'Union Européenne. Quels enjeux et défis majeurs ?*, 2007

► ***Série KRISIS***

M. G. VITALI-VOLANT, *Cesare Beccaria (1738-1794). Cours et discours d'économie politique*, 2005.
J. BERNARD, *Le XXIème siècle est-il le dernier ?*, 2005.
S. ENGEL, *La nouvelle organisation de la production internationale. Crépuscule des Dieux sur le « nouvel ordre mondial »*, 2006.
P.-A. LAMBERT, *L'économie en trompe l'œil, fiscalité, emploi, croissance*, 2006.
S. LE ROUX, *La mort du dernier privilège. La longue action des conservations des hypothèques pour l'égalité de tous devant la propriété. Histoire de la conservation des hypothèques de Dunkerque*, 2006.
J.-L. PEAUCELLE, *Adam Smith et la division du travail. La naissance d'une idée fausse*, 2007.

► **Série *CLICHES***

S. BOUTILLIER (éd.), *Travail et entreprise, Règles libérales et « global management »*, 2005.
C. BOZZO DI BORGO (éd.), *Vues de l'Europe d'en bas. Chômage et résistances*, 2005.
A. BA, *L'aventure de l'entrepreneur en Afrique. Chronique sénégalaise*, 2005.
C. MOULOUNGUI, I. DEVOS, Tenues de travail et management des organisations. *La fin des blouses blanches et autres ?*, 2006.

► ***Série COURS PRINCIPAUX***

A. ILARDI, *Propriété intellectuelle. Principes et dimension internationale*, 2005.
A. ALAOUI, *La compétitivité internationale. Stratégies pour les entreprises françaises*, 2005.
S. CHARLES, *Macroéconomie hétérodoxe. De Kaldor à Minsky*, 2006.
M. RICHEVAUX, D. TOP, *Les grands principes du droit communautaire de travail*, 2007.
C. FAURIE, *Méthodologies de conduite du changement en entreprise*, 2007.

L'HARMATTAN, ITALIA
Via Degli Artisti 15 ; 10124 Torino

L'HARMATTAN HONGRIE
Könyvesbolt ; Kossuth L. u. 14-16
1053 Budapest

L'HARMATTAN BURKINA FASO
Rue 15.167 Route du Pô Patte d'oie
12 BP 226
Ouagadougou 12
(00226) 50 37 54 36

ESPACE L'HARMATTAN KINSHASA
Faculté des Sciences Sociales,
Politiques et Administratives
BP243, KIN XI ; Université de Kinshasa

L'HARMATTAN GUINÉE
Almamya Rue KA 028
En face du restaurant le cèdre
OKB agency BP 3470 Conakry
(00224) 60 20 85 08
harmattanguinee@yahoo.fr

L'HARMATTAN CÔTE D'IVOIRE
M. Etien N'dah Ahmon
Résidence Karl / cité des arts
Abidjan-Cocody 03 BP 1588 Abidjan 03
(00225) 05 77 87 31

L'HARMATTAN MAURITANIE
Espace El Kettab du livre francophone
N° 472 avenue Palais des Congrès
BP 316 Nouakchott
(00222) 63 25 980

L'HARMATTAN CAMEROUN
BP 11486
Yaoundé
(00237) 458 67 00
(00237) 976 61 66
harmattancam@yahoo.fr

600241 - Mars 2015
Achevé d'imprimer par
1livre.com
du rêve à la réalité !

www.ingramcontent.com/pod-product-compliance
Lightning Source LLC
LaVergne TN
LVHW010953061026
849535LV00006B/1693
9782296041196